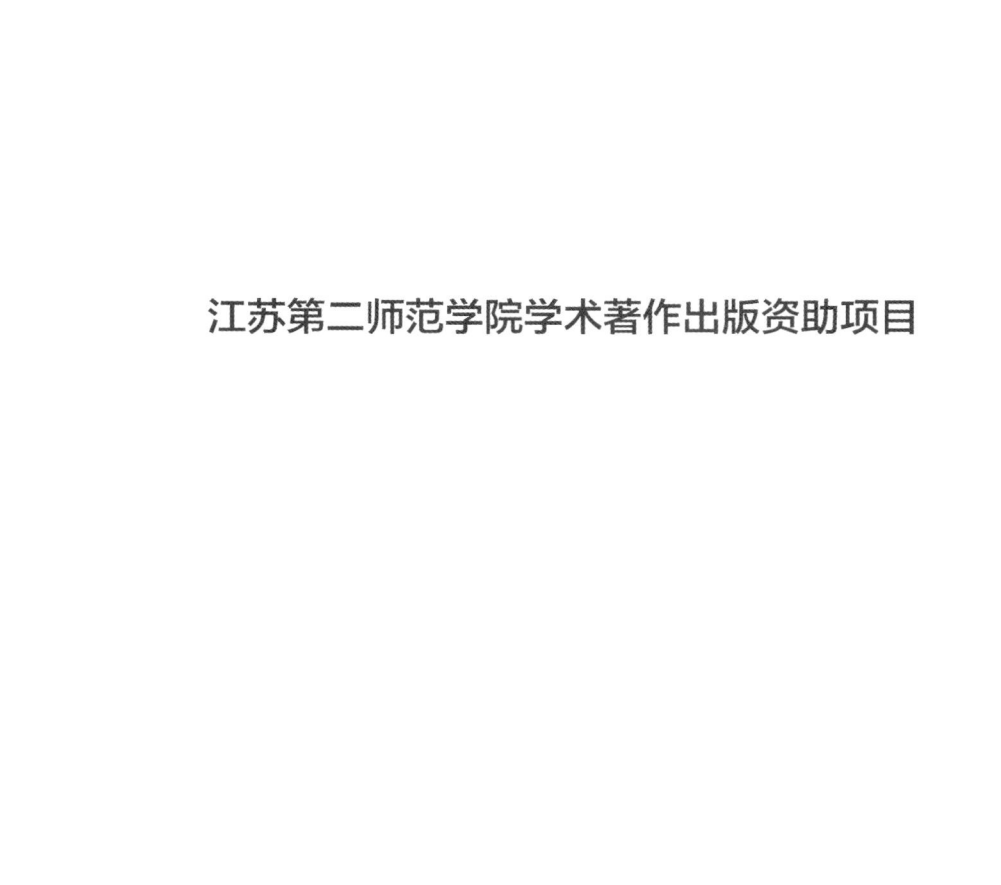

江苏第二师范学院学术著作出版资助项目

皖北中原官话语法研究

侯超 ◎ 著

中国社会科学出版社

图书在版编目(CIP)数据

皖北中原官话语法研究/侯超著. —北京：中国社会科学出版社，2021.9

ISBN 978-7-5203-8674-6

Ⅰ.①皖… Ⅱ.①侯… Ⅲ.①官话—方言研究—语法分析—安徽 Ⅳ.①H172.1

中国版本图书馆 CIP 数据核字(2021)第 126704 号

出 版 人	赵剑英
责任编辑	郭晓鸿
特约编辑	杜若佳
责任校对	师敏革
责任印制	戴　宽

出　　版	中国社会科学出版社
社　　址	北京鼓楼西大街甲 158 号
邮　　编	100720
网　　址	http://www.csspw.cn
发 行 部	010-84083685
门 市 部	010-84029450
经　　销	新华书店及其他书店
印　　刷	北京明恒达印务有限公司
装　　订	廊坊市广阳区广增装订厂
版　　次	2021 年 9 月第 1 版
印　　次	2021 年 9 月第 1 次印刷
开　　本	710×1000　1/16
印　　张	24
插　　页	2
字　　数	355 千字
定　　价	138.00 元

凡购买中国社会科学出版社图书，如有质量问题请与本社营销中心联系调换
电话：010-84083683

版权所有　侵权必究

目　　录

第一章　绪论 …………………………………………………（1）
  1.1　皖北地区历史地理及方言概况……………………………（1）
  1.2　皖北中原官话的主要特点…………………………………（7）
  1.3　皖北中原官话语法研究概况………………………………（10）
  1.4　研究意义、内容、方法和语料来源…………………………（18）
  1.5　本书体例说明………………………………………………（21）

第二章　皖北中原官话的词缀研究 …………………………（22）
  2.1　汉语词缀的有关问题………………………………………（22）
  2.2　皖北中原官话词缀分析……………………………………（34）
  2.3　皖北中原官话"子"缀词研究………………………………（71）
  小　结……………………………………………………………（110）

第三章　皖北中原官话的程度表达 …………………………（113）
  3.1　皖北中原官话表程度的形容词……………………………（114）
  3.2　皖北中原官话的程度状语…………………………………（132）
  3.3　皖北中原官话的程度补语…………………………………（150）
  小　结……………………………………………………………（173）

第四章 皖北中原官话的体系统 (181)
- 4.1 实现体 (183)
- 4.2 经历体 (190)
- 4.3 反复体 (194)
- 4.4 持续体 (200)
- 4.5 尝试体 (207)
- 4.6 起始体 (214)
- 4.7 继续体 (218)
- 小 结 (220)

第五章 皖北中原官话的疑问系统 (222)
- 5.1 反复问 (224)
- 5.2 是非问 (274)
- 5.3 特指问 (284)
- 5.4 选择问 (300)
- 小 结 (306)

第六章 皖北中原官话的特殊句法格式 (308)
- 6.1 非 VP 不 X (309)
- 6.2 主+谓+啥+主+谓 (322)
- 6.3 被动句和处置句 (336)
- 小 结 (348)

第七章 结语 (350)

参考文献 (357)

附录 主要发言人信息表 (375)

后记 (376)

第一章 绪论

1.1 皖北地区历史地理及方言概况

安徽境内有长江、淮河、巢湖三大主要水系，其中长江、淮河将安徽省分割为三部分：长江以南大致为皖南地区，淮河以北大致为皖北地区，长江、淮河之间大致为皖中地区。淮河古称淮水，发源于河南境内的桐柏山，其干流一路向东流经河南、安徽、江苏三省，全长约 1000 公里。淮河流域 2/3 的区域为平原，其余 1/3 为山丘。淮河流域总面积 18.7 万平方公里，其中安徽省约 6.69 万平方公里。淮河安徽段，处于淮河中游，上自河南、安徽交界的洪河口起，下至安徽、江苏交界的洪山头止，河道长度 430 公里。安徽省淮河以北是黄淮冲积平原，平坦辽阔，土层深厚，仅萧县、淮北市、濉溪、宿州、灵璧、泗县等地分布有低山残丘。沿淮两岸，分布着湾地、洼地和湖泊，是淮河滞洪、行洪地带。淮河以南主要是山丘地貌，西部大别山以白马尖和天堂寨最高，大别山以东，地势显著降低，岗丘连绵，向东北延伸直抵洪泽湖以南，成为长江、淮河两大水系的分水岭，沿淮寿县以下有浅山分布。总体而言，安徽境内淮河流域地势平坦，交通较为便利。

皖北地区主要指安徽省淮河以北及沿淮地区，包括淮北（辖相山区、杜集区、烈山区、濉溪县）、亳州（辖谯城区、涡阳县、蒙城县、利辛县）、宿州（辖埇桥区、砀山县、萧县、灵璧县、泗县）、蚌埠（辖蚌山区、龙子湖区、禹会区、淮上区、怀远县、五河县、固镇县）、阜阳（辖颍州区、颍东区、颍泉区、界首市、临泉县、太和县、阜南县、颍上县)、淮南(辖田家庵区、大通区、谢家集区、八公山区、潘集区、凤台县、寿县)和滁州市凤阳县,共计6个市级单位、36个县级单位,总面积约占安徽省的1/3,总人口约占安徽省的1/2。此外,属于皖西六安市的霍邱县和金寨县(部分乡镇除外)也属中原官话区,本书将其看作皖北地区。本书讨论的皖北中原官话实际上还包含少量属于江淮官话的区域(如淮南)。

皖北地区历史悠久,很早就有人类文明活动。皖北境内分布有160多处新石器时代的遗址,如小山口遗址(宿州)、石子山遗址(淮北)、双墩遗址(蚌埠)、富庄遗址(亳州)、垓下遗址(固镇)、尉迟寺遗址(蒙城)等,这些遗址时间上处于距今8000年到4000年之间。夏朝时皖北北部属于有虞氏部落,南部属于涂山氏部落。商朝时亳州境内建有䅵方国,属于建制较早的地区。西周时期皖北北部属于宋国,亳州境内建有焦(由河南陕县迁于此)、阜阳境内建有胡等侯国,此时皖北南部属淮夷之地,境内有英(今金寨地区)、六(今六安地区)、州来(今凤台地区)等城。春秋时期,皖北北部有胡、萧、徐等侯国,南部有下蔡、钟离等侯国,境内有许多小城,如焦、乾溪、莘、沈、鹿上、房钟等。战国时期,除淮北和宿州部分地区属于宋国外,皖北大部分地区属于楚国。秦始皇统一中国后实行分封制,皖北地区以淮河为界,淮河之南属于九江郡,淮河之北分属砀郡(辖地包括今亳州市)、陈郡(辖地包括今阜阳地区)和泗水郡(辖地包括今淮北市、宿州市、涡阳县、利辛县、蒙城县、怀远县、五河县、固镇县)。秦时皖北境内有谯县、下邑、相县、萧县、城父、竹邑、取虑、符离、蕲县、汝阴、寝县、新阳、钟离、曲阳、寿春、六县等城邑。两汉时期仍以淮河为界,淮河以南属扬州刺史部(东汉时扬州郡北界略有北移),淮河以北属豫州刺史部,阜阳地区属于汝南郡,其余大部分属沛郡,淮河以南的六安、淮南和蚌埠市属九江郡。三国至西晋时期,皖北淮河以南及北岸凤台、怀远属扬州淮南郡,淮河以北(凤台、怀远除外)属豫州,阜阳地区属汝南郡(西晋为汝阴郡),其余属谯郡(西晋为谯国)。东晋政权偏安江南,大体上以淮河为界,河之北属于北方版图,河之南属东晋版图。此时,皖北淮河以南是东晋属地,仍隶属淮南郡,淮河以北地区先后隶属后赵、前燕、前秦、后燕。南北朝时期,皖北先后属南朝宋、齐、梁、陈。隋朝时,皖北阜阳地区隶属汝阴郡,境内有颍阳、汝阴、清丘、下蔡四城,亳州隶属谯郡,境内有谯县、城父、山桑三城,淮北属彭城郡,境内有萧县、符离、蕲县、谷阳四城,蚌埠东部的五河、泗县属下邳郡,境内有夏丘城,淮河以南的蚌埠属钟离郡、淮南属淮南郡、金寨属庐江郡,淮河南岸有钟离、寿春、安丰、霍邱四城。唐代皖北淮河以北地区属河南道,淮河以南属淮南道,城邑与隋时相差无几。北宋时,皖北地区分属淮南东路、淮南西路和京西北路。南宋时,宋金以淮河为界形成对峙局面,皖北淮河以北属金国南京路,分属徐州、亳州、宿州、泗州、寿州、颍州,淮河以南属南宋濠州和安丰军。元代,皖北地区属于河南江北行省,其中亳州、淮北、宿州属归德府,泗县、五河属淮安路,阜阳地区属汝宁府,淮河两岸大体上属于安丰路。明代,皖北地区均属凤阳府,隶南直隶,时江苏、安徽两省尚未分野。清代,江苏、安徽两省分治,皖北地区分属颍州府、凤阳府和泗州,此时,皖北大部分县级建制地区已基本形成,只有太和、利辛等个别县为中华人民共和国成立后设置。从历史行政区划的沿革来看,皖北地区长期以淮河为界与皖中地区分隔,因此,把淮河以北地区通称皖北地区是非常符合实际的。

皖北地区绝大部分县市说中原官话,淮南、怀远、金寨三地既有中原官话又有江淮官话。为称说方便,后文一般将"皖北中原官话"统称为"皖北方言"。李荣主编(1987)《中国语言地图集》将皖北中原官话划归到郑曹片(包括亳县、界首、临泉、太和、阜南、涡阳、蒙城、利辛、濉溪、阜阳、阜阳县、淮北、宿州、灵璧)、洛徐片(包括砀山、萧县)、蔡鲁片(包括颍上)和信蚌片(包括霍邱、金寨、寿县、凤台、固镇、蚌埠、凤阳、泗县、五河),分片的主要依据是古知庄章三组字今声母的分合和"根庚"、"今经"两组字的读音。郑曹片知庄章组字与精组字不同音，如"支=知 ˬtʂʅ≠资 ˬtsʅ""罩=赵 tʂau˽≠皂 tsau˽"；蔡鲁片知庄章字与精组字同音，如"齿=耻=此 ˤtsʰʅ"；洛徐片知组二等字、庄组字、章组止摄字，今开口读［ts tsʰ s］，与精组字同音，如"齿=此 ˤtsʰʅ""事=四 sʅ˽""罩=皂 tsau˽""抄=操 ˬtsʰau""稍=臊 ˬsau"，知庄章组字在其他情况下读［tʂ tʂʰ ʂ］，与精组不同音，如"桌 ˬtʂuə≠作 ˬtsuə""中 ˬtʂuŋ≠宗 ˬtsuŋ""春 ˬtʂʰun≠村 ˬtsʰun"。信蚌片跟郑曹、蔡鲁、洛徐三片的区别是［ən］和［əŋ］、［in］和［iŋ］均不分，如"根=庚 ˬkən""今=经 ˬtɕin"。贺巍在新版《中国语言地图集》（2012）中按照新的分片标准对中原官话的分片数量、小片名称和部分方言点的归属作了调整，其中涉及安徽省的变动包括：①名称变化，安徽境内的中原官话原归入郑曹片、洛徐片、蔡鲁片、信蚌片，调整后分别归入徐淮片、商阜片和信蚌片；②个别方言点的归属作了调整，原郑曹片的淮北市和原属洛徐片的砀山、萧县一并归入徐淮片，原属蔡鲁片的颍上县和原属江淮官话的怀远县归入信蚌片。① 贡贵训（2011）认为，淮南市的田家庵、八公山、潘集区域的汉语方言入声已经消失，也应归属中原官话。新版《中国语言地图集》（2012）将淮北方言划归到徐淮片，认为徐淮片阴平调值和兖菏片相同，与其他各片均不同；非阴平调的调值和其他各片也有明显区别，因此调值是徐淮片区别于其他各片的标志。中原官话主要代表点的声调格局见表1-1。

表1-1　　　　　　　　　中原官话各片代表点声调调值

方言点	徐州	兖州	郑州	洛阳	南阳	漯河	商丘	信阳
片区	徐淮片	兖菏片	郑开片	洛嵩片	南鲁片	漯项片	商阜片	信蚌片
阴平	213	213	24	33	35	24	24	24
阳平	55	42	42	31	31	53	52	53
上声	35	55	55	53	55	55	55	55

---

① 《中国语言地图集》（第2版，2012）将怀远南部归入江淮官话区，北部归入中原官话信蚌片。

续表

方言点	徐州	兖州	郑州	洛阳	南阳	漯河	商丘	信阳
去声	51	312	31	412	41	31	31	312

从表 1-1 来看，徐州方言的阴平跟兖州方言的阴平一致，但阳平、上声的调值跟其他方言点有明显区别，去声的调值也跟其他方言点有所不同。从声调系统来看，单独列出徐淮片是可行的，但在一些方言点的具体归属上需要重新考虑，如安徽境内的商阜片和信蚌片各调类的调值与"徐淮片"基本一致（见表 1-2）。

表 1-2　　　　　　　　部分中原官话代表点声调调值

方言点	徐州	淮北	萧县	阜阳	蚌埠
片区	徐淮片	徐淮片	徐淮片	商阜片	信蚌片
阴平	213	213	212	213	212
阳平	55	44	55	55	55
上声	35	24	24	24	24
去声	51	42	53	53	53

表 1-2 显示，在调值方面，"徐淮片"的徐州、淮北、萧县与商阜片的阜阳，信蚌片的蚌埠基本一致，如果以调值作为分片依据，萧县、淮北、阜阳、蚌埠也应归入徐淮片，而这种分片结果显然与语言事实不符。因此，我们认为，至少安徽境内的中原官话不能简单依据调值分片。

根据我们的调查以及前人的研究，淮北方言在语音、词汇、语法方面跟宿州、阜阳等皖北北部地区的方言没有明显差异，这些地方的方言应该被划归到同一个方言区，以阜阳、宿州为代表，统称为阜宿方言。

安徽北端的萧县、砀山方言与阜宿方言有一些比较明显的差异，具体表现有三点：①古知庄章字有舌尖前［ts tsʰ s］和舌尖后［tʂ tʂʰ ʂ］两种读音，大体上是知组开口二等字，庄组开口字，章组止摄开口字读［ts tsʰ s］，与精组字同音，如萧县：支＝资 ₒtsɿ｜罩＝照 tsɔ˚｜争＝曾 ₒtsəŋ｜师＝私 ₒsɿ｜馋＝残 ₒtsʰã；②有一些词语与阜宿方言不同，如：骚虎头 公羊、家走回家、马上马立刻；③"可VP"问句使用频率较低，对应的句式一般为"VP-neg-VP"、"VP吗"和"VP不"，例如：他来吗他来没来？｜你吃吗你吃没吃？｜我去管不我去行不行？｜那是你的不那是不是你的？｜热哩哄不热不热得慌？鉴于上述特征，我们将萧县、砀山方言单独划为萧砀片。

皖北南部，从六安西部、北部到淮南北部再到蚌埠地区，地理上呈西南东北走向，这一地区方言的共同点是［ən］和［əŋ］、［in］和［iŋ］不分，虽然金寨、霍邱地区和淮南北部、蚌埠地区还有一些不同，但都属于中原官话信蚌片，我们将这一地区的方言划为金蚌片（西部以金寨为代表，东部以蚌埠为代表）。金蚌片的方言处于中原官话和江淮官话的交界地区，前后鼻音不分的现象跟邻接的江淮官话一致。

结合以上分析，我们将皖北中原官话划分为三个小片，具体分布情况见图1-1。

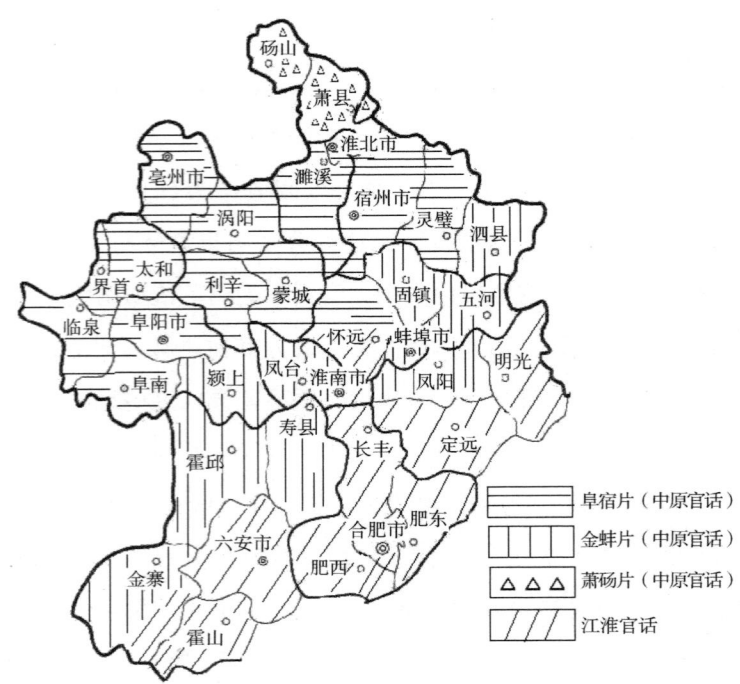

图1-1　皖北中原官话分布

1.2 皖北中原官话的主要特点

1.2.1 语音特点

贺巍（2005）指出，中原官话区别于其他官话的主要特征是古入声字的分派规律：清声母和次浊声母的古入声字今归阴平，全浊声母的古入声字今归阳平。贺巍认为，安徽境内的五河、凤阳古入声字今读去声；凤台、颍上、霍邱、金寨清声母和次浊声母古入声字今散归阴平、阳平，全浊声母古入声字今一般读阳平，演变情况与中原官话不同，但因"根庚、今经"两类字同音，与中原官话信蚌片一致，这些方言点暂归中原官话。贡贵训（2011）对皖北中原官话古入声字的分派情况作了较为细致的调查统计，得出的结果与贺巍的结论基本一致。古入声字的分派不同于中原官话的方言点主要见于与江淮官话交界的地带，我们推测，可能因为这些方言点是受中原官话冲击较为薄弱的地区，其古入声字演变有自源性因素。西部的凤台、颍上、霍邱、金寨则既有自源性因素，又有他源性因素，而东部的五河、凤阳则以自源性因素为主。

我们将皖北地区的中原官话分为三个小片：萧砀片、阜宿片和金蚌片。就皖北方言跟域外方言的关系来看，萧砀片方言属于中原官话"徐淮片"①。萧县、砀山地区历史上长期属于徐州管辖，直到中华人民共和国成立后才划归安徽省，因此，这里的方言跟徐州地区的方言接近也是很自然的事情。皖北中原官话语音上的共同特点主要包括：①有四个声调，阴平为降升调；②浊音清化，按平声送气仄声不送气分化；③古泥来母今读不混；④普通话读零声母的字在皖北方言中逢中低元音大都读舌根浊擦音 [ɣ]（如：爱 ɣɛˊ）；⑤除金蚌片西部和皖北西北部（如太和）外，曾开一

---

① 根据前文分析，淮北地区的方言更接近阜宿方言，而跟萧砀方言有比较明显的区别，因此，我们认为淮北应归入商阜片，"徐淮片"称为"萧砀片"更为合适。

德韵、梗开二陌麦韵大都读［ei］或白读为［ei］（如：刻ʰkʰei、百ᶜpei、隔ᶜkei）。皖北方言各小片之间也有一些语音上的差异，具体表现如下所述。

萧砀片：知庄章组部分开口字读舌尖前音［ts tsʰ s］；部分微母来源的字该片老派读唇齿浊擦音［v］（如：味viˀ），部分日母来源的字自成音节读［l̩］（如：儿₃l̩）。

阜宿片：西部（亳州、临泉、阜阳、界首等）部分普通话读［ʂ］声母的字在古合口呼韵母前读［f］声母，如：书＝夫ᶜfu、水＝匪ᶜfei、双＝方ᶜfã；部分方言点（如涡阳、临泉、宿州乡下）老派能分尖团音，如：酒 tsiəu ≠ 九 tɕiəu。

金蚌片：普通话［ən］和［əŋ］、［in］和［iŋ］在该片方言中读音不分，如：真＝争 tsən、心＝星 ɕin；普通话卷舌韵母［ɚ］在该片一般读［ə］或［a］（如蚌埠：二 aˀ）；凤阳、凤台、寿县等地有［f］、［x］不分的现象，如凤台：风＝轰ₓxoŋ。

上述语音特点大体符合皖北中原官话各小片的语音特征，但各片区内部并非完全一致，有的县市方言还比较复杂。另外有一些字在不同方言点有特殊读音，如亳州等地"在"白读［tɜˀ］、"雀"白读［tsʰuɤˀ］；阜宿片西北部"客"白读［ₒtɕʰiɛˀ］、"黑"白读［ₒɕiɛˀ］；金蚌片西部的颍上、霍邱等地将"热"念成［ₒzɜˀ］。

1.2.2 词汇特点

皖北中原官话在词汇上与周边中原官话既有一致性的一面，也有特殊性的一面。据徐红梅（2003）的分析，大致蚌埠、颍上为一区，阜阳、淮北、界首、涡阳为一区，砀山为一区。词汇上的特点与皖北中原官话在语音上的分区大体一致。皖北中原官话词汇方面的主要特点有以下方面。

（1）"子"缀词尤为丰富，且"子"缀单独成音，不似河南北部的子变韵。与普通话相比，皖北方言中有大量的"子"缀词，成为本区方言的一大特点，例如：破小子小男孩、树秧子树苗、癞猴子蟾蜍、鳖虎子壁虎、腮帮子_腮、石头子子_{石子}。

（2）有些词语包含跟普通话不一致的含义。如：

【孬】害羞，阜宿片常用。如：你咋不嫌~呢？

【妨 fɑ̃】一种迷信说法，相克、妨碍。如：俺的病来_也不知道是啥~的？

【巧】便宜。这衣服买得怪~来！

【茶】白开水。如：你可喝~？

【娘】伯母。如：你~可回家吗？

【压】【走】从，介词。如：他~哪来的？

（3）同一意义有多种说法，不能相混。

如"买"的行为有多种说法：

【扯布】买布　【打油】买油　【割肉】买肉　【抓药/拾药】买中药　【逮小鸡子】买雏鸡　【请香】买香（火）

（4）除"子"缀外，还有一些比较特殊的词缀，如"不唧的、拉叉的、乎的、不、不子、巴、巴子"等。

（5）第一人称多用"俺"，第二人称多用"恁"。如"俺妈、俺们、恁大娘"等。

（6）有一些比较特殊的语气词，如"来、咑、喽、昂、哖"等。

皖北中原官话各小片在词汇方面也有些差异，如阜宿片北部、西部大多数方言点把"昨天"称为"夜个"，把"回家"称为"家走"；阜宿片的东部、金蚌片多数方言点则把"昨天"称为"昨个"，把"回家"称为"来家"；金蚌片西部把"太阳"叫"热头"。

1.2.3　语法特点

语法是本书研究的对象，有关本区方言的语法特点见相关章节，此不赘述。

1.3 皖北中原官话语法研究概况

1.3.1 汉语方言语法研究的现状及趋势

国内汉语方言语法研究起步并不算晚，早在1928年，赵元任在《现代吴语研究》中就对23个方言点的语助词进行了对比分析。然而早期汉语方言语法研究并未受到学者的特别关注，只有零星的专著和论文问世，如台湾李献璋（1950）《福建语法序说》、香港张洪年（1972/2007）《香港粤语语法的研究》。直到20世纪80年代这种现象才略有改观，这得益于朱德熙先生的倡导。1980年朱先生在《方言》杂志上发表了《北京话、广州话、文水话和福州话里的"的"字》，正式提出标准语语法、汉语方言语法、汉语历史语法相结合的"大三角"理论。此后，汉语方言语法的研究开始受到重视，出版的论著逐步增多。20世纪90年代，汉语方言语法研究取得了重要进展，出版了一批有关汉语方言语法研究的专著和论文集，如杨秀芳（1991）《台湾闽南语语法稿》，何耿镛（1993）《客家方言语法研究》，汪国胜（1994）《大冶方言语法研究》，黄伯荣主编（1996）《汉语方言语法类编》，李如龙、张双庆主编（1996）《动词的体》，胡明扬主编（1996）《汉语方言体貌论文集》，伍云姬主编（1996/2009）《湖南方言的动态助词》，李如龙、张双庆主编（1997）《动词谓语句》，钱乃荣（1997）《上海话语法》，项梦冰（1997）《连城客家话语法研究》，李小凡（1998）《苏州方言语法研究》，徐烈炯、邵敬敏（1998）《上海方言语法研究》，伍云姬主编（1998）《湖南方言的介词》，李如龙、张双庆主编（1999）《代词》等。特别值得一提的是，李如龙先生一直倡导的汉语方言语法的比较研究以及以专题方式探讨汉语方言语法问题的研究方法，他的研究扩大了人们的学术视野，使人们看到汉语方言语法的个性，为汉语方言的分区和汉语方言的形成与发展研究提供了宝贵的资料。除专著和论文集以外，这一时期在期刊上发表的汉语方言语法论文也呈上升趋势，相关语言学会议上讨论方言语法问题的论文屡见不鲜。从总体上看，这一时期的汉语方言语法研究虽在逐步深化，但仍以报告特殊方言语法现象为主，系统性和理论性的探讨不足。进入 21 世纪，汉语方言语法开始受到前所未有的关注，特别是近年来，研究汉语方言语法的论文和专著大量出现，与前期相比，无论是数量还是质量上都有了新的突破。据不完全统计，单是新近出版的方言语法专著就有 40 余部，如乔全生（2000）《晋方言语法研究》、张惠英（2001）《汉语方言代词研究》、张一舟等（2001）《成都方言语法研究》、陈淑梅（2001）《鄂东方言语法研究》、钱奠香（2002）《海南屯昌闽语语法研究》、林寒生（2002）《闽东方言词汇语法研究》、莫超（2004）《白龙江流域汉语方言语法研究》、邢向东（2006）《陕北晋语语法比较研究》、辛永芬（2006）《浚县方言语法研究》、李如龙（2007）《闽方言语法研究》、吴云霞（2009）《万荣方言语法研究》、兰宾汉（2011）《西安方言语法调查研究》、孙立新（2013）《关中方言语法研究》、王健（2014）《苏皖区域方言语法比较研究》、汪化云（2016）《黄孝方言语法研究》、汪如东（2017）《江淮方言泰如片与吴语的语法比较研究》、宗守云（2018）《张家口晋语语法研究》等。值得重视的专著还有两本，一是刘丹青（2003）的专著《语序类型学与介词理论》，该书将汉语置于世界语言的范围之内，以类型学理论考察汉语，尤其是吴语的语序和介词，这种研究方法是一种新的开拓。二是邓思颖（2003）的专著《汉语方言语法的参数理论》，该书利用生成语法学的参数理论分析汉语方言语法的差异，在理论和方法上是一种创新。这一时期发表了大量的汉语方言语法研究论文，据我们粗略统计，单是 2010 年发表在各种杂志上关于汉语方言语法的论文就有 200 余篇。此外，这一时期还发表了大量有关汉语方言语法研究的博士硕士论文，如丁崇明（2005）《昆明方言语法研究》、周琴（2007）《泗洪方言语法研究》等。21 世纪以来的汉语方言语法研究在理论上也有了新的突破，不少论著开始尝试将新的语法研究理论和方法用于汉语方言语法的研究，例如李如龙（2001）《东南方言人称代词比较研究》、吴福祥（2003）《南方方言能性述补结构"V 得/不 C"带宾语的语序类型》、李小凡（2003）《当前方言语法研究需要什么样的理论框架？》、罗自群（2006）《现代汉语方言持续体标记的比较研究》、刘丹青（2009）《语法化理论与汉语方言语法研究》、吴福祥（2010）《汉语方言里与趋向动词相关的几种语法化模式》、陈前瑞（2010）《南方方言"有"字句的多功能分析》等。

截至目前，汉语方言语法研究已经受到了国内外学者的重视，并取得了可喜的研究成果，但尚存在一些问题。

（1）描写为主，缺乏理论探讨。已经发表的汉语方言语法研究专著和论文大部分以描写方言语法现象为主，理论的探讨不能与共同语的研究同日而语。近年来，一些学者尝试从类型学、语法化理论、形式语言学的角度研究汉语方言语法现象，这是一种非常有益的探索。

（2）研究对象、研究内容不均衡。从研究对象来看，现有汉语方言语法研究主要集中在官话以外的汉语方言，如湘语、吴语、闽语、粤语、客家话、赣语等，官话方言语法研究明显偏少，且集中于西南、西北地区，东北、中原、华东地区涉及较少。从研究内容来看，主要集中在词缀、代词、副词、介词、语气词和动词的体貌等方面，句法层面的研究相对薄弱，且多集中在语序、疑问句等方面，语法、语义范畴的研究明显不足。

（3）比较研究不足。无论是单点的语法专著，还是综合性著作中的语法部分，大都以共时描写为主，少量带有比较研究性质的论文或专著也多以同一方言内部的比较为主，古今汉语之间，方言之间、方言与民族语之间的比较研究总的来说还很不成熟。从文献来看，目前已经报道了大量方言语法现象，迫切需要集中起来做一些比较研究的工作。

我们认为今后汉语方言语法研究应该努力加强的工作主要有以下三点。

（1）方言语法的调查和描写仍是主流。贺巍（1992）、李小凡（2003）等人均认为，当前汉语方言语法研究仍然要以调查和描写为主，不调查方言就谈不上研究方言，事实描写得越清楚，特点发掘得越充分也就越有利于方言语法理论的建立和完善。

（2）加强方言语法的比较研究。赵元任首开方言语法比较研究之先河，朱德熙提出语法研究的"大三角"理论，第三届汉语方言语法研讨会（2006）又明确以"汉语方言语法的比较研究"为主题。目前，用比较的方法从宏观层面探讨方言语法的历史层次，方言语法之间的接触等问题已成为学界共识。

（3）利用新的语法理论解释汉语方言语法现象。方言语法研究不外乎描写和解释。解释包含理论的探索，方言语法除了描写，更应寻求解释——探求规律。在各种理论层出不穷的今天，研究者应注意利用共同语研究的相关成果，尝试运用类型学、语法化、社会语言学的相关理论对方言语法现象进行解释。

1.3.2 中原官话语法研究的现状

总体而言，关于中原官话语法的研究主要集中在西北部地区，其中陕西境内中原官话的研究尤为突出，如吴云霞（2009）《万荣方言语法研究》、兰宾汉（2011）《西安方言语法调查研究》、孙立新（2013）《关中方言语法研究》等。此外，还有不少论文讨论西北地区的中原官话语法问题，例如孙立新（2002）《关中方言代词概要》、兰宾汉（2004）《西安方言非疑问句用法的"呢"》等。除陕西外，值得一提的还有莫超（2004）的《白龙江流域汉语方言语法研究》，该书利用比较法考察了白龙江流域汉语方言语法的特点，指出该流域汉语方言既有中原官话的语法特征，又有西南官话的语法特征，但以中原官话为主。除西北地区以外的中原官话语法研究比较分散，以论文为主，例如吴继光（1986）《徐州话中的"肯"、"很"、"管"》、张爱民（1987）《徐州方言的形容词》、李申（2002）《徐州方言语法散札》、李孝娴（2003）《固始方言问句系统考察》、张恒（2007）《开封话的"给"和"给"字句》、赵新义（2007）《周口方言的助词研究》等。辛荣芬（2007）《浚县方言语法研究》和殷相印（2008）《微山方言语法研究》是西北地区以外有关中原官话语法研究的仅有的两部专著。目前还没有研究江苏和安徽境内中原官话语法的专著问世。从总体上来看，与汉语方言语法研究的大背景一致，中原官话语法的研究近年来也呈逐步加强的趋势。

1.3.3　皖北中原官话语法研究的现状

现有文献对皖北中原官话语法的研究主要是描写性的。《安徽方言概况》（1962）将皖北方言划归阜宿方言区，该著涉及部分皖北方言的词汇和语法特点。《安徽省志·方言志》（1997，下文简称《方言志》）分词法和句法两个方面对皖北方言语法特点作了介绍，其中比较特殊的词法现象主要有：①丰富的"子"缀词；②名词前缀"俺"，后缀"拉权的"；③动词重叠式"VV、VVV"，单音节动词后加"着玩、乎"；④形容词后缀"乎、乎的、不唧儿的"等，形容词的三种前加式"XA、X巴A、X巴子A"；⑤人称代词的亲密式。比较特殊的句法现象主要有：①霍邱话中，"在"置于方位短语之后，既可表示"正在"，又可强调主要的状况，同时还有"动词+（受事宾语）+子（着）在"的特殊用法；②"连V是V"结构；③"非VP"句式；④"可VP"句式；⑤可能补语的特殊说法；⑥"XX叫"作补语的固定句式；⑦特殊语序"知不道"；⑧"很"的特殊用法；⑨沿淮县市的"V+将+起来"结构；⑩"A动词+子细"+"B动词+子细"的并列结构式；⑪"动词+不完+的+动词"的特殊说法；⑫句末重复"主语+述语"的说法；⑬形式特殊的肯定句和否定句。该著对皖北中原官话特殊语法现象的列举比较全面，后人对皖北方言语法的研究也大都以此为依据，如王琴（2005）所列举的阜阳方言中的一些特殊语法现象。此外，胡利华（2010、2011）分别对蒙城方言程度表示法和亳州方言特殊表达句式作了描写性分析，王晓淮（2010）编著的《蚌埠方言志》也涉及部分词汇、语法现象。

皖北方言语法的描写性研究还体现在近年来的硕士论文上。吴晓红

(2006)的硕士学位论文《安徽颍上方言语法研究》针对颍上方言的语法现象进行了描写性的研究，研究内容基于《方言志》所列举的皖北中原官话的语法现象，是对其内容的进一步细化，同时该论文还描写了"搁"和"徕"字的特殊用法和颍上方言中的比较句、"给"字句。吴晓红（2009）又将硕士学位论文中讨论的有关"搁"字的用法和平比句的内容作为单篇论文发表，对其中的内容作了进一步分析。岳刚（2010）的硕士学位论文《安徽五河方言语法研究》主要从词缀、副词、体貌三个角度描写了五河方言的特殊语法现象，并在描写的基础上，结合现代语言学理论对上述语法问题作了一些探讨。黄平飞（2010）的硕士学位论文《蒙城方言动词研究》从传统描写语言学的角度对蒙城方言中的特殊动词进行了分类描写。翟占国（2015）的硕士学位论文《安徽利辛方言介词语法化研究》着重从发展演变的角度探讨了利辛方言中介词的语法化过程。上述硕士学位论文所描写的语法现象在皖北地区具有一定的普遍性。

在专题研究方面，由于皖北方言中的"子"缀词非常丰富，因此首先受到学者的关注。最早研究皖北方言"子"缀词的文章是乐玲华（1985）的《阜阳地区"子尾词"的初步考察》。该文对阜阳地区方言"子"缀词作了比较详细的分类描写，论文以表示人体称谓的"子"缀词为例揭示了阜阳地区方言"子"缀词的丰富性，并对"子"尾词的表意功能、修辞色彩、构词方式及分布状况、内部差异作了初步考察。此后，于芹（2005）重点对临泉方言指人"子"缀词的构成、特点、语义色彩、文化意蕴和发展趋势进行了考察和分析，文章列举的临泉方言指人"子"缀词与乐玲华论文中的阜阳方言表现非常一致。郭辉（2007）对濉溪方言中的"子"缀词进行了比较详细的分类，并对"子"缀的功能作了探讨。岳秀文（2010）讨论了属于江淮官话的定远方言中的"子"缀词，指出"子"缀读轻声，附着在名词、动词、形容词后构成名词，也可附着在量词或专用量词后，"子"可以指人、指物、指时间等，某些组合具有表小义。可见皖北方言中丰富的"子"缀词不仅出现在中原官话区，同时也出现在与之毗邻的江淮官话区。

皖北方言中的程度词缀较有特色，因此也成为学界关注的焦点之一。徐红梅（2006）指出，涡阳方言中形容词程度的表达有三种方式：①形容词生动形式；②后加法；③前加法。该文对这三种表达方式进行了描写性研究。陆侠（2008）对蒙城方言中的"铁紧、稀烂、喷香、温臭、酸甜"等"BA"类型形容词的形式、结构、意义和功能进行了分析。鲍士雪（2010）从构词、语义和语用的角度对淮南方言中形容词词缀及其所构成的形容词进行了比较充分的描写，并对淮南方言形容词词缀的特点作了初步分析。淮南方言属于江淮官话和中原官话交界区域，但从文章描写的词缀来看，与皖北中原官话表现比较一致。此外，王婷婷（2014）的硕士论文设专章讨论了太和方言"子"缀词和"儿"缀词的互动关系，从共时平面分析了两种词缀在太和方言中的表现。

皖北方言中有一些比较特殊的语气词，如"来、唉、昂"等。有的语气词具有时体表达功能，这种特殊的语法现象也是讨论较多的问题。陶毅（1997）首先注意到淮南方言中语气词"来"的特殊用法，描写了语气词"来"出现的主要条件。侯超（2007）注意到，语气词"来"的特殊用法在皖北方言中普遍存在，并对其时体表达功能进行了探讨。郭辉（2008）分别讨论了濉溪方言中用在陈述句、祈使句、疑问句、感叹句中语气词"来"的用法和主要功能，该文认为濉溪话的语气词"来"具有四个方面的功能：①确认和引导事实；②表达动作的进行和状态持续；③表曾然；④表肯定、告诫、蔑视等色彩。吴晓红（2009）对颍上方言句末语气助词"徕"作了相关讨论。郭辉、郭海峰（2009）还分析了濉溪方言中语气词"昂、吭、来、满、吧、啥"的用法。

徐红梅（2003）的博士论文《皖北方言词汇比较研究》运用统计、比较等方法对皖北方言的词汇进行了专题性考察，归纳了皖北方言词汇的特点、内部差异及其与周边方言的异同，并对某些词语的历史来源作了探讨。王琴（2008）的硕士论文《阜阳方言"可 VP"疑问句研究》单就

"可 VP"句式进行了比较深入的探讨。文章首先利用结构主义语言学的方法对由"可 VP"构成的各种结构及用法进行了分类描写，接着从语义学的角度探讨了"可 VP"句式的疑问焦点、疑问辖域及相关时体问题，最后又从历时和共时角度对"可 VP"问句的发展进行了分析，并对阜阳方言疑问句的基本架构进行了系统整理。王琴（2008）还以单篇论文的形式对其硕士论文中讨论的相关内容作了进一步分析。张芊（2012）的硕士论文《蒙城方言"可 VP"问句研究》，对蒙城方言中的"可 VP"问句进行了专题性研究。

除了上述几个讨论比较集中的问题，前人还对皖北方言中其他语法现象作了专题研究。徐红梅（2003）针对涡阳话中人称代词、指示代词和疑问代词进行了描写性分析。胡习之、高群（2004）考察了近代汉语中普遍存在的"动＋将＋趋向动词"的格式在皖北方言中的分布、发展趋势和感情色彩。于芹（2007）从结构意义和结构特征的角度分析了临泉方言中的比喻格式"给……唧"的用法，指出这种格式是一种明喻，可以表示人的神情变化、穿着打扮、性情特征、外貌特征，"给"实际上是"跟"的方言读法，其比喻喻体和本体的结合具有地域性，透露出语言的幽默美。于芹、刘杰（2008）指出，"很＋VP"结构中的"V"在皖北口语中经常是动作动词，不具有"客观量度"，该结构的主语主要是第二人称，这与普通话的表现明显有别。该文尝试用"主观量度"的理论解释此类现象。耿军（2010）分析了怀远话中的"一动"的用法，指出怀远话的"一动"有"催促、易于、短时"三种义项，在句中作状语，怀远话的"一动"及其三种义项的形成是逐步语法化的结果。郭辉（2010）列举了淮北方言中一些特殊的程度副词、范围副词、时间副词、肯定和否定副词的用法。王琴（2010）从句法分布和语义色彩的角度对阜阳方言中"个妻子"的特殊说法进行了考察。张德岁、唐爱华（2011）讨论了皖北方言中"V＋搁＋N（L）"和"N（L）＋搁＋V"两种并存格式，着重分析了"V＋搁＋N（L）"中"搁"用法的形成机制。

综上所述，皖北方言语法研究已经积累了一定基础，对一些比较特殊的语法现象的描写也比较清晰，但仍然存在一些不足，表现在：①以描写为主，对各种语法现象的形成和发展讨论不足，缺乏深入的理论分析；②以单点语法描写为主，缺乏宏观的视野，所描写的语法现象既有中原官话又有江淮官话；③对一些语法现象描写和讨论还存有异议，仍有一些特殊语法现象尚未揭示。

1.4 研究意义、内容、方法和语料来源

1.4.1 研究意义、内容和方法

古代淮河流域曾是经济富庶地区，当地流传着"走千走万，不如淮河两岸"的佳话。皖北地区也是古代著名的文化中心，有禹、庄子、管仲、曹操、华佗、嵇康、刘安等历史文化名人。从汉语方言的分布来看，中原官话是官话方言中分布范围最广的方言，它西起新疆，东至山东，东西长3000多公里，南北宽600多公里，呈带状蜿蜒于我国的中部，构成了一条颇具特色的语言走廊。如果以县市作为调查点，分布在这个地区的中原官话共有387个县市，其中安徽境内有26个。如此广大的区域说同一种官话方言，它们在语法上的表现是否一致，急需更多的研究资料加以佐证。从语法研究的角度来说，官话方言被认为是与普通话区别不大、特点较少的方言，相对湘语、闽语、吴语等非官话而言，研究很不充分，不仅如此，现有官话方言研究多集中在西南、西北地区，皖北的中原官话及其过渡地带的语法研究不仅数量较少，而且相对分散，不成系统。其实，皖北中原官话的特殊语法现象并不少见，《方言志》（1997）列举了14个词法特点和14个句法特点，足以说明皖北中原官话语法的特殊性。从这个角度来说，对皖北中原官话语法特点的描写和深入分析是不可或缺的，这将有利于改变人们的传统认识，从而促进汉语官话方言语法的研究。安徽境内淮河两岸是中原官话和江淮官话的交界地带，前人对域内方言归属的划

分完全着眼于语音标准,词汇和语法几无涉及。因此,研究皖北中原官话特殊语法现象在本区的具体表现、分布特点以及方言语法的"区别性特征",对中原官话的方言区划、方言地理、方言接触的研究具有重要意义。现有文献对方言语法的研究以描写为主,解释性研究明显不足,鉴于此,本书对皖北方言的一些语法现象作专题性深入分析,尝试做出合理解释,这将有利于推动方言语法研究向纵深发展。目前汉语方言语法研究已经取得了不少成果,但仍以单点方言语法描写为主,缺乏系统的比较研究,我们在研究皖北方言语法现象时,注意同普通话进行比较,将个别语法现象的研究置于汉语方言的大框架下,考察其类型意义,这一尝试性的工作将促进方言语法比较研究的发展。

方言语法研究主要有系统描写和专题分析两种类型。本书在前人的研究基础上着重考察安徽境内淮河以北及沿淮地区的方言语法现象。皖北地区的方言绝大部分属于中原官话,淮河以南部分地区属于江淮官话。从总体上看,皖北地区方言在语法上具有较强的一致性,本书打破方言分区的限制,着眼于地域的角度对皖北方言进行语法专题研究,即本书的"皖北中原官话"实际上包含了个别江淮官话(主要是淮南市)的方言点。本书选择的代表性方言点主要有淮北(阜宿片)、阜阳(阜宿片)、亳州(阜宿片)、宿州(阜宿片)、萧县(萧砀片)、颍上(金蚌片)、霍邱(金蚌片)、金寨(金蚌片)、蚌埠(金蚌片)、淮南(金蚌片/江淮官话)。

皖北中原官话作为官话之一种,自然与普通话存在诸多相似之处,但这不是本书讨论的重点,我们主要讨论前人业已指出但未做深入研究或已有部分研究但尚可商榷的皖北方言语法现象,内容涉及词缀、程度表达、体貌表达、疑问表达以及部分特殊句式。本书尝试作以下研究:对本区方言的特殊语法现象作比较全面、系统、深入的描写;结合语法理论知识对皖北方言中使用较广的语法现象作深入分析,利用文献资料对相关问题尝试作比较研究;尝试从历时角度探讨个别语法现象的来源,发展趋势,语法化过程。

本书的研究对象主要是区域性的方言语法现象，有描写、解释和比较三个层面。涉及的主要研究方法有以下几种。

（1）内省和调查相结合。本人出生于皖北腹地——安徽省利辛县，从出生到大学毕业一直生活在皖北地区，其间接触的也多是本方言区的学生，毕业后又回原籍工作了一年，对周边方言比较熟悉，有利于获取内省语料。另外，我们利用自制的调查手册前往实地调查了大量语料，这是本书的写作基础。

（2）描写和解释相结合。描写是语言研究必做的基础性工作，也是方言研究最重要的工作，但语言研究不能仅仅停留在描写层面，本书拟在描写的基础上结合相关语法研究理论着重对相关语法现象作解释性分析。

（3）归纳和比较相结合。归纳法是语言研究的重要方法，本书拟从各种语法现象中归纳出语法规律，并将这些规律放到皖北各方言点中进行检验。本书还将尝试比较皖北中原官话和相关方言语法的异同。同时针对一些皖北普遍存在的方言语法现象，尝试将其放在汉语方言的大背景下进行比较，探索汉语方言语法的类型特点。

1.4.2 语料来源

本书在文献资料的基础上，以笔者母语为基础，靠内省法拟定语法研究框架，设定语法调查项目，制定适合本区方言语法研究的调查提纲，然后利用该提纲对所要研究的语法现象进行实地调查，获取各方言点相关语料。

经调查，若同一语例在皖北地区的说法比较一致，区别主要在用词方面，为节省篇幅，在不影响语法系统的情况下，讨论相关问题时以笔者母语为主，不再——列出各方言点具体说法。文中未注明出处又未加特别说明的均为笔者母语语例。对于影响到语法结构和语法类型的或者有一定分布范围的非笔者母语语例都在文中加以说明。皖北地方志文献中出现的二手语料大多加注地名，不——注明出处，其他文献中的语料则标明出处。

1.5 本书体例说明

（1）注音采用国际音标，调类用发圈，调值用数字，如：高 ˬkɔ/kɔ²¹³。音节右上角标"0"的为轻声，如：咾 lɔ⁰。

（2）词例、语例用楷体字，右下角标注地名的为调查点的语例。如：老丫头_{金寨}。

（3）符号"~"用于替代本字、本词，如：不可，非去~。符号"□"用于替代本字不明的字，如：□娄 pu⁵⁵ləu⁰。

（4）字下加波浪线"～～"表示同音替代字，如："闸凉。"

（5）语例前标星号（*）的表示不说，左上角标"?"的表示一般不说，特殊语境下会说。如：*温香；ˀ可温咾。

第二章　皖北中原官话的词缀研究

通过附加词缀构成新词的方法属于附加式构词。理论上附加式构词的手段有三种：前加、中加、后加。有的语言三种手段齐全，但大多数语言只有前加、后加两种。汉语普通话中有比较典型的前缀、后缀，但是否存在中缀，争议较大。多数汉语方言中都有前加、后加两种附加式构词方式，各方言之间附加式构词的主要差别在于词缀的异同以及是否存在词汇层面的构词中缀。本章首先厘清有关汉语词缀的一些理论问题，接着对皖北方言的附加式构词作详细描写，最后对皖北方言的"子"缀作专题性研究。

2.1　汉语词缀的有关问题

本节对汉语附加成分的研究作一般性梳理，并在相关问题上提出我们的看法。首先，区分词缀和语缀，词缀属于构词层面，语缀属于构形层面。其次，将词缀分为真词缀和准词缀，前者又分为普通缀和化石缀。最后，讨论普通话和方言中的具体词缀问题。

2.1.1　词缀名称及其判定标准

自《马氏文通》出版以来，汉语词缀问题争议颇多，从定义、判断标准到具体词缀的确定都存在不同意见。目前人们对汉语词缀的认识虽有所深入，但在一些疑难问题上仍无定论，因为"'词缀'在汉语中不是一个边界清晰的词法范畴，也不具有很强的心理现实性，一个表现就是一些人提出的词缀，常会被另一些人所否定"（董秀芳，2005：17）。汉语学界关于词缀的争议主要集中在以下两个方面。

（一）名称问题

前人用于指称汉语附加成分的名类很多，主要有状字、助语（马建忠，1898）、语系（薛祥绥，1919）、语尾（黎锦熙，1924）、助词（杨树达，1930）、记号（王力，1957/1980）、前缀/后缀（孙常叙，1957）、附加语（周法高，1962）、语缀（赵元任，1979）。吕叔湘（1979：19，49）在总结时说："'语缀'这个名称也许较好，因为其中有几个不限于构词，也可以加在短语的前边（如第）或后边（如的）"，"不把前缀、后缀总称为'词缀'而总称为'语缀'，就可以概括不仅是词的而且是短语的接头接尾成分，连那些不安于位的助词也不愁没有地方收容了"。

早期名称问题的混乱实际上反映的是词缀与助词，构词法与构形法相混的现象。目前，多数学者主张对词缀和语缀进行区分，但具体操作时又有所不同，有的主张分为附加语（词缀）和助词（语缀），前者属于构词层面，后者属于短语或句子层面，如周法高（1962）、祝鸿杰（1991）；有的主张分为词缀（构词）和词尾（构形），如王纲（1980）、马学良（1981）、王德春（1983）；有的主张分为词缀和语缀，如邵敬敏等（2003）。我们认为，首先应将汉语的附加成分分为词缀和语缀，词缀属于构词范畴；语缀属于构形范畴。"词缀"是附着于词根上的构词成分，主要用来构成新词，不附带语法意义，如"桌"不单说，加"子"构成"桌子"；"语缀"是附加在词、短语、句子上面的附加成分，主要用来表达语法意义，如"我们"的"们"表示复数，"吃了饭"中的"了"表示"实现"。"语缀"实际上分为词汇层面的构形语缀（如复数形式）和短语、句子层面的附加"语缀"，后者也就是我们通常所说的"助词"。

词缀黏附于一个词干，印欧语的词干大都能够独立成词，汉语则不同，有成词的也有不成词的，例如"鱼儿"的"鱼"可以单独成词，"桌子"的"桌"则不能单独成词，也就是说汉语词缀可以黏附于成词语素，也可以黏附于不成词语素。还有些在现代汉语层面上不成词的在古代汉语中往往是成词语素，如"桌子"的"桌"。因此，成词与否不是判定词根或者词缀的充分条件。语缀的黏附单位是词、短语和句子，被黏附单位都能独立运用，同时又都是有意义的单位。一个黏附于不成词语素的附加成分只能是"词缀"，例如"桌子"的"子"；而一个短语中的附加成分只能是"语缀"，例如"吃得完"中的"得"。

（二）判定标准

词缀问题之所以争论不休，另一个原因是判定标准不同。判定一个构词成分是不是"词缀"，可从意义、形式和功能着眼。

（1）意义标准

虽然学界在判定汉语词缀时都考虑到意义，但具体操作时却有所不同。赵元任（1979）、吕叔湘（1979）、朱德熙（1982）、郭良夫（1983）、王绍新（1992）、杨锡彭（2003）、朱宏一（2004）等人都认为，词缀（语缀）在意义上是虚化的，但多数学者并未否定未完全虚化、有词汇意义的词缀（即"类词缀"，如"员、性"等）。常敬宇（1986）、祝鸿杰（1991）等人则比较彻底，认为只有意义虚化、没有词汇意义，只有附加意义或语法意义的附加成分才是词缀（如"老、阿、子"等），"类词缀"则被排除在外。

（2）形式标准

汉语是形态不发达的语言，严格来说，要以形式特征作为判定汉语词缀的主要手段难度较大。虽然多数学者承认汉语词缀具有一些形式上的特点，但并未确定具有哪些形式特点的一定是词缀。比较一致的观点是，汉语词缀具有黏着性、定位性（位于词首、词中或词尾）。坚持以定位性作为判定词缀重要标准的学者有吕叔湘（1979）、朱德熙（1982）、祝鸿杰（1991）、王绍新（1992）、杨锡彭（2003）、朱宏一（2004）、董秀芳（2005）等。语音变化也是重要的语法手段，印欧语就经常利用语音内部曲折来实现相应的语法功能。汉语中也有一些类似的手段，如变调、变韵等。王绍新（1992）、朱宏一（2004）等人认为，汉语中的典型词缀在语音形式上都表现为轻声。我们认为轻声并非汉语词缀实现其语法功能的主要手段，而是伴随特征，因为能读轻声的不仅仅只有词缀，而且有些词缀并不读轻声，如前缀。

（3）功能标准

按照印欧语的标准，词缀只是黏附性的单位，不能独立使用，不具有成词功能。虽然汉语词缀也具有以上特点，但汉语的典型词缀是由实词发展而来，往往是词缀用法和非词缀用法并立而行。从构词功能来看，词缀具有能产性，吕叔湘（1979）、郭良夫（1983）、王绍新（1992）等人都持此类观点。邵敬敏等（2003）则认为，词缀在组合上具有封闭性，是可数的。实际上，这两种观点并不矛盾。从共时层面来看，典型的汉语词缀确实已经比较封闭，例如由"子、儿、头"等词缀所形成的词一般已成型，数量比较稳定。但是"类词缀"则处于迅速发展阶段，数量持续增长，具有较强的能产性。从历时层面来看，汉语词缀一般要经历从能产到逐渐封闭的过程。此外，王绍新（1992）、杨锡彭（2003）、朱宏一（2004）等人还认为，汉语部分词缀有标示词性的功能，判定词缀时可将其作为参考标准。

上述三种标准是判定词缀的主要着眼点。需要指出的是，多数学者在判定汉语词缀时并非坚持单一标准，因为单凭任何一点来判定词缀都是不科学的。马庆株（1995）指出，"词缀既有成词的，也有不成词的；既有标示词性的，也有不标示词性的；既有意义虚灵的，也有意义实在的"[1]。朱亚军（2001）认为，汉语词缀具有位置固定性、语义类属性、构词能产性、结构黏附性、语音弱化性五个方面的特点。韩陈其（2002：42）认

---

[1] 见《著名中年语言学家自选集：马庆株卷》，安徽教育出版社2002年版，第42页。

为,"游离性和半游离性是鉴定是词缀、语缀、句缀的基本标准,而相关的语义抽象性、语形类归性、语音变异性、语用灵活性等则可作为参考标准"。从韩文的具体论述来看,"游离性、半游离性"的实质是形式和意义相结合。

2.1.2 汉语词缀的功能

汉语词缀研究以对词缀性质的分析和具体词缀的描写为主,对词缀功能的讨论则不够深入。李小凡(1998)以苏州方言为例讨论了附加法的三种构词机制。一是成词机制,即词根是不成词的黏着语素,附加词缀后变成词,如"鼻头[鼻子]";二是转类机制,即词根为成词语素,且本身属于某一类词,附加词缀后变成另一类词,如"凶头势[凶样子]";三是变义机制,即词缀附加在词根(包括成词语素和黏着语素)上,能够"限定词义范围,或使词义抽象化,或增加某种修辞色彩,从而使词义有所改变",如"阿三[老三]、花头[名堂]、胖笃笃[胖乎乎]"。除了上述情况,李小凡认为,有些成词语素附加词缀后只是增加一个音节,词性和词义均无任何改变,此类情况可称为衍音作用,如苏州方言的"筷件","筷"在苏州方言里可以独立成词,附加"件"后,词性和词义均无任何改变,后缀"件"只是一个羡余成分。李小凡所述词缀的构词机制,实质上也相当于词缀的功能,我们将其概括为四种:成词、转类、变义、衍音。

关于成词机制,意见比较一致,不赘。李小凡(1998:18)指出,"转类机制中有一种情况是将谓词名词化,就是将原先表陈述的谓词性词根转化成表指称的体词。这实际上既有转类作用,又有成词作用",例如"塞头[塞儿]"。我们认为,"塞"变成"塞头"一方面是转类,另一方面也有变义作用,动词"塞"和名词"塞头"的意义显然不同。凡是实现了"转类"功能的词缀,一般也改变了原词的意义,即实现了"变义"功能,例如"插子、推子、瘪子"等。

变义功能最为复杂,从李小凡的论述来看,他将变义分为三类:①限定词义范围；②使词义抽象化；③增加修辞色彩。李小凡所举的例子是"阿三、花头、胖笃笃"。我们判断"阿三"对应于"限定词义范围"，"花头"对应于"使词义抽象化"，"胖笃笃"对应于"增加某种修辞色彩"。

首先，据董为光（2002）考证，中古时期词缀"阿"和"老"有明确分工，"阿"多用于家族亲戚之间，是儿时惯用语，意在传达亲情；"老"用于亲属时限于"背称"，是成年后惯用语，偏重于表示敬意。中古时期家庭成员的排行用家庭味十足的"阿"。可见，当时"阿"还含有"亲昵"色彩。至于苏州方言"阿三"的"阿"的作用是否仅仅表示排行，我们不得而知。普通话中的"老大、老二、老三"中"老"已经高度虚化，只表示人物的排行。我们认为这里的"老"还有转类的作用，即将形容词"大、小"和数词"二、三"等转化为对应的指人名词，苏州话"阿"的作用应该跟普通话的"老"比较接近，其作用应该不限于"限定词义范围"。

其次，"使词义抽象化"的功能值得商榷。"花头"是一个表示抽象意义的词，但该词的抽象意义并非由"头"实现，"花"本身就可以表示抽象意义，如"花招、花样、花心"等。苏州话的"花头"意为"名堂"，近似普通话的"花招、花样"。《现代汉语词典》（2012年版）对"花"的一条解释是"用来迷惑人的；不真实或不真诚的"，可见"花"可作形容词，例如"这人可真够花的，没有一句话是真的"。因此，"花头"的"头"并非使具体的词义抽象化，其作用应是转类，即将形容词的"花"转变为相应的名词。普通话类似例子有"油子"，《现代汉语词典》（2012年版）对"油"的一条解释为："油滑：油腔滑调｜这个人油得很"，此时"油"是形容词，加"子"后变成名词，意思是"油滑的人"，"子"的功能同样是转类。李小凡还指出"变义机制中有一种情况是将具体概念抽象化"，例如"风"变成"风头"。我们认为应该将词的本义和词的比喻意义区别开来。按照《现代汉语词典》的解释，"风头"可以指"风的势头"，这是本义，"风头"的抽象意义"比喻形势的发展方向或与个人有利害关系的情势"、"出头露面，显示个人的表现（含贬义）"应是"风的势头"的比喻义。因此，"风头"的抽象意义并非因为附加"头"的缘故，其实质是"风头"这个词产生出来的比喻意义。

最后，"胖笃笃"的后缀"笃笃"的作用在于增加形象色彩和情感色彩，此类词语被归入状态形容词。"笃笃"一方面使人联想到胖的形状，另一方面还融入了说话人的主观情感，增添了"喜爱、戏谑"之义。普通话的"绿油油、胖乎乎、傻呵呵"等用法与此相同。

虽然词缀的主要作用在于构成新词，但汉语词缀和印欧语词缀有比较明显的不同。印欧语的词缀偏重于改变词的词性（转类）或词的理性意义（变义），而汉语词缀的主要功能偏重于增添词的附加意义。虽然两者都有变义作用，但"附加意义"的改变明显带有民族语言文化心理的烙印，传达了本族人民对世界的不同认识。董秀芳（2005）指出，"汉语中比较公认的派生词缀很多都是表达性词缀"。她引述 Beard（1976）的观点将表达性派生词缀分成五个类别：①指小（diminutive）；②增量（augmentative）；③轻蔑（pejorative）；④喜爱（affectionate）；⑤表敬（honorific）。董秀芳认为，汉语的"子、儿、头"原本都有指小功能，只是在发展过程中逐步萎缩，衍生出一些主观评价功能（如喜爱），更进一步的发展则是表达非正式（non-serious）（如北京话中的一些体词性儿化和几乎所有的非体词性儿化都有表达非正式的功能）；汉语中的双音节重叠式 AABB 具有增量作用，一些形容词的生动形式（如黑乎乎、傻乎乎）同时具有表达增量和厌恶的作用，动词重叠式（如看看、听听）可以表示轻松、随便之意，同时也降低了命题内容的严肃性。董秀芳的观点比较符合汉语实际，从历时层面来看，汉语中典型的词缀（不包括受印欧语影响产生的类词缀）绝大部分包含说话人的主观认识或主观情感。在前人研究的基础上我们可以将现代汉语词缀的常见表达功能分为六种：①指小，如"刀子"；②变量（改变程度量），如"稀烂"；③贬抑（厌恶），如"蠢货"；④喜爱、亲昵，如"小孩儿"；⑤表敬，如"李老"；⑥非正式化，如"玩儿"。

这几种表达功能只是就普通话而言，有的方言词缀可能衍生出更多的表达功能，这正是方言词缀的特殊之处。我们可将词缀的表达性功能概括为"增义"，因为它们都不改变词根的基本意义，而是增加相应的表达意义。但"增义"实际上也是改变了原词的意义，只是不改变词的理性意义而已。

关于衍音作用，李小凡认为，苏州话"筷仵"的"仵"既不能改变词性，也不能独立成词，同时又不改变词义，因此是一个羡余成分。笔者认为，"仵"在苏州方言中如果没有表达性功能，那就是一个纯粹的衍音成分；如果还蕴含某种附加意义，则不能算作纯粹的衍音成分。汉语中真正的衍音成分是极少的。有人认为"桌子"的"子"也是羡余成分，因为"桌子"的语义由"桌"承担，而"子"对词义没有任何影响。笔者认为，将此类词缀看成羡余成分不太合适，因为"桌子"的"子"在历史上曾经是"表小"的，现在也还有成词的作用，"桌"一般不能独立使用。笔者倾向于把那些历史上曾含附加色彩意义但目前既无词汇意义，又不表示附加意义，只有语音形式的词缀看作"化石缀"。从历时的角度来看，汉语的词缀容易发展成化石缀，一旦经历较长的时间，这些带有化石缀的词就进一步词汇化了。词汇化以后，词缀应当被看作化石缀，此时词缀的主要功能是成词，不再是表达性词缀了。

综上所述，我们将汉语词缀的功能概括为五种：①成词；②转类；③变义；④增义；⑤衍音。需要指出三点：一是"变义"是狭义的，仅指改变词的理性意义；二是"增义"是广义的，包括上文提到各种表达性功能；三是纯粹只有衍音功能的词缀极少，判断衍音成分时需要谨慎。

2.1.3 汉语中缀问题

汉语中缀问题争议最大，争议的主要内容是汉语中有无中缀，若有，哪些附加成分可算作中缀。尽管列举的汉语中缀并不完全一致，周法高（1962）、赵元任（1979）、吕叔湘（1979）、任学良（1981）、李荣嵩（1986）、祝克懿（1994）等人均认为汉语中有中缀。周荐（1995）、刘叔新（1996）、王泽鹏（1998）、卜祥忠（2009）等人在具体"中缀"分析的基础上，否认汉语"中缀"的存在。下面以几个具有争议的"中缀"为例进行讨论。

（一）"里"是不是中缀？

从共时层面上看，以下四类格式中的"里"是讨论的焦点。

A 类（A 里 AB）：马里马虎　古里古怪　傻里傻气
B 类（A 里 CD）：叽里咕噜　噼里啪啦　稀里哗啦
C 类（A 里 CD）：稀里糊涂　稀里马虎　花里胡哨
D 类（A 里 CD）：软里吧叽　土里吧叽　瘦里吧叽

A 类现在一般看成一种变形重叠，其基式为 A 里 AB，其中"A 里"是 AB 的变形，这方面研究比较充分的是石锓（2005）。重叠被看成一种构形手段，而非构词手段，因为重叠不改变词汇意义。B 类通常看作拟声词或者变形重叠，重叠属构形，而拟声词是单纯词，也不存在是不是词缀的问题。C 类大都也看成是一种特殊类型的重叠，不属于构词法的内容，如刘叔新（1996）。我们同意以上观点，认为"重叠"是一种构形手段，不宜将其中某个成分看作词缀。D 类中的"里"现在一般写作"了"，太田辰夫（1957/2003）认为，"里"也可以读［le］，可见两者之间有相通之处。刘叔新（1996）认为，其中的"吧叽"是后缀，"里"是次词缀——特殊的、附随着"吧叽"出现的构词次成分，起衬音的作用，同时增加"吧叽"的生动色彩。我们也倾向于认为"吧叽"是后缀，因为它没有词汇意义，加在词根之后则增加了原词的贬义色彩。"里"的作用是衬音同时增添了附加意义，因此它也可以被看作词缀，但应被看作是次后缀。还有一类格式与"A 里吧叽"相似，例如：白不呲咧、黑不溜秋、红不棱登、滑不唧溜、灰不溜丢、酸不溜丢。其中的"不"有人看成中缀，如祝克懿（1994）、任学良（1981）等。其实这类成分中的"不"与"A

里吧叽"中的"里"相似,同样可以被看作"次后缀"。

(二)"得、不"是不是中缀?

汉语中带"得、不"的结构可分为两类:

A 类:对得起　对不起　　　　B 类:看得见　看不见
　　　买得起　买不起　　　　　　打得倒　打不倒
　　　来得及　来不及　　　　　　想得到　想不到
　　　吃得开　吃不开　　　　　　看得出　看不出
　　　处得来　处不来　　　　　　听得清　听不清

A 类格式去掉"得、不"便不成词,B 类格式去掉"得、不"仍然成词。李荣嵩(1986)认为,B 类格式中的"得""不"是中缀,理由可归纳为两点:①去掉"得、不"之后可以成词,是词根,加上"得、不"之后,表示可能性,意义发生变化,派生出新词;②"看得见、看不见"之类可以看成词,把其中的"得、不"看成中缀更能显示出汉语词的特性。李荣嵩认为,A 类格式中的"得、不"不是中缀,理由是这类格式中的"得"和"不"决不能取消,拿掉后剩余部分便不成词。祝鸿杰(1991)认为,"吃得消、吃不消"中的"得、不"一拿掉便不成词,这样的"得、不"不具备中缀的资格;某些补充式合成词插入"得、不"是使用扩展法形成的短语,"得、不"也不是中缀。也就是说 A、B 两类格式中的"得、不"都不是中缀。祝克懿(1994)则倾向于 A、B 中的"得、不"都是中缀,A 类格式中的"得、不"是中缀的理由为:①A 类格式结构定型,意义凝固,具有熟语性,去掉"得、不"后不成词,即使成词,意义也相去甚远;②"得、不"读轻声,位置居中,是中缀的形式标志;③"得、不"传递的是抽象的可能意义。祝克懿认为,"看得出、看不见"是以"看出、看见"为基础按照"来得及、看不起"的中"得、不"类推出来的。A、B 两类的共性是都有读轻声、表抽象的"得、不"作中缀,不同是去掉"得、不"后,A 类不成词,B 类成词。

王泽鹏（1998）认为，"打得倒、打不倒"中的"得、不"不具备定位性，不是两头黏着，而不定位的不是词缀。"打得倒"中的"得"只黏附于单音动词"打"之后，而且"打得倒"也可以扩展，如"打得趴倒了"；"打不倒"也可以扩展，如"打而不倒"。"打"与"不倒"之间是明显的句法组合关系。因此，他认为"得"和"不"不具备中缀的性质。我们认为"打得倒、打不倒"一般情况下不能再扩展，表面上看"打得倒"可以扩展成"打得趴倒了"，"打不倒"可以扩展成"打而不倒"，其实"打得趴倒了"和"打而不倒"中的"得、不"已经不表示可能性的有无，是一种不对称扩展。因此，这样的说法难以成立。

关于"得、不"中缀性质的争论，实质上牵涉词和短语的分界问题。要判断这两类组合中的"得、不"是不是词缀中的中缀，首先要确定"V 得 C、V 不 C"格式是不是词。从共时平面来看，A 类格式结构定型，意义凝固，具有熟语性质，是词，这符合判断词缀的先决条件。但应当指出，汉语中词根是否成词不能作为判断词缀的标准，前人拿成词与否作为判断理由是不成立的。一个词能不能作为词根除了看它独立成词的能力，还要看它的组合能力，例如"桌子"的"桌"不成词，但是却能和别的语素组合成词，如"桌面、课桌"等，因此，它具有词根的属性。笔者认为，A 类格式本身是结构凝固的词，其中的"得、不"表示"可能性"的有无，改变了词根的意义，且位置固定，读轻声，可以看作中缀。B 类格式与 A 类格式有很多不同之处。①去掉"得、不"后剩余部分的性质存有争议：一是看作词；二是看作离合词（词和短语的中间物）；三是看作述补结构。②去掉"得、不"的组合不具有封闭性，例如"看得见、看不见"去掉"得、不"后的"看见"有"看清、看到、看出"等类似组合，而且运用自由，可以带宾语。③B 类格式本身是"看见"等的扩展式，按照离合词的理论，合时是词，离时是短语。问题是，如果把 B 类格式中"得、不"看成词缀，就要面临词和短语的分界问题，而这个问题历来看法不一；反过来说，多数学者否定 B 类格式中的"得、不"是中缀，但又无法说清楚"得、不"的性质。如果把"得、不"看作普通的助词，又很难说"得、不"与前者组合还是与后者组合，它近似于两头黏着，又两不黏着。笔者认为，与其在 B 类格式中的"得、不"是不是词缀的问题上争论，倒不如换个思路，把 B 类格式暂且看作短语，把 B 类格式中的"得、不"仍看作中缀，只不过是短语层面上的"中缀"，表示可能性的有无。吕叔湘（1979：48）曾经说过，"有些语缀（主要是后缀）的附着对象可以不仅仅是词根或词，还可以是短语"。赵元任（1979：105）进一步认为，"重迭可以看作一种变化，也可以看作一种语缀，Bloomfield 就是这样看待的"。由于他们没有区分词缀和语缀，将词法、句法混同起来，致使这种观点的认同度不高，但否定者也只是从词法的层面说明这些成分不能被看作词缀中的中缀，并未考虑其作为语缀的可能性。笔者认为，从短语层面来看，将这些助词看成构语"语缀"更加合理。韩陈其（2002：42）就认为，"'缀'的本质就是自然语言的羡余性在语法的不同层级单位中的不同程度和不同性质的集中反映：在词（复音词）这个层级的语言单位中表现为'词缀'，在短语这个层级的语言单位中表现为'语缀'，在句子这个层级的语言单位中表现为'句缀'"。因此，我们将 B 类格式中的"得、不"看作短语中缀也是合情合理的，从语言发展的角度来看，当短语变成结构凝固的词语时，其中的"中缀"也就变成了词汇中缀。

综上所述，笔者认为"A 里 AB"格式多与词缀无关，少数"A 里 CD"中的"CD"应看作后缀，与之对应的"里"应看作次后缀。"V 得 C、V 不 C"格式中"得、不"可分为两类，一类是词汇层面的中缀，一类是短语层面的中缀，"得、不"可看作"兼缀"[①]。

2.1.4 汉语词缀的分类

多数学者将汉语的词缀分为典型词缀和类词缀，如朱学军（2002）。

[①] "兼缀"是仿照"兼语"拟定术语，含义是语义功能相同，既可作词缀，又可作语缀的附加成分，即具有词缀和短语缀的双重身份，后文提到的皖北方言的"不""不子"也是类似的兼缀。

马庆株（1998）主张将词缀分为真词缀和准词缀，真词缀指的是严格意义上的词缀，是构词的语法成分。准词缀介于真词缀和词根之间。笔者认为，把汉语词缀分为"真词缀"和"准词缀"比较合适。汉语中的真词缀一般具有五个特点：①无词汇意义；②具有定位性；③不独立成词（或不能以其在合成词中的意义独立成词）；④语音上多表现为轻声或变音；⑤具有封闭性。准词缀则不能完全具备以上五条，或者保留一定的词汇意义，或者位置不十分固定，或者语音上不读轻声，特别是准词缀的封闭性不强，仍有扩展空间。由于准词缀往往处于发展变化阶段，其判断标准也不够严密，因此各家归纳的准词缀数量差异较大。真词缀可以作进一步的细分，真词缀中既无词汇意义又无范畴意义，只保留音节形式的词缀可被称为"化石缀"。

结合前文论述，理论上汉语中的"词缀"可概括为图 2-1。

$$\text{词缀} \begin{cases} \text{真词缀} \begin{cases} \text{普通缀（前缀、中缀、后缀）} \\ \text{化石缀（前缀、中缀、后缀）} \end{cases} \\ \text{准词缀（前缀、中缀、后缀）} \end{cases}$$

图 2-1 汉语词缀的分类

2.2 皖北中原官话词缀分析

词缀属于构词法层面的问题，是构词法中的派生式构词。单从印欧语来看，词缀一般都有较强的派生能力，能产度高。汉语有所不同，并非所有的词缀都具有能产性，本节所描写的皖北中原官话中的词缀既有能产的也有非能产的。词缀按位置可分为前缀、中缀和后缀。汉语方言的词缀参差不齐，皖北中原官话中三种词缀齐全。词缀可以再分为真词缀和准词缀，真词缀又可分为普通缀和化石缀，本节讨论皖北方言中的真词缀，判定真词缀的标准是综合性的，参见 2.1.4。本节讨论的皖北方言词缀主要是不同于普通话或者与普通话用法有差异的词缀。皖北方言处于中原官话的中部地带，南部与江淮官话相邻，北部又与晋语相距不远。从总体上来看，皖北方言在词缀方面与东部中原官话一致性较强，如名词后缀"子、头"，动词后缀"拉"，形容词前缀"稀、精"，形容词中缀"不"等。皖北方言也有少量与晋语一致的词缀，如前缀"圪"，后缀"货"等。皖北方言在词缀方面也表现出不同于中原官话的一面：除北部少数方言点外，绝大部分区域没有"儿"缀或"儿"的构词数量很少。①

2.2.1 皖北中原官话的前缀

与后缀相比，汉语中的前缀要少得多。学界普遍认同的汉语典型前缀是"老"和"阿"。目前"老"主要在北方方言区使用，而"阿"主要在南方方言区使用。普通话的基础方言是北方方言，最常用的典型前缀是"老"，例如："老乡、老张、老二"等。皖北中原官话属于北方方言，前缀"阿"几乎不用，如"阿姨"一词在皖北方言中一般只称"姨"或者"大姨、二姨……"，只是近些年受普通话的影响才产生了"阿姨"的说法。也有人将"第、初"看作前缀，但因为它们的使用范围较窄，认同度低于"老、阿"。"老、阿、第、初"的主要功能是构词，"老、阿"主要用于构成称谓词，"第、初"主要用于构成顺序词。皖北方言中与普通话一致的构词前缀主要有"老、第、初"，其中"第"和"初"的用法与普通话基本一致，如"第一、第二、第三……""初一、初二、初三……"，它们的使用受到限制："第"用在数词或数量短语前，"初"只用在数词"一"到"十"之前。

晋语区拥有大量"圪"缀词。中原官话汾河片的大部分县市隶属山西省，也有不少"圪"缀词。与晋语交界的中原官话关中片、洛嵩片、郑开片、兖菏片（西部）也有一些"圪"缀词，但数量上少于晋语，应当是晋语向周边方言延伸的结果。皖北地区与晋语区有一定的距离，但中北部残

---

① 皖北北部的"儿"缀词数量明显多于南部。

存了一些"圪"缀双音节词（"圪"皖北方言音[ˌkɤ]，连读时调值多为[55]），如"圪拉‹搅拌›、圪捞‹搅拌;掏›、圪拱‹颤动›、圪厌‹令人生厌›、圪挤（眼）‹眯眼›、圪么（眼）‹闭眼›"等。"日"缀在晋语区使用也比较普遍，如"日脏、日怪、日能、日鬼、日猴猴、日灵灵、日洋古怪"等（乔全生，2000）。皖北地区残存少量"日"缀的动词和形容词（"日"音[ˌzʅ]），如：日拱‹摆弄›、日排‹摆弄›、日空‹说瞎话（砀山）›、日白‹说谎、胡说（淮南）›、日脏‹不卫生、不整洁（淮南、寿县）›、日弄‹又脏又乱（金寨）›、日迷‹犯迷糊（怀远）›、日怪‹奇怪›。

本小节重点介绍皖北方言的名词前缀"老"以及状态形容词前缀"稀、焦、滴溜"等。

（一）老

与普通话一样，皖北方言中"老"可用在姓氏前，略带敬意，例如"老张、老李、老王、老马、老赵……"。"老+姓氏"在普通话中有变成普通称谓词的趋势，目前不仅用来称呼年龄较大的人，年轻人之间也相互称为"老×"，甚至也可以用于指称年轻女性。这种新的用法一开始是语用现象，即年轻人之间表达戏谑、亲近的称呼用语，但随着语言的发展，这种称谓似乎越来越普遍。"老+姓氏"在皖北方言中一般只用于指称年龄大的人，而且指称男性的情况居多，其中"老"还含有年龄大的意思，语义没有完全虚化。皖北方言的"老"也可表示排行，如"老大、老二、老三、老小‹最小的子女›、老末‹排在最后的›"。"老"的上述两种用法与普通话差异不大。

与普通话不同的是：①"老"在皖北方言中可用在"称谓语素"之前；②"老"构成普通称谓词和指称动物的词语比普通话多得多。"老"的这两种用法主要分布在阜宿片东南部的利辛、蒙城，金蚌片的颍上、凤台、怀远等地，西部（阜阳地区）、北部（淮北、亳州地区）方言点也用"老"作前缀，但不如上述方言点普遍，特别是亲属称谓和部分动物称谓上面差异较为明显。以下分"指人"和"指物"两类加以说明。

（1）指人

除了表示排行的指人词语外，皖北方言中由前缀"老"构成的指人称谓词语形式上有两类：老+称谓语素、老+非亲属称谓语素。以下分别说明。

A. 老+称谓语素。例如：

【老叔】【老䬅 ₌ta】①小叔。②叔叔。

【老姑】①小姑。②姑姑。

【老娘 ₌niã 淮南】小姑。

【老舅】①小舅。②舅舅。

【老舅母 怀远】最小的舅妈。

【老姨】①小姨妈。②姨妈。

【老妹子】①小妹妹。②称比自己小且无血缘关系的女性。

【老儿子】【老疙瘩 怀远】小儿子。

【老姑娘】【老丫头 金寨】小女儿。

【老妈 凤阳】小婶母。

【老婶（子）】叔母。

【老表】表兄弟或表姐妹。

【老公公】妻子背称丈夫的父亲。

【老婆婆】妻子背称丈夫的母亲。

【老丈人】岳父。

【老岳母】岳母。

【老太】曾祖父、曾祖母。

【老叔公 砀山】丈夫的叔叔。

【老婆子】①妻子。②婆婆。③老年女性。

【老嬷 ₌ma 子】①妻子。②老年女性。

皖北方言中"老+称谓语素"中的"老"主要有两种用法：一是表示排行最小的；二是表示普通称谓。其中第一种用法较为普遍，分布区域主要在阜宿片南部和金蚌片；第二种用法分布范围较窄，阜宿片南部和金蚌片的少数方言点使用，如利辛、凤台、颍上等地。与这两种用法对应，"老"字声调模式也不同，第一种用法的"老"读本调 [24]。第二种用法在笔者母语中有两种读音，阴平、上声前读平调 [55]，如"老叔 lɔ⁵⁵ʂu²¹³、老姑 lɔ⁵⁵ku²¹³"；其他调类前读本调 [24]，如"老舅 lɔ²⁴tɕiəu⁵³、老姨 lɔ²⁴i⁵⁵"。

第一种用法中"老"只表示排行最小的，如"老叔小叔、老姨小姨"。从共时平面来看，这些词语中"老"的词汇意义已经基本消失，只有抽象的类义。"老"不但与"年龄大"的含义无关，甚至反向表示"年龄小"。"老"的这种用法可能源于悖逆心理，故意称排行小、年龄小的人为"老"，本有戏谑之意，久而久之，成为常规用法。再如，普通话"老+姓氏"的用法本来只指年龄大的人，现在也在年轻人中使用，表示戏谑、轻松、随意，显示两人关系近，有亲切之感。词缀"老"表"小"的用法在河南东南部与安徽交界区域（金蚌片）也有使用，如固始"老侄子"（叶祖贵，2009）。

第二种用法中的"老"起初可能是表示"年龄大"的意思，但随着语言的发展，这种意义虚化了，如"老婆子、老嬷子、老公公"等起初都指年龄较大的人，现在仅是普通称谓词，不一定是指称年龄大的老人，如"你老婆子夫母真年轻，才40岁"。"老嬷子"一词指"老年女性"时，"老"还保留实义成分；指"妻子"时，语义虚化，无实义。"老婆子、老嬷子"用于指妻子时，也是普通称谓词，其中的"老"已经完全虚化，丧失"年龄大"的含义，成为化石词缀。这种用法可能源于指"老年女性"，本是对自己妻子的贱称，后语义虚化，变成普通称谓，与普通话的称谓用语"老公、老婆"的称谓发展相似。①"老叔叔叔、老姑姑姑、老舅舅舅"等可能源于"老叔小叔、老姑小姑、老舅小舅"称谓的泛化，一方面这些称谓词都可不带"老"且意义无变化，例如可以单说"叔、姑、舅"；另一方面这类表示普通称谓的用法在皖北地区分布范围较窄，不具

---

① 见董为光（2002）《称谓表达与词缀"老"的虚化》。

有普遍性。

B. 老 + 非亲属称谓语素。皖北方言中"老 + 非亲属称谓语素"也可以用来指人，这类词主要是贬义词，也有少数中性词，例如：

【老粗】没有知识文化的人。

【老侉】北方人；没见过世面的人。

【老财】旧时称财主。

【老抠】抠门的人。

【老傻】傻子。

【老憨】憨傻之人。

【老奸】吝啬之人。

【老土】没见过世面的人。

【老外】外国人。

【老乡】同乡。

【老板】①主人或上司。②丈夫。

【老屄】詈语，如：这是哪个～的？

【老拐】古怪、固执的人。

【老扁头】头型较扁的人。

【老瞎趴】大字不识的人。

【老油子】老练、滑头的人。

【老油条】奸猾的人。

【老天爷】迷信者称天上主宰一切的神。

上述词语中两字组中的"老"读 [lɔ⁵⁵] 或 [lɔ²¹]，三字组中的"老"多读 [lɔ²¹]，少数三字组两种读法都可以，如"老瞎趴"。相比之下，两字组中的"老"语义虚化程度高，三字组中的"老"还残存"时间长"的含义。"老 + 非亲属称谓语素"中的词根主要由可以独立成词的语素构成，有形容词性、名词性、动词性三类，其中形容词性语素多跟人的品质有关，动词性语素多跟人的行为有关。这类词语的贬义色彩源于词根，而与词缀"老"无关，如"粗、抠、土"等均为贬义词。如果词根不含贬义，加"老"后所构成的词语一般也不含贬义，如"老外、老乡、老板、老天爷"等。

（2）指物

普通话"老"作前缀的指物词语不多。皖北中南部地区有的方言点，如淮南、寿县、凤台、蒙城、颖上、霍邱、利辛等，有不少由前缀"老"构成的指称动物的词，除了"老虎、老鹰、老鼠"，其他的动物称谓也可用"老"作前缀，不过这种用法在西部、北部的阜阳、淮北、宿州以及东南部的蚌埠地区少用。例如：

【老猫】①猫。②豹子_{金寨}。

【老鹅】鹅。

【老鸭】鸭。

【老鸹】乌鸦。

【老雕】雕。

【老雁】大雁。

【老鳖】鳖。

【老驴】驴。

【老水牛】①特指南方在水田里工作的耕牛。②学名"星天牛"，成虫吃各种树叶。

【老水羊】母羊。

【老骚虎】公羊。

【老叫驴_{淮南}】公驴。

【老草驴_{淮南}】母驴。

【老牤牛】公牛_{金寨}。

【老犍】阉割过的公牛。

【老马虎】想象中的一种恐怖动物，用来吓唬小孩。金寨、霍邱等地称为"猫猴"或"猫猴子"，淮北等地则称为"马虎子"。

以笔者母语为例，上述词语中的"老"少数读本调[24]，如"老鹅、老鸹"，多数读成平调[lɔ⁵⁵]。从共时平面来看，"老"是无实义的语素，不与"小"相对，如果要专指动物幼崽，有的需在词前再加"小"字，如"小老猫、小老鸭、小老水羊"，可见"老"已丧失本义。普通话中的"老鼠、老鹰、老虎"等词中的"老"原来都是有特定含义的，只是在语言发展的过程中丧失了其表意功能。上述词语数量比较有限，并非所有的动物都能加前缀"老"字，如"马、狗、鱼"等就不行。受普通话影响，目前用于指称动物的词语中的前缀"老"在有的方言中也可省略，说成"猫、鹅、鸭"等。"老"缀词不仅可以指人、指动物，偶尔也可指事物，如"老坟坟墓、老K扑克牌中的'K'、老A扑克牌中的'A'"。

前缀"老"的主要功能有二：①成词，如"老犍"；②变义，如"老姨"。

(二) 稀、焦、滴溜等

汉语方言中还有一类状态形容词的前缀和后缀，其中后缀的数量远多于前缀的数量，如"稀、焦、瞎、油油、乎乎、绵绵"等。状态形容词词缀对形容词具有选择性，即这类词缀在某一方言中只能与某些或某个形容词组合，如只能说"喷香、温臭、绿油油"等，而不能说"*温香、*喷臭、*青油油"等。①

不少状态形容词词缀只能构成一两个词，有的学者从印欧语的观点出发，认为词缀应该具有能产性，能产度较低的附加成分不应被看作词缀。

---

① 有人将"绿油油""傻乎乎""软绵绵"等看作形容词的生动形式，本书按照传统将其视为状态形容词。

其实，能产度的高低并不能作为判断汉语词缀与非词缀的标准。马庆株（1998）就认为，词缀按构词能力分为能产的和非能产的。普通话中有一些叠音后缀只能构成一两个词，例如"绿油油、直瞪瞪、软绵绵"等，这些状态形容词的后缀虽然形式不同，但本身都没有词汇意义，只有附加色彩意义，表意功能相似。

皖北方言中也有一些类似的状态形容词前缀，其共同的语义特征是表示程度高，从语义的角度可称为程度缀。程度前缀语义虚化，无实际词汇意义，从音节上可分为单音节前缀和双音节前缀。

A. 单音节前缀

皖北方言中常见的单音节程度缀有"瞎、稀、清、焦、酸、生、精、清、熬、虚、齁、温、肮、飘、飞、喷、黢、宁、窝、溜"等，多数构词能力较弱。如：

瞎：瞎轻、瞎黑、瞎薄、瞎稀_{蚌埠}、瞎疼_{蚌埠}、瞎短_{蚌埠}、瞎细_{凤阳}、瞎软_{凤阳}、瞎浅_{凤阳}、瞎瘦_{凤阳}

精：精湿、精潮、精细、精稠、精稀

稀：稀烂、稀碎、稀嫩、稀酸、稀化

焦：焦干、焦黄、焦粘、焦烂

酸：酸清、酸青、酸绿

生：生疼、生冷、生硬

清：清亮_{金寨}、清冷

熬：熬酸_{金寨}

虚：虚清、虚甜_{怀远}

剔：剔亮

齁：齁咸、齁甜

温：温臭、温腥、温骚

肮：肮臭_{金寨}

飘：飘轻 _{金寨}

飞：飞快 _{刀磨得~}

喷：喷香

黢：黢黑

宁：宁细

窝：窝苦 _{蚌埠}

溜：溜圆

B. 双音节前缀

双音节程度前缀数量较少，常见的有"滴溜、虚溜、雪溜、溜溜、宁宁"等，如：

虚溜：虚溜薄、虚溜尖

雪溜 _{怀远}：雪溜快、雪溜尖

滴溜：滴溜圆

溜溜：溜溜薄

宁宁：宁宁细

A、B 两类词语中的前缀都表示程度，相当于"很、特别"。我们倾向于把 A、B 两种格式中的前加成分看作前缀，理由是：①位置固定，只能用在某个或某些特定的形容词之前；②丧失本身的词汇意义，只增添"程度深"的语义色彩；③具有封闭性，构词数量固定；④只能修饰单音节形容词，不能修饰多音节形容词或短语。从共时平面来看，这些前缀已丧失本义，一般只表示程度高的类义，相互之间也无明显词义差异。从历时层面来看，A 类词语是由"BA"式短语（如"冰凉、乌黑"）发展而来，是"B"语义虚化的结果。这种虚化过程尚在持续，有些"BA"式短语若干年后可能会进一步发展成为前缀式形容词。

由程度前缀构成的形容词属于状态形容词。由于状态形容词本身所表示的程度量级很高，不能再受程度副词修饰或后加程度补语，不说"*太稀烂、*死温臭、*焦干得要死、*瞎轻得不得了"等。

前缀式状态形容词的主要功能是作谓语，也可作补语，作补语需加标记词"得[ti⁰]"（中南部地区）或"哩"（西部、北部地区）。前缀式状态形容词作句子成分时，末尾不能加"的"。例如：

谓语：他瞎轻，才 70 多斤。　　*他瞎轻的，才 70 多斤。
补语：饭叫被他煮得稀烂。　　*饭叫他煮得稀烂的。

普通话状态形容词加"的"后还可作定语，如"雪白的山、碧绿的庄稼"。皖北方言中的前缀式状态形容词作定语的情况也比较少见。据石锓（2005）的统计，ABB 式状态形容词在古代汉语中也主要作谓语，作定语的情况也比较少见。笔者认为这大概跟状态形容词的描述性语义特征有关，这种描述性的状态形容词更适合作谓语。皖北方言前缀式状态形容词保留古代的用法较多，没有明显发展。

皖北方言前加式状态形容词大多数表示消极意义，词中一般能插入中缀"不、不子"或"巴、巴子"，有的方言点还能插入詈语缀"熊、屌"等，这些中缀都表明说话人不满、嫌恶的态度，其中"巴熊、不熊、屌"的消极色彩最甚，带有粗俗意味。如：

稀不碎、稀不子碎、稀不嫩、稀不子嫩、焦不干、焦不子干、焦不黄、焦不子黄

焦不粘、焦不子粘、齁不咸、齁不子咸、温不臭、温不子臭、温不腥、温不子腥

瞎巴轻、瞎巴子轻、精巴潮、精巴子潮、通巴红、通巴子红、虚巴清、虚巴子清

骏巴熊黑、瞎巴熊腥、精巴熊潮、生不熊疼、清不熊冷

稀屌烂、焦屌干、瞎屌轻、生屌疼、温屌臭、清屌冷

由于中缀"不、不子、巴、巴子、巴熊、不熊、屌"等含嫌恶色彩，因此含积极意义的状态形容词不能插入这类词缀，没有"*飞巴快、*喷不子香、*剔巴熊亮、*喷屌香"之类的说法。

前缀式状态形容词在汉语方言中分布较广，北方方言区和南方方言区均有分布，主要区别在于南方方言区的"XA"式状态形容词可以重叠为"XXA"式，如：

安徽歙县（孟庆惠，1981）：呱新—呱呱新　稀酸—稀稀酸
　　　　　　　　　　　　　绝细—绝绝细
江西广丰（胡松柏，2003）：喷香—喷喷香　稀湿—稀稀湿
　　　　　　　　　　　　　登重—登登重
江苏苏州（叶祥苓，1982）：绝薄—绝绝薄　毕清—毕毕清
　　　　　　　　　　　　　希酥—希希酥
福建长汀（黄伯荣，1996）：隆乱—隆隆乱　漓滑—漓漓滑
　　　　　　　　　　　　　喷香—喷喷香

中原官话的中东部地区（河南、皖北、苏北、鲁西南）前缀式状态形容词尤为丰富，从皖北到鲁西南都有不少前缀式状态形容词，皖北方言和山东方言在前缀式状态形容词方面有不少一致的地方，但也有差异。两者的差异表现为前缀对形容词的选择不同。例如郯城方言（邵艳梅，2005）的"稀甜、稀苦、稀面、精瘦、精短、精矮、精轻、精薄"等在皖北方言中基本不说，皖北方言通常只说"稀烂、稀碎、稀嫩"和"精湿、精潮、精细、精稠、精稀"。值得一提的是，"稀"在徐州方言中的虚化程度很高，已变成一个程度副词，不仅可修饰单音节形容词（如"稀脏、稀臭、

稀黑、稀暗、稀热、稀冷、稀乱、稀沉、稀重、稀远、稀辣"等），还可以修饰一些短语（如"稀累人、稀硌人"），中间也可插入贬义的"不"（如"稀不沉、稀不冷"等）。状态形容词前缀在不同方言中对形容词性语素的选择不同，说明它的虚化程度不同，构词数量越多，虚化程度越高，越倾向于发展为程度副词。

2.2.2 皖北中原官话的后缀

后缀是位于词根后的附加成分，与前缀相比，汉语中的后缀要多得多，带有后缀成分的词根主要是名词性、动词性和形容词性的。

典型的名词后缀有"儿、子、头、仔"等。后缀"儿"主要分布在北方方言中，南方方言（如吴语、湘语、赣语）中有少量分布。新疆、甘肃、陕西、山西、江苏、山东地区的中原官话都有"儿"缀词分布，皖北北部的少数市县（如亳州、太和）有"儿"缀现象，但从总体上看，皖北中原官话的"儿"缀词很少，尤其是皖北中南部地区几乎不使用"儿"缀，这与中原官话其他区域有明显差异，而与南部邻近的江淮官话比较接近（皖中江淮官话也很少使用"儿"缀，如合肥、六安、巢湖、芜湖等地）。"子"缀是皖北地区最常用的名词词缀，构词数量很大，我们将在2.3节作专题讨论。后缀"头"在皖北方言中也有分布，构词数量多于普通话，但少于南方方言。皖北方言不用后缀"仔"，多以"子"代之。皖北方言中还有表示时间的名词后缀"个"，如"今个、明个、后个、大前个、大后个、今年个、明年个、前年个、夜个"，后缀"个"在皖南部分方言中用"子"，均有成词作用，如繁昌方言的"根子今天、明子明天、后子后天"。除"子、头、个"之外，皖北方言还有与晋语和西部中原官话区域（甘肃、陕西、河南、山西境内的中原官话）相似的名词后缀"货、熊"。

汉语方言中动词后缀数量不多，构词数量也比较有限，所构成的动词以 10 个左右最为普遍。动词后缀多分布在北方方言区，如"达、巴、悠

(游/由)、娄、乎、拉"等。后缀"达"在北京、河北、山西方言中使用较多，皖北中原官话存有少量的"达"缀词，如"遛达_{闲逛}、说达_{唠叨}、嗑达_{唠叨}"等。动词后缀"巴、娄、悠（游/由）、拉、乎"主要分布在东部中原官话区域并延伸到山东东部地区，皖北中原官话也用这些后缀，但使用范围和构词数量有别。"巴"缀主要分布在安徽北端的少数方言点（如淮北，郭辉，2011），南部地区（如阜阳、利辛、蒙城、蚌埠等地）一般不用或仅限个别词语，如淮北：搓巴、搡巴、撕巴、洗巴。萧县地区存在类似"巴"的动词后缀"答［ta⁰］"，如"拾答（拾答拾答）、扫答（扫答扫答）、搓答（搓答搓答）、叠答（叠答叠答）、捏答（捏答捏答）、撕答（撕答撕答）"，后缀"答"带有随意性的语义色彩，与动词重叠式接近。后缀"娄、悠（游/由）"在皖北方言中也有分布，但构词数量较少，不如徐州、山东方言丰富，应当是受其影响产生的，如"□娄 pu⁵⁵ ləu⁰ _{用手拍,扒}、□娄 tʰu²¹ ləu⁰ _{向下滑动}、提娄_{提着,拎着}、晃悠_{晃动}、逛悠_{闲逛}、磨悠_{磨蹭}"等。动词后缀"乎（也可作形容词后缀）、拉"在皖北方言中使用较多，详见下文。皖北方言中还有少量动词后缀与北京方言相同，但构词数量有限，如"咕"（叨咕、唧咕、捣咕、嘀咕、日咕）、"唬"（抠唬、翻唬、掰唬、吭唬）、"叨"（念叨、叙叨）、"道"（说道）。

汉语方言中有比较丰富的双音节状态形容词后缀，如"（软）绵绵、（绿）油油"等，皖北方言中的双音节状态形容词后缀也比较丰富，如"乎的、乎乎的、不唧的、拉唧的、巴唧的、不拉唧的"等，这些后缀构词能力较强，具有特定的语义色彩。皖北方言形容词的后缀跟东部中原官话（江苏、山东境内的中原官话）比较一致，相同的有"乎、乎的、乎乎的、拉唧的、不拉的"等。

皖北方言中还有动词、形容词后缀"溜"，这个后缀在北京官话区和山东方言中也有分布。动词后缀如"提溜_{用手提}、驱溜_{用脚底来回摩擦}、吸溜_{用嘴吸}"，形容词后缀如"匀溜_{均匀}、麻溜_{轻快、利索}、稀溜_{稀疏}"。后缀"溜"意在增加词语的形象性，使之具有口语化色彩。

总之，单从后缀方面来看，皖北方言与东部中原官话一致性较强，但皖北方言的一些后缀也延伸到了皖中江淮官话地区，如合肥方言（孟庆惠，1997）也有名词后缀"子"、状态形容词后缀"不拉唧的"等。

下文主要讨论皖北方言中分布较广、构词能力相对较强的名词后缀"头、货、熊"，动词、形容词兼用后缀"乎"和形容词后缀"乎的、乎乎的"等。

（一）头

有实际词汇意义的"头"自然不是词缀，如"头发、笔头、领头"等，词汇意义不明显的"头"是不是词缀存有争议，争议主要集中在表示方位的"头"是不是词缀上。任学良（1981）认为，和"边、面"相应的"头"属于方位词，如"上头、前头、后头"的"头"不属于词缀。朱德熙（1982）则把方位词后的"头"看作后缀，如"前头、后头、里头……"《现代汉语词典》也把方位词后的"头"列为后缀。方位词的后附成分"头"是不是后缀可从形式和意义两个方面考察，方位词后的"头"位置固定，不能以所在词中的意义独立成词，且语音上读轻声，具备了形式上的条件；从意义上看，方位词后的"头"已无意义，去掉后不影响原词意义的表达，它的作用与"桌子、椅子"中的"子"没有什么区别。太田辰夫（1957/2003）指出，"鼻头、舌头、木头"这些词在唐代已出现，这里的词尾"头"大概是由表示"前端"意义的"头"发展而来。我们认为方位词后的"头"一开始也是表示"端点"之义，例如"你抓住绳子的前头，我抓住绳子的后头"。方位词中的"头"与普通名词"木头、舌头"中的"头"来源是一致的，也应视为后缀。

"头"缀在南方方言（如吴语、湘语、闽语、粤语、客家话）中使用比较频繁，所构成的"头"缀词数量远多于普通话（参见黄伯荣主编《汉语方言语法类编》，1996），如苏州方言（李小凡，1998）的"竹头竹子、鼻头鼻子、被头被子"等。皖北处于江淮官话和中原官话的交界区域，后缀"头"构成的词与普通话基本一致，数量上略多于普通话，少于南方方言。"头"缀在皖北方言中主要构成普通名词、方位名词和抽象名词，例如：

普通名词：赚头 舌头(金寨)、热头 太阳(颍上)、舌头、木头、石头、馒头、砖头、芋头、号头 号码

方位名词：上头、高头 上面(颍上)、下头、前头、后头、东头、西头、南头、北头、里头、外头

抽象名词：看头、找头、想头、来头、吃头、盼头、甜头、苦头、派头、玩头

普通名词方面，皖北方言与普通话的主要差异在于"头"缀可以构成一些指人名词，例如：

【杠头 亳州】爱抬杠、爱争辩、爱钻牛角尖的人。

【肉头】太过老实的人或软弱可欺的人。凤台县可用于指称吝啬的人。

【缠巴（不）头】【难缠头】纠缠不休的人。

【绝户头】没有后代或没有男性后代的人。

【拐咕头】脾气犟的人。

【二婚头】再婚的人。

【转窝头 阜南】吃里爬外的人。

【流流头 凤阳】二流子。

【败坏头】做事不成功或总把事情搞砸的人。

【家败头 凤阳】败家子，办不出好事的人。

【瞎巴头 亳州】【受气头 阜南】任人欺辱、地位低下的人。

【犟筋头 固镇】【拧筋头】固执己见的人。

【二性头_(固镇)_】不讲道理的人。

【老实头】循规蹈矩的人。

【死气头_(砀山)_】死板、不够灵活的人。

【叫鸡头_(蚌埠)_】无所顾忌地表现自我的人。

【夹杂头_(寿县)_】杂音的人。

【盘丝头_(蚌埠)_】特别难缠、难以教育的人。

【四愣子头_(亳州)_】义同"愣头青",指不听劝、无理蛮横的人。

上述词语中"头"的概括意义是指某一类人。词根部分承担主要意义,词缀"头"承担类属意义。"头"缀指人名词的词根一般含有贬义色彩,如"杠"意思是"抬杠","肉"的意思"不爱说话、爱磨蹭、不积极","缠"意为"纠缠"。带"头"缀的指人词语的贬义色彩由主要词根表达,词缀"头"能够起到加强贬义色彩的作用,因为"头"本来指事物的顶端部分,以物指人则有贬抑意味。中原官话指人"头"缀词主要分布在中东部地区,除皖北外,苏北、鲁西也有分布,如枣庄方言也有"败坏头、犟筋头、绝户头、二婚头"的说法。

"头"缀在西南地区的方言中还可以构成处所词,如云南鹤庆话(黄伯荣,1996)"房头、城头、土头、家头、水头"等。皖北方言的"头"不能直接构成处所词,但"里头"可以构成方所结构,如:"嘴里头、心里头、手里头、锅里头、沟里头、省里头、家里头、水里头"等。"里头"也可用于指称时间,如"夜里头"。

皖北方言构成抽象名词的"头"缀词的词根一般表示动作或心理,其他动词不能用于这种格式,如不说"丢头、会头、有头"等。皖北方言抽象"头"缀词经常用于"有V头"(肯定)和"有啥(什么)V头"(否定)结构中,意为"有值得××的"和"没有值得××的"。相比之下,"有V头"的数量少,且"V"是单音节的,"有啥(什么)V头"数量多,"V"还可以是双音节的。如:

肯定：有靠头、有听头、有住头、有干头、有挖头、有争头

否定：有啥靠头、有啥听头、有啥住头、有啥干头、有啥挖头、有啥伤心头、有啥高兴头、有啥操心头、有啥叫唤头、有啥心慌头

除"头"外，颍上、凤台等地还可用与"头"相当的"相"作后缀，但构词数量较少，如"那有啥吃相_吃头_""这场戏没听相_听头_""这个电影还有点看相_看头_"。金寨方言中少数抽象名词还可用"式"作后缀，如"想式、吃式、看式"，与"想头、吃头、看头"对等。这种说法出现在金寨县南部地区，与临近地区的湖北方言相似，如湖北英山（黄伯荣，1996）有"有得看式、有得穿式、有得说式"等说法。

"头"缀在皖北方言中还可构成少量指称时间和动物的普通名词，如"晌午头_正中午_、五更头_五更天,天快亮之时(亳州)_、骚虎头_公羊(砀山)_、羯虎头_阉割过的公羊(砀山)_"。指称时间的"头"有"正……时"之义。

皖北方言"头"缀可起到成词（如"馒头"）、变义（如"高头"）、转类（如"甜头"）的作用。

（二）货/熊

"货"和"熊"都是詈词后缀，带有明显的贬义色彩。"货"缀在晋语中被广泛使用，据乔全生（2002），后缀"货"是由指物中性词发展到指人贬义词的，其间经过指人贬义词的中介阶段。笔者认为，把指物的"货"用在人身上，本身就是对人的贬低和侮辱，普通话中骂人用"东西"一词与此同类，如"什么东西、不是东西"。皖北方言的"熊"缀用来指某一类人时是骂人的粗俗语，程度上比"货"重。皖北方言中有不少由"货"缀和"熊"缀构成的带有詈语性质的指人名词[1]。例如：

---

[1] 皖北南部、东部还有由指人后缀"包"构成的贬义名词，如"小气包_吝啬的人_、现世包_出丑、丢脸的人_"，这种后缀构词数量较少，不具有詈词性质。

【懒货】【懒熊】懒惰的人。

【笨货】【笨熊】笨蛋。

【甩货_凤阳】没本事,不中用的人。

【孬货】【孬熊】品行差的人。

【傻货】【愣货】【傻熊】不够聪明、心眼死的人。

【贱货】【贱熊】下贱之人。

【骚货】卖弄风情的人。

【浪货】生活作风放荡的人。

【馋货】【馋熊】嘴馋的人。

【狗熊】【驴熊】詈语。相当于骂人是"狗""驴"。

【吃嘴货】【吃嘴熊】嘴馋的人。

【死眼子货】【死眼子熊】呆笨、不会随机应变的人。

【半吊子货】【半吊子熊】二百五。

【屌货】【屌熊】【屄货】【熊货】詈语。如:哪个~偷的?

【啥货】【啥熊】【什么货】【什么熊】詈语,什么东西。例:"你看你啥货!"

【不是货】【不是熊】詈语,不是东西。例:"他真不是货!"

皖北方言"货/熊"缀词的词根都可以独立成词,"货/熊"缀词的词根主要有形容词、名词两种,以形容词为主,如"懒、笨、贱"等,这些词根本身都具有贬义色彩,加"货"缀后贬义色彩加强。个别词语的词根为褒义词,属于临时造词,如"好货、好熊",这种褒义词根所构成的"货/熊"缀词也是贬义的,一般只能在对举的句子中出现,不单独使用,如可以说"人家都是孬货(孬熊),就他是好货(好熊)"!不能单说"*他是个好货(好熊)"。

"货/熊"缀的主要功能有二:一是转类(将形容词和短语成分转化为名词),如"孬货、馋货、吃嘴货";二是增义,即增加贬义色彩,上述所有词缀加"货"缀后都含厌恶色彩。

皖北方言中"货/熊"缀词的语法功能与普通名词一致，主要用来作主语、宾语。"啥货/啥熊、不是货/不是熊"比较特殊，分别与普通话"什么东西、不是东西"对应，应看作结构凝固的习语。这两组习语的功能也与别的"货/熊"缀词有差异，只用来作谓语，不能用来作主语、宾语，如可以说"我找咾个懒货（懒熊）来干活"，但不能说"*我找咾个啥货（啥熊）来干活"，也不能说"*什么货（什么熊）回家咾"之类。

"货"缀和"熊"缀也有区别：①"熊"缀比"货"缀语义重，骂人的程度深；②"熊"缀词一般指男性，且通常出现在男性口语中，"货"缀则男女均可。

皖北方言的"熊"缀与晋语、陕西地区中原官话的"㞞"应该是有渊源的。第一，皖北方言的"熊"缀跟动物"熊"关系不大，本书写作"熊"是借字表音。皖北方言口语"狗熊"一词也不是指动物"狗熊"，而是跟"狗"有关，骂人是"狗熊"等于骂人是狗，只是语意上更重。用于骂人"驴熊"一词更是跟动物"熊"无关了，只指"驴"。第二，皖北方言"熊"与晋语、陕西方言一样可指"精液"，一样多用于男性口语，多指男性。第三，皖北方言的"熊"也可以作修饰名词，如"熊人、熊货、熊孩子"等。第四，"㞞"是心母平声锺韵字，王力拟音作[sǐwoŋ]，韵母属于细音，声母有颚化为[ɕ]的可能。

（三）乎

后缀"乎"在汉语方言中可作动词和形容词的后缀，主要分布在山东方言（如平度、潍坊、枣庄）、苏北（如徐州、宿迁）和皖北。"乎"缀的构词数量从北往南呈减弱趋势，至江淮官话区域已经很少见到，这说明"乎"缀很可能是山东方言往西南方向的延伸和发展。

"乎"在皖北方言中可附着于单音节动词或形容词之后，构成新词。"乎"缀在金寨地区还可构成副词，如"稀乎$_{几乎,差点儿}$、得乎$_{幸亏}$"，但这种现象在其他地区少见，也不成系统，这很可能是因为构成副词的"乎"缀与构成动词、形容词的"乎"缀来源不同。以下主要介绍"乎"缀构成动词和形容词的情况。

A. 动词后缀。即用在动词性语素之后，构成新的动词。例如：

【买乎】理睬。我才不~他来！
【凑乎】将就。你几个~子住一晚黑来。
【搅乎】捣乱。亏得恁来咾，这孩子都~半天咾。
【掺乎】介入，参与。人家的事，你跟着~啥？
【圆乎】替人解释，圆场。这事闹大咾，你赶紧~一下吧！
【摆乎】①摆弄。你搁那瞎~啥？②坑害，愚弄。你这不是~人吗？
【招乎】小心。你给我~子，我哪天非把你打个半死！
【眯乎】小憩。俺再~一会，可照_行不行_？
【疑乎】怀疑。这事我有点~。
【约乎】【摸乎_怀远_】揣测、估计。俺~他不得来。你~~这条鱼有多重。
【在乎】在意。他才不~那一点钱来！
【□乎 ɕiɛ²¹³xu⁰】夸大事实，虚张声势。你看你~的，多大点事。
【惜乎_金寨_】爱惜、吝惜。他对他自个家_自己家_的东西~得很。

动词词缀"乎"意义虚化，无明显词汇意义，只有附加色彩意义。"乎"缀的主要作用有三点：①变义，即改变词根的意义，如：买乎≠买、凑乎≠凑、眯乎≠眯；②增义，即增加附加意义，"乎"可以增加口语化、随意性色彩；③成词，如"摆乎、招呼、在乎、惜乎"。

"乎"缀动词的特点：

①词根大多可以独立成词，如"买、凑、搅、掺、圆、眯、约、迷"；少数不能独立成词或者不能以所在词的意义独立成词，如"摆、招、

惜、疑"。

②"乎"只能附加在单音节动词性语素之后,不能用在多音节动词之后,没有"*学习乎、*商量乎、*打扮乎"之类的"乎"缀动词。

③大多数可以重叠,表示短时的动作反复,重叠形式为 ABAB,如:凑乎凑乎、搅乎搅乎、圆乎圆乎、摆乎摆乎、眯乎眯乎、约乎约乎。少数"乎"缀动词不能重叠,如"买乎、掺乎、在乎"等。

④主要功能是作谓语,如上文例句。有的能带宾语,如"谁买乎你""他不在乎这事";多数只能带准宾语,如"不让你去,你非要去掺乎一下"。

"乎"缀动词的来源比较复杂。由于上述动词后缀"乎"的语法功能并不相同,我们推测它们可能有不同的来源:"凑乎、搅乎、掺乎"可能是"凑合、搅和、掺和"的后一语素词义、语音弱化的结果;"买乎、圆乎、约乎、惜乎"可能是根据"在乎"类推的结果。

B. 形容词后缀。皖北方言中,"乎"不仅可以作为动词后缀,也可以附着于形容词性词根之后,构成新词,例如:

【黏乎】富有黏性。什么东西,恁~。

【瓢乎】【软乎】松软。这馍怪~来。

【匀乎】均匀。他分得~得很,谁也没意见。

【晕乎】头脑不清。你~啥?别装咾。

【悬乎】危险,没把握。我看这事有点~。

【邪乎 ɕiɛ^{55} xu^0】奇怪,神奇。真是太~咾,将不才_刚才_还有来,跑哪去咾?

【热乎】亲近、热情。你看他俩~的,都快穿一条裤子咾。

【忙乎】繁忙。他~得不能行_不得了_,你别找他咾。

【浓乎_金寨_】浓、稠。稀饭怪~来。

【近乎】关系亲密。他俩怪~来!

"乎"缀形容词的词根都能独立成词。"乎"读轻声，其作用主要有二：①变义，如：热≠热乎；②增义，"乎"能够增加口语化色彩，表达一种比较随意的状态。

有的"乎"缀形容词可作 AABB 式重叠，如"黏黏乎乎、匀匀乎乎、晕晕乎乎"。

"乎"缀形容词经常用来作谓语中心语，可用于下述结构：

  a. ［太、死、真、血、怪］+ ____　　例：怪瓢乎来！真邪乎！
  b. ____ + 得 + 程度补语　　例：黏乎得很！热乎得不得了！

从能受副词修饰和能带程度补语来看，"乎"缀形容词似乎与性质形容词接近，但这类词与一般的性质形容词存在两点不同：①性质形容词常作定语，"乎"缀形容词作定语的情况比较少见，一般不说"**热乎心、*晕乎头、*黏乎的胶水、*悬乎的事情、迷乎的眼睛"之类；②一般不受否定副词"不"的修饰，不说"*不邪乎、*不悬乎、*不浓乎"等。

（四）拉

"拉"作动词后缀的用法在北方方言中分布较广，东北官话、北京官话、中原官话等均有分布。"拉"缀的构词能力不强，有的方言构词数量在 10 个左右，如哈尔滨（马彪，2009）、北京（黄伯荣，1996）、西安（兰汉宾，2011），有的方言点只报告了两三个，如山西洪洞（黄伯荣，1996）。"拉"在山东寿光方言（黄伯荣，1996）中还可作形容词后缀，表示某种性状不如人意的意味，如"歪拉、粗拉、查拉"，这在其他方言中少见，其性质值得进一步讨论。皖北方言的"拉"只能作动词后缀。

"拉"在皖北地区使用比较普遍，多数方言点构词数量在 10 个左右，是一个相对比较封闭的词缀，金蚌片西部的金寨方言"拉"缀动词较少。"拉"缀主要用在一些行为动词之后，本身无词汇意义，可以表示动作行为的随意性，同时略含贬抑、不满的意味，例如：

【扯拉】随意乱扯。你~半天，来_也_没找着线头。

【划拉】用刀、棍等随意乱划。他拿个耙子搁_在_地上~，不知道找啥。

【搁拉】搅拌。你拿筷子~~。

【漓拉】泼洒得到处都是。你看你盛个碗~得哪都是的。

【扒拉】用手或借用其他工具翻东西。小孩搁抽抽来_抽屉里_~子找吃的。

【趿拉】将鞋后跟踩在脚下或穿拖鞋行走。他~着一双破鞋。

【刮拉】用刀等随意乱刮。他拿剃胡子刀~几下子就走了。

【胡拉】做事很随意、不认真。这孩羔子_孩子_写作业就是~~。

【拐拉】走路不稳当，左右摇摆。他走路~~的，啥晚_什么时候_才能到？

【甩拉】甩来甩去。他走路俩手~多远。

【□拉 pu⁵⁵la⁰】随意用手拍打、翻找。你看你身上的灰，快拿手~~。

【□拉 mu⁵⁵la⁰】胡乱擦拭。他吃过饭把嘴一~就走咾。

【嗲拉 tie²⁴la⁰】撒娇。你看你~哩，可像半橛子_小伙子_咾？

【崴拉】崴着脚走路。你~到哪了？

"拉"作后缀的动词，词根有的能独立成词，如"扯、划、扒、刮、胡、甩"，有的不能独立成词，如"漓、趿、拐、嗲"。动词后缀"拉"的主要功能是增加随意性的语义色彩，用在不成词的动词性语素之后还有成词作用。

皖北方言"拉"缀动词可分为两类：

A. 扯拉、划拉、扒拉、胡拉、刮拉、搁拉
B. 漓拉、跂拉、甩拉、拐拉、嗲拉、崴拉

A 类多数可以带宾语，如：

他拿刀划拉人家的脸。　他搁地上扒拉东西。

B 类不能带宾语，个别加"着"后可带宾语，一般在句中作方式状语，如：

*他漓拉饭。　　*小李跂拉鞋。　　*他拐拉腿。
他跂拉子着鞋走咾。　他甩拉子着手跑咾。

A 类词可直接作谓语，B 类一般不能，如：

他拿小刀子划拉，不知道刻的啥黄子。　*他拿手甩拉。

A 类重叠后不能带"的"，可单独作谓语，如：

扯拉扯拉　划拉划拉　扒拉扒拉　胡拉胡拉　刮拉刮拉　*扯拉扯拉的　*划拉划拉的　*扒拉扒拉的　*胡拉胡拉的　*刮拉刮拉的
你把被子扯拉扯拉。

B 类重叠后必须加"的"，不作谓语，可作状态补语，如：

*漓拉漓拉　*跂拉跂拉　*甩拉甩拉　*拐拉拐拉　*嗲拉嗲拉　*崴拉崴拉　漓拉漓拉的　跂拉跂拉的　甩拉甩拉的　拐拉拐拉的

嗲拉嗲拉的　崴拉崴拉的

他吃饭漓拉漓拉的。　他走路甩拉甩拉的。　她讲话嗲拉嗲拉的。

（五）乎的/乎乎的

形容词后缀"乎的、乎乎的"在中原官话区的中东部及相邻地区分布较广，如山东枣庄（孙敏敏，2008）、山东郯城（邵燕梅，2005）、江苏徐州（李申，1985）、江苏连云港（姜莉，2007）等地。除此之外，东北官话区有相似的后缀"乎乎"，如黑龙江佳木斯（邢军，2006）。新疆焉耆方言（刘俐李，1994）中也有后缀"乎乎的"。以下讨论皖北方言"乎的"和"乎乎的"的用法。

皖北方言中与人体感觉相关的形容词或评价类形容词可以加上"乎的"或者"乎乎的"，多用于指味道或人体对温度的感觉，其格式可概括为"A乎的、A乎乎的"。例如：

酸乎的、咸乎的、甜乎的、辣乎的、面乎的、黏乎的、热乎的、冷乎的、温乎的、暖乎的、酸乎乎的、咸乎乎的、甜乎乎的、辣乎乎的、面乎乎的、黏乎乎的、热乎乎的、冷乎乎的

少数具有 [+述人] 特征的描写性形容词也可以加上"乎的、乎乎的"，用来指人的体格特点或品性。例如：

胖乎的、瘦乎的、傻乎的、笨乎的、胖乎乎的、瘦乎乎的、傻乎乎的、笨乎乎的

"乎的、乎乎的"与上文动词、形容词的后缀"乎"有所不同：后缀"乎"读轻声，而后缀"乎的、乎乎的"中的"乎"大多数方言点读作平调 [55]，有的方言点（如笔者母语）两读，读 [55] 或 [213] 均可，

但以读［55］为主。"乎"缀形容词一般可以变成加"乎的、乎乎的"后缀的形容词，但含义有细微差别，如"黏乎"的含义是"很黏"，而"黏乎的、黏乎乎的"的含义是"有点黏"。

带"乎的、乎乎的"后缀的形容词所表示的程度比词根所表示的程度要轻一些（此处判断程度的轻重是与原型对比），有减轻程度的作用，相当于"略微、有点儿"。试比较（从左往右程度依次降低）：

汤咸得很＞汤咸＞汤咸乎（乎）的
外头冷得很＞外头冷＞外头冷乎（乎）的
他胖得很＞他胖＞他胖乎（乎）的
老张傻得很＞老张傻＞老张傻乎（乎）的

后缀"乎的、乎乎的"也能够起到增义的作用，与词根相比，"A乎（乎）的"增添了说话人的主观态度，表示说话人觉得合适、感到满意或者至少不令人感到厌恶，当说"这小孩胖乎（乎）的"时，意思是说这个孩子胖胖的，很可爱。由于"乎的、乎乎的"含积极语义色彩，因此一般不能加在含消极意义的形容词之后，例如不说"*丑乎（乎）的、*苦乎（乎）的"。

后缀"乎的、乎乎的"构成的形容词在句中常作谓语、补语，例如：

这汤咸乎（乎）的，怪好喝来！这汤咸咸的，挺好喝的！
小孩吃得胖乎（乎）的，招人疼。小孩长得胖胖的，招人喜欢。

与后缀"乎"构成的形容词一样，后缀"乎的、乎乎的"构成的形容词在皖北方言中用作定语的情况也比较少见。与形容词后缀"乎"不一样的是，后缀"乎的、乎乎的"中的"的"不可省略，不能受程度副词修饰或者带程度补语，下面的说法不成立：

*饭热乎（乎）　　*怪甜乎（乎）的　　*丑乎（乎）的很

后缀"乎"和"乎的"、"乎乎的"不同，前者能受程度副词修饰或带程度补语，而后者不能，这可能是因为"乎的、乎乎的"中的"的"是一个表示特定状态的词语，负载着定量的信息，与前加程度副词语义上不容①。

大部分"乎的、乎乎的"构成的状态形容可以受"有点"修饰，例如：

有点辣乎（乎）的、有点冷乎（乎）的、有点酸乎（乎）的、有点黏乎（乎）的

有的方言点"A乎的"中间还可以插入词缀"不"，构成"A不乎的"格式，如"酸不乎的、白不乎的、辣不乎的"……"A不乎的"的用法与"A乎的"一致。

"乎的"与"乎乎的"区别在于后者的主观色彩更浓，且"A乎乎的"中间一般不能再插入词缀"不"，不能说"*酸不乎乎的"等。

（六）不拉唧的、不唧歪的、不拉的、不唧的、不歪的

皖北方言中有些表示中性或消极意义的形容词可以附加"不拉唧的、不唧歪的、不拉的、不唧的、不歪的"，这些词缀构成的状态形容词又被称为形容词的生动形式，表意功能相似。例如：

白不拉唧的、酸不拉唧的、咸不拉唧的、灰不拉唧的、黄不拉唧的、丑不拉唧的

---

① 张国宪（2007：9）认为，状态形容词后的"的"相当于"很"类副词，负载着程度量的信息。笔者认为，这个"的"不一定相当于"很"，以皖北方言为例，如果语义上相当于"很"的话，其所构成的状态形容词就表示高量，这与事实相左。因此笔者认为这个"的"只是能够起到定量的作用，不代表量级的高低。

白不唧歪的、酸不唧歪的、咸不唧歪的、灰不唧歪的、黄不唧歪的、丑不唧歪的

白不唧的、酸不唧的、咸不唧的、灰不唧的、黄不唧的、丑不唧的

白不拉的、酸不拉的、咸不拉的、灰不拉的、黄不拉的、丑不拉的

白不歪的、酸不歪的、咸不歪的、灰不歪的、黄不歪的、丑不歪的

"不拉唧的、不唧歪的、不唧的、不拉的、不歪的"五种后缀形式中的"唧、拉、歪、拉唧、唧歪"有两种读法，有的方言点读平调［55］（如阜阳），有的方言点读曲折调［213］（如利辛），以读平调为主，多数方言点只有一种平调读法。

上述词缀在皖北地区以"不拉唧的"最为常见，分布范围最广，几乎每个县市都有这种词缀。"不唧歪的"主要分布在亳州、固镇、凤台、寿县等地。"不唧的、不拉的、不歪的"是前两种形式的省略式，分布范围比较零散，以皖北南部地区为主。也有的地方这几种形式都有，以笔者母语为例，下面的句子都能说。

你的脸咋黄不拉唧的？　　你的脸咋黄不唧歪的？

你的脸咋黄不唧的？　　　你的脸咋黄不拉的？

你的脸咋黄不歪的？

带上述后缀的形容词的程度量级与"A乎（乎）的、A不乎的"相当，都表示"有点儿A"的意思，但语义色彩正好相反，"不拉唧的"等表示说话人的心中不满或不舒服、有令人嫌恶之感。上述状态形容词的语法特点与"A乎（乎）的、A不乎的"基本一致，主要作谓语，不再赘述。

中原官话及周边区域有不少方言都存在类似皖北方言的状态形容词后缀，这些后缀也通常都带有不尽如人意的感情色彩，见表2－1（焉耆见

刘俐李，1994；西安见兰宾汉，2011；郯城见邵燕梅，2005；其他见黄伯荣，1996）。

表2-1　皖北中原官话及周边方言的状态形容词后缀

蚌埠	A不拉唧的	A不唧唧的	A唧不拉的		A不拉兮的		
西安	A不拉叽的	A不叽叽的					
郯城	A不拉唧的	A不唧唧的		A不唧的		A了瓜唧的	A不拉的
徐州	A不拉唧的					A了吧唧的	
获嘉		A卜几几的				A了巴唧的	
枣庄	A不拉唧的			A不唧的		A了巴叽的	

表2-1显示，各方言点比较一致的后缀是"A不拉唧的"、"A不唧唧的"和"A了吧（巴）唧的"，皖北方言中常用"A不拉唧的、A了巴唧的"，少用"A不唧唧的"。皖北方言中还有后缀"不唧的、不拉的"，与山东郯城方言一致。比较特殊的是皖北部分方言点中有后缀"A不唧歪的"和"不歪的"，这两种后缀中原官话其他方言点暂未见报。除了"不拉唧、不唧唧、了吧唧"，皖北方言中还有其他一些能产度不高的三音节形容词后缀，与形容词一起构成四字格式。从共时平面来看，其形式为"AXYZ"，前文指出这种形式多为双后缀形式，即"YZ"为后缀，"X"为次后缀，单从共时平面来看，也可以将"XYZ"一起看作后缀。如："脏不拉叉_蚌埠_、傻不棱噔、傻了呱唧"。

除中原官话外，其他汉语方言中也有不少以"不"作为次缀的四字格形式，如安徽贵池的"矮不龙冬、破不罗梭、酸不叽喳"等，宁夏固原的"憨不腾腾、迋不丢丢、甜不丝丝"等，山西陵川的"亲不达达、白不叉叉、黑不突突"等①。

（七）叠音后缀

汉语方言中三音节状态形容词通常有三种形式：ABB、AXX、AXY。

---

① 贵池、固原、陵川的词例均见黄伯荣主编（1996）《汉语方言语法类编》。

"AXX"和"AXY"都属于构词法，即附加式构词，如"绿油油、红圪蛋神木"。"ABB"则可看作构形，即"AB"的重叠形式，如"冰冷冷温州"。从共时平面来看，"AXX"式与"ABB"式不同，前者不是由"AX"变换而来，即不存在基式"AX"，如不说"绿油"；而"ABB"则是由"AB"变换而来，即存在基式"AB"，如可说"冰冷"。换句话说，"ABB"是"AB"的重叠式，而"AXX、AXY"则是"A"的附加式。这里我们讨论皖北方言形容词性语素附加双音节后缀的情况。双音节后缀式形容词在使用时一般要加"的"，这里为讨论方便暂省去。"AXY"式在汉语方言中分布很有限，如陕西神木方言（邢向东，2002）的"A圪蛋"（黄圪蛋、软圪蛋、酸圪蛋、干圪蛋）、湖南临武方言（黄伯荣，1996）的"A扎嘚（哈嘚）"（高扎嘚、大扎嘚）。"AXX"式状态形容词在汉语方言中非常普遍，北方方言和南方方言均有分布，且具体形式不同，可参看黄伯荣主编（1996）《汉语方言语法类编》。

皖北方言中只有"XX"式的叠音后缀，没有"XY"式的非叠音后缀。从单点方言来看，除金蚌片西部的金寨、霍邱（部分地区）方言外，皖北方言的叠音式后缀不太丰富，大体上在10个左右。皖北方言中多数叠音后缀的能产度比较低，一个后缀一般只能构成一两个词，多的通常不超过五个，少数后缀构词能力稍强，常见的双音节后缀有：

滑溜溜、光溜溜、酸溜溜、稀溜溜、臭哄哄、乱哄哄、硬梆梆、白花花、酸唧唧、紧巴巴、笑眯眯、乱糟糟、香喷喷、甜丝丝、烂歪歪蚌埠、稀歪歪蚌埠、苦歪歪蚌埠、白生生固镇、嫩汪汪固镇、红虾虾蚌埠、粘胶胶蚌埠、黑滋滋蚌埠、乱哄哄凤阳、青虚虚凤阳、清阵阵凤阳、稀朗朗凤阳、稀烂烂灵璧

皖北多数方言点的叠音后缀相对较少，但金寨、霍邱地区与众不同，金寨方言中的叠音后缀形式较多，而霍邱方言中的一些叠音后缀构词能力

较强，显示出其不同于皖北其他方言的一面。如：

> 金寨：红迁迁、红虾虾、红润润、红丝丝、黑麻麻、黑森森、黑乌乌、黄霜霜、黄蹦蹦、热燥燥、热闹闹、热汤汤、青魆魆、青茫茫、绿茵茵、绿挣挣、苦唧唧、甜越越、稠嘟嘟、湿爬爬、文绉绉、麻津津、冷兮兮
>
> 霍邱：好帮帮、齐梆梆、硬帮帮、稀流流、长流流、滑流流、光堂堂、红堂堂、亮堂堂、干巴巴、稠巴巴、烂巴巴、响当当、稳当当、直当当

皖北方言的叠音后缀具有增量的作用，所构成的状态形容词表示的量级较高，如"亮堂堂"比"亮"的程度深。叠音后缀还能使词语本身带上形象化的色彩，如"滑溜溜"给人的感觉用手摸上去很光滑、很舒服。

叠音后缀使用时需加"的"组成"AXX 的"，这类形容词不能再受程度副词修饰，其主要功能是作谓语、定语，如"他身上湿漉漉的""香喷喷的饭端上来咯"。

2.2.3 皖北中原官话的中缀

普通话的中缀问题一直争论不休，前文指出汉语中存在中缀"得""不"，但性质有所不同，有的是词汇层面的中缀，有的是短语层面的中缀。与普通话不同，汉语方言中存在一些比较典型的中缀，如表 2-2 所示［据黄伯荣（1996）《汉语方言语法类编》整理］。

表 2-2　　　　　　　　汉语方言中缀的类型

方言点	中缀形式	举例
湖北恩施	te^{55}	好~好、坏~坏、高~高、矮~矮、大~大、小~小
江苏宿迁	溜 不溜溜	透~滑、瞎~松、瞎~细、须~尖、梯~圆、列~酸、瞎不~溜黑、须不~溜紫、梯不~溜直

续表

方言点	中缀形式	举例
山东寿光	古	翻~热、软~浓、冒~臭、焦~酸
云南昆明	了	好~好、坏~坏、浅~浅、大~大、甜~甜
江苏苏州	里	好~好、短~短、黑~黑
浙江温州	显	黑~黑、热~热、高~高、便当~便当
湖南汝城	天古 古八	冰~冷、邦~硬 渣~碎、正~经、认~真
广东广州	鬼、晒、咁、乜	孤鬼寒、污鬼糟、奄鬼尖、爆晒棚、离晒谱、巴咁闭、容乜易

从表意功能来看，汉语方言的中缀大体可分为两类：一是表示程度加深，这部分中缀占大多数，如恩施"te^{55}"，宿迁的"溜、不溜溜"，寿光的"古"，昆明的"了"，苏州的"里"，温州的"显"；二是表示贬义，这类中缀较少，如广州的"鬼"。从词根的构成形式来看，也可以分为两类：一是形容词的重叠形式，如"好好、坏坏、大大"等；二是形容词前加程度缀，如"透滑、翻热、孤寒"等。

皖北方言中有短语层面的中缀"得、不"，也存在词汇层面的典型中缀"不"。此外，皖北方言还有兼缀"不、巴、巴子、不子"等。皖北方言中词汇层面的中缀"不"有两种：一种表示否定的可能性，称为"不$_1$"，如"来不及"；另一种不表可能性，只增添消极语义色彩，称为"不$_2$"，如"稀不烂"。下文表可能性的"不"都是"不$_1$"，单纯表消极语义色彩的"不"都是"不$_2$"，不再加下标区别。

（一）"得、不$_1$"

前文指出，普通话"V 得 C""V 不 C"格式中的"得、不"可分为两类，一类是词汇层面的中缀，一类是短语层面的中缀，这两类中缀都表示可能性的有无。皖北方言中"得、不$_1$"可作词汇层面的中缀，如：

谈得/不来、对得/不起、来得/不及、吃得/不开、买得/不起、处得/不来、合得/不来

"不₁"也能作短语层面的中缀,表示否定的可能性,如:

买不着、卖不掉、抓不住、讲不完、说不清、请不来、回不去、想不通

"得"在皖北方言中基本不作短语层面的中缀,因为皖北方言表达肯定的可能性一般不用"V得C"结构,而用"能VC"或"VC喽"格式,例如:

利辛:能找到、能吃好、能搬动、能考好、能讲完、能关掉、能听清、能药死_{用药毒死}

阜阳:找到喽、吃好喽、搬动喽、考好喽、讲完喽、关掉喽、听清喽、药死喽

虽然皖北方言偶尔也用"得"作短语层面的中缀,但这应该是吸收普通话的说法,不是方言本身固有的格式。

含中缀"得、不₁"的动词的语法功能不尽一致,"谈得/不来、吃得/不开、处得/不来、合得/不来"只能作谓语,不能带宾语,如:

俺两个谈得/不来。　　　小张搁那一片吃得/不开。
俺跟外地人处得/不来。　　我看他俩合得/不来。

"对得/不起、来得/不及、买得/不起"既能作谓语,又能带宾语,"对得/不起、买得/不起"带体词性宾语,"来得/不及"带动词性宾语,如:

俺对得/不起你。　　我来得/不及回家。　　他买得/不起房子。

含中缀"不"的短语在语法功能上与上述含中缀"得、不"的词基本一致，不再赘述。

（二）"不₂、不子、巴、巴子"

皖北方言中有下列格式①：

A1	B1	C1	A2	B2	C2
稀烂	稀不烂	稀不子烂	铁青	铁不青	铁不子青
焦黄	焦不黄	焦不子黄	冰凉	冰不凉	冰不子凉
齁咸	齁不咸	齁不子咸	清冷	清不冷	清不子冷
温臭	温不臭	温不子臭	干稠	干不稠	干不子稠
血酸	血不酸	血不子酸	乌黑	乌不黑	乌不子黑
瞎轻	瞎不轻	瞎不子轻	蜡黄	蜡不黄	蜡不子黄

A、B、C（含 A1、A2、B1、B2、C1、C2，下文同）三组词都是贬义词，A→B→C，程度依次加深，贬义色彩也依次增强。从字面上看，A1、B1、C1 和 A2、B2、C2 完全一致，但实际上却有所不同：A1 中的前加成分"稀、焦"等都失去了词汇本身的意义，只表示程度深，且位置固定，不能以所在词中的意义独立成词，是前缀；A2 中的前加成分"清、冰"都具有词汇意义，位置不固定，大多能以词汇意义独立使用或用于构词，A2 是偏正结构的复合词，前加成分修饰后面的形容词。

B 组、C 组词分别是在 A 组的基础上加"不"和"不子"，且其中的"不"和"不子"是比较典型的词缀，理由如下：①B 组、C 组中间都不能再插入其他成分，结构凝固，是词；②去掉"不"或"不子"后仍能成词，其词根是 A 组词；③"不、不子"语义虚化，本身没有任何词汇意义，只增添"厌恶"等语义色彩；④"不、不子"都读轻声，且具有能产性。

---

① 以"不""不子"为例，中缀"巴""巴子"同样适用文中语例。

虽然 B1、C1 和 B2、C2 的词根性质有所不同，一为附加式合成词，一为复合式合成词，但是 B1、C1 和 B2、C2 中"不、不子"的性质并无差异，它们都是表示嫌恶色彩的中缀成分。笔者认为，一个词语当中可以有不止一个词缀，要承认双词缀合成词的存在，双词缀可以是前、中、后的两两组合。皖北方言中不仅存在"前缀＋中缀＋词根"的组合，还存在双后缀现象和前、后缀共现现象，如"老实头子、败坏头子、老嫌子、老婆子"。皖北方言双词缀组合的两个词缀往往不在同一个层面上，"前缀＋中缀＋词根"组合的前缀处内层，中缀处外层，组合层次是［前缀＋（中缀）＋词根］；"词根＋后缀$_1$＋后缀$_2$"组合的"后缀$_1$"处内层，"后缀$_2$"处外层，组合层次是［（词根＋后缀$_1$）＋后缀$_2$］；"前缀＋词根＋后缀"组合的"前缀"处内层，"后缀"处外层，组合层次是［（前缀＋词根）＋后缀］。当然，不同方言中双词缀的组合模式可能有所相同。

B2、C2 中的"不"和"不子"应看作插入偏正式复合词中的词汇中缀。上述词语中的中缀"不"与"V 不 C"中的"不"形式相同，但表义不同，为区别起见，我们将状态形容词的中缀"不"称为"不$_2$"。中缀"不$_2$"和"不子"主要分布在中部、北部一些地区，如淮北、萧县、宿州、利辛、蒙城等地。"巴""巴子"同样可以插入形容词的中间，其性质和语义色彩都与"不$_2$""不子"一致。这两个词缀分布区域更广一些，主要用于西北部、南部地区，如亳州、濉溪（南部）、阜阳、颍上、蚌埠、怀远等地。常见的说法有（以阜阳为例）：

生疼、生巴疼、生巴子疼　　冰凉、冰巴凉、冰巴子凉
清冷、清巴冷、清巴子冷　　干稠、干巴稠、干巴子稠
乌黑、乌巴黑、乌巴子黑　　通红、通巴红、通巴子红
温臭、温巴臭、温巴子臭　　稀烂、稀巴烂、稀巴子烂

我们推测，"不$_2$"是"巴"的韵母读音弱化再高化的结果：pa > pə >

pu。一个比较典型的例子是"结巴"有的地方说"结巴子",有的地方说成"结不子"。

带中缀"不₂、不子、巴、巴子"的状态形容词的语法功能与前文所述皖北方言其他状态形容词一致,主要作谓语,可加"得"作程度补语,有时也可加"的"作定语(此类状态形容词作定语的情况略多于其他类型的状态形容词,且强调意味较重),但不能用来作状语。皖北南部(如蚌埠地区)还可用中缀"屌",用法跟"不、巴"相同,如"生屌疼、稀屌烂、瞎屌腥"。

需要指出的是,皖北方言的"不、巴、巴子、不子"是兼缀,既可作词汇中缀,又可作短语中缀,表意功能相同。上文描写了这些中缀作词汇中缀的情况,作短语中缀的情况如(以"不、不子"为例):

不:这馍死不结实,吃什么东西!这馒头那么结实,有什么好吃的!

不子:他的成绩血不子差,啥学校都考不上!他的成绩很差,什么学校都考不上!

在皖北部分地区方言中,"不/巴"可以插入具有持续性特征的动词和形容词结构,表示一种非常令人厌恶的状态,此时"不/巴"也是短语缀。例如:

喇巴/不子:你看他腿~,像啥样!

张巴/不子:小孩嘴~,要吃。

咧巴/不子:你就知道嘴~笑,跟个傻子一样。

叉巴/不子:那小孩两个手~,跟个大人样。

红巴/不子:那个人脸~,肯定干了啥坏事。

翻巴/不子:他的眼~,怪吓人来!

躬巴/不子:你腰~找啥?

歪巴/不子:他头~,难看死咾。

需要指出的是，上述词语中并非由动词"V"加上后缀"巴子、不子"构成，而是表持续的动词性结构"V+子"中间插入中缀"不、子"构成的，也就是说该结构式中的"子"实际上相当于普通话的持续体标记"着"，皖北方言作为持续标记时读［tsʅ⁰］，写作"子"。这个观点有两个佐证：一是式中"巴/不"可省略，单说"V子"；二是江苏淮阴方言中也有类似说法，"眼翻不着、牙呲不着、头歪不着"等，其中的"着"读［tsə］①。

2.3 皖北中原官话"子"缀词研究

"子"在名词后缀中是最早发展起来的（太田辰夫，1957/2003），这个词缀也得以成为汉语方言中分布最广的词缀，几乎各个汉语方言区都有使用，差异只在词语数量和表现形式方面：南方方言"子"缀词的数量略少，语音形式上有［tɕi］（如湖南汝城）、［e］（如广东梅县）等。北方方言区"子"缀词数量多且分布广泛，处于官话包围之下的晋语地区"子"缀的构词数量有别，北部偏少，如太原、祁县、文水等地，南部略多，如晋城、阳城、陵川等地。中原官话横贯东西，西起新疆，东至山东，整个区域都有大量"子"缀词分布。中原官话在"子"缀词方面有一些共同点：一是"子"缀词数量多；二是数量结构可带"子"缀（如"一层子、一串子、一帮子"等）。中原官话"子"缀的语音形式主要有两种：绝大部分区域为［tsʅ］；河南北部、中原官话关中片部分方言点为变韵形式。从"子"缀的构词形式上看，河南以西（山西、陕西、青海、甘肃、宁夏、新疆）的"子"缀词具有较强的一致性，有名词重叠带"子"缀的现象，如：

---

① 淮阴方言的例证参见黄伯荣（1996）《汉语方言语法类编》。该书中认为，此类"V不着"是"V+不着"构成，似有误，对照皖北方言，看作"V着"插入"不"的结构更合适。

新疆焉耆（刘俐李，1994）：椅椅子、盅盅子、枝枝子、虫虫子、
钉钉子、碗碗子、铲铲子
陕西西安（邢向东，2011）：箱箱子、车车子、姑姑子、块块子、
墙墙子、眼眼子、包包子

河南以东（河南南部、皖北、苏北、河北、山东）基本没有重叠式带"子"缀的现象，但有不少方言点有表示时间的"子"缀名词，如：

河南固始（叶祖贵，2009）：今年子、明年子、后年子、来年子、
前年子、往年子
安徽霍邱（黄伯荣，1996）：刚才子、现在子、前天子、昨天子、
以前子、星期天子
江苏宿迁（黄伯荣，1996）：多会子、多晚子、上天子、去年子
山东微山（殷相印，2008）：这会子、那会子、这盼子、这崩子、
那崩子

"子"缀时间名词在与中原官话相邻的江淮官话以及吴语地区也有存在，如：

安徽合肥（孟庆惠，1997）：今年子、明年子、前年子、后年子、
一会子、一阵子
江苏苏州（李小凡，1998）：今年子、明年子、昨日子、今朝子、
明朝子、后日子

河南北部处于中原官话东西部以及晋语的交界地带，"子"缀形式往往兼而有之，既有子变韵，又有名词重叠带"子"缀现象，还有少量"子"缀时间名词。

皖北中原官话大体属于中原官话的东部地区，"子"缀与苏北、鲁西的中原官话表现比较一致，语音形式为[tsʅ⁰]，少有名词重叠带"子"缀现象。但皖北方言也有自己的一些特点，如绝大部分区域有丰富的"子"缀词，但"儿"缀词数量很少（北部亳州、砀山、萧县等除外），这与南部的江淮官话比较一致，而与晋语、西部中原官话、山东中原官话有明显区别，除皖北、苏北部分方言点以外，中原官话其他区域往往"子"缀、"儿"缀并行。

2.3.1 皖北中原官话"子"缀词概况

（一）"子"缀词的数量

皖北地区的方言主要是中原官话，"子"缀的语音形式为[tsʅ⁰]。皖北方言"子"缀词尤为丰富，其构词数量远超普通话，不仅普通话绝大部分"子"缀词在皖北方言中大都仍带"子"缀，而且大量的普通话非"子"缀词在皖北方言中也带"子"缀。据我们不完全统计，皖北方言中的"子"缀词总数在900条以上，其中与普通话共有的双音节"子"缀词约280条，三音节约40条，其余580多条基本是皖北方言有而普通话没有或很少使用的。① 以下按音节数量分类列举皖北方言常用的"子"缀词（主要是普通话没有或使用频率较低的"子"缀词以及习语式短语）。

（1）双音节（100条）②

袄子_{棉袄}、摆子_{疟疾}、棒子_{玉米(砀山)}、雹子_{冰雹(砀山)}、鼻子_{鼻涕}、边子_{边儿}、瘪子_{不饱满的果实}、擦子_{擦除工具}、槽子_槽、苍子_苍、岔子_{岔路;变故}、撑子_{支架}、尺

---

① 本节所讨论三音节以上的"子"缀词实际上包含一些"子"缀惯用语，因为说法特殊，普通话少见，所以也放在"子"缀词里讨论。

② 下文"子"缀词的下标小字为注释，未标地名的为笔者母语中有，标有地名笔者母语中无或少有。

子 尺、锄子 锄头(凤台)、豆子 大豆、痘子 水痘、蛾子 蛾、肥子 肥胖的人、粉子 粉状物、缝子 缝儿、擀子 擀面杖、膏子 膏状物、虼子 跳蚤、根子 根、梗子 茎、菇子 蘑菇(金寨)、牯子 雄性牛羊(金寨)、拐子 生姜、果子 糕点、齁子 哮喘病患者、瘊子 凸出的肉痣、血子 煮熟的家畜血、黄子 东西;蛋黄、灰子 李子(亳州)、混子 草鱼;不学无术的人、豁子 家兔(亳州);豁嘴、豁口、机子 机器、㡭子 蚕(金寨)、茧子 蚕茧、耩子 播种农具、褯子 尿布、妗子 舅母、橛子 较短的柱状物、坎子 坎儿、砍子 歇后语(砀山)、壳子 壳、坑子 坑、侉子 北方人、辣子 辣椒(凤台)、冷子 冰雹、梨子 梨、鲢子 鲢鱼、漏子 漏斗、马子 土匪(固镇)、蛮子 南方人、猫子 说大话、说假话的人(淮南)、迷子 痴迷的人、苗子 秧苗、篾子 竹片、妮子 女孩、疟子 疟疾(固镇)、襻子 宽的带子、坯子 未成形的物体、片子 尿布(金寨)、坡子 高地、浅子 碟子(濉溪)、瘸子 腿部残疾者、瓢子 瓢儿、仁子 仁儿、糁子 谷物磨成的粒状物、馓子 一种油炸面食,又叫麻花子、啥子 什么东西、梢子 植物梢、婶子 叔母、水子 水儿、镂子 刨土豆、山芋等的工具、瘫子 瘫痪者、条子 荆条;纸条、帖子 喜帖、豚子 阉过的母猪(亳州)、丸子 圆子、弦子 二胡、馅子 馅儿、小子 男孩、心子 心儿、芟子 用粗席围起来的囤、芽子 初生物、檐子 边儿、眼子 小洞,小孔;吃亏的人(寿县)、腰子 肾、胰子 肥皂、蝇子 苍蝇、蚰子 蝈蝈、云子 云彩(灵璧)、崽子 男孩(金寨)、獐子 原麇(金寨)、枝子 枝条、盅子 酒杯、洲子 水中陆地、嘴子 器皿的嘴儿。

(2) 三音节（358 条）

挨晚子 傍晚(蚌埠)、案桌子 做饭用的桌子、八哥子 八哥(淮南、寿县)、巴巴子 一种面食、扒豁子 挑拨、拆台(萧县、砀山)、白鼻子 外行(金寨)、半吊子 指说话无边际、离谱或不分场合的人、半橛子 小伙子、半拉子 一半(蚌埠)、半桩子 少年、小伙子(寿县)、傍晚子 傍晚(五河)、背心子 背心;马夹(金寨)、被覆子 被里(固镇)、鼻梁子 鼻梁、被叶子 被单、扁嘴子 鸭子(涡阳)、鳖虎子 蝙蝠、病秧子 久病虚弱之人、脖颈子 脖子、布衫子 褂子(砀山)、布头子 碎布头、菜板子 砧板、菜包子 无用之人(淮南)、菜盒子 一种似饼有馅的油煎面食、菜畦子 菜畦、草狼子 狸(亳州)、茶匙子 调羹(五河)、吃嘴子 贪吃者、尺杆子 尺(淮南)、虫燕子 鸟类总称、出门子 出嫁、窗笼子 窗户(金寨)、锤头子 拳头(宿州)、车斗子 敞口车厢、刺（扎）猛子 潜水、穿条子 穿条鱼、串门子 串门儿、打摆子 发疟疾、打圈子 猪发情、打秧子狗发情、大伯子夫兄(寿县)、大马子土匪(亳州)、当央子中间(泗县)、弹珠子弹珠、当门子对门的堂屋、捣家子爱挑事、制造事端者(亳州)、捣秧子折台、捣蛋(凤台)、道道子划痕、灯泡子灯泡、灯芯子灯芯、灯罩子灯罩、地豆子土豆(蚌埠)、地甘子甘蔗(砀山)、地狗子蛴螬、地瓜子土豆(灵璧)、地栗子荸荠、地羊子鼢鼠(亳州)、顶顶子顶针、腚瓣子屁股(灵璧)、腚膀子屁股(砀山)、腚眼子肛门、兜兜子口袋(凤台)、豆角子豇豆、豆芽子豆芽、对脸子镜子(凤台)、对撇子合得来(固镇)、碓窝子石臼、碓窨子石臼、多昝子什么时候(蚌埠)、额头子额头(固镇)、耳巴子巴掌、耳扒子耳勺、耳根子耳根、浮漂子浮萍(金寨)、盖叶子被单(金寨)、疙瘩子疙瘩、胳绷子脖子、沟坎子沟坎儿、沟头子小沟、狗鳖子狗身上的虱子(阜阳)、狗黑子狗熊(亳州)、狗獾子獾、狗温子爱说大话的人(凤台)、旮旯子拐角,角落,隐蔽处、轱辘子车轮、瓜子子瓜子、褂头子短袖衫、拐头子拐角处、光八子裸上身、锅拍子锅盖、锅腔子锅灶(蚌埠)、过年子明年、孩羔子小孩、害虫子害虫、汉滤子背心(固镇)、汗褂子单布对襟上衣(亳州)、汗衫子汗衫、好昝子什么时候(寿县)、黑影子影子(寿县)、后跟子鞋后跟、蝴蝶子蝴蝶、壶嘴子壶嘴、花瓣子花瓣、花鹊子喜鹊(宿州)、话篓子滔滔不绝的人、獾狗子獾、黄狼子黄鼠狼(蚌埠)、黄鹂子黄鹂、黄溜子黄鹂(亳州)、黄莺子危害瓜类的黄色飞虫(亳州)、灰斗子建筑工地用盛混凝土的塑料小桶、灰星子灰尘、豁嘴子豁嘴的人、活襟子活结、火苗子火苗、鸡巴子成年男阴、鸡朵子男童生殖器、鸡冠子鸡冠、鸡笼子鸡笼、驾车子板车、尖嘴子尖嘴的人、礓礤子台阶(金寨)、酱油子酱油、脚脖子脚踝、脚面子脚面、脚头子脚指头、脚心子脚心、脚丫子脚丫、叫花子乞丐、叫蚰子蝈蝈(淮南)、街滑子乡下人对街上人的贬称、街遛子终日无所事事在街上游逛的人(金寨)、街痞子游手好闲,品行不端的街上人、唧嘹子知了、结巴子结巴、结不子结巴、羯虎子公羊、今年子今年、颈脖子脖子(五河)、酒盅子小酒杯、坎肼子背心(砀山)、苦杏子野李子(金寨)、裤头子内裤、癞猴子蟾蜍、老巴子豹(金寨)、老帮子对老年男子的贬称、老鸹子乌鸦(五河);鹭鸶(阜阳)、老拐子人贩子(阜阳)、老壳子对老年人的贬称、老嬷子老年妇女;老婆、老头子老头、老油子经验丰富的人、礼盒子喻指女孩(蒙城)、脸蛋子脸蛋(淮南)、脸皮子脸皮、凉荫子阴凉地儿、淋锥子冰凌儿(蚌埠)、零嘴子零食、遛门子串门儿(蚌埠)、六叶子鲁菲,没心计的人(淮南)、驴驹子驴、罗锅子罗锅、妈头子乳房、麻蛇子体型小的蜥蜴(金寨)、麻窝子一种麻绳做的鞋、麻叶子_一种油炸面食(利辛)_、麻喳子_喜鹊_、麻糊子_一种菜粥_、马虎子_吓唬小孩的虚构动物(寿县)_、马甲子_背心(凤台)_、马蛇子_壁虎(怀远)_、猫猴子_一种想象的恐怖动物(淮南)_、麦苗子_麦苗_、毛拉子_带刺的毛毛虫_、毛豆子_嫩黄豆_、毛桃子_野山桃(金寨)_、毛楂子_野山楂(金寨)_、梅豆子_扁豆;刀豆(亳州)_、门鼻子_门环_、门欠子_门槛_、蠓虫子_蠓虫_、密虫子_蚜虫_、米油子_做米饭时取出的稠米汤_、面条子_面条_、面叶子_一种面食,有汤有面,擀制而成,薄而宽_、面鱼子_面鱼_、馒头子_馒头(蚌埠)_、木屐子_木屐(阜阳)_、哪块子_哪里(凤台)_、那黄子_那东西,那家伙(凤台)_、那块子_那里(五河)_、那晚子_那时候(寿县)_、那昝子_那时候(凤台)_、脑瓜子_脑袋_、脑门子_脑门_、嗯嗯子_一种发出嗯嗯声的昆虫_、泥狗子_泥鳅_、泥屐子_木屐(阜阳)_、牛铳子_直率爱顶撞的人(蚌埠)_、牛犊子_牛犊儿_、女婿子_女婿(怀远)_、炮筒子_炮筒;爱吹牛的人_、跑花子_猪发情(金寨)_、跑山子_兔子(淮南)_、皮钱子_铜钱_、皮腔子_蟋蟀(濉溪)_、屁穿子_爱说谎的人(淮南)_、瓶遮子_瓶塞(寿县)_、破小子_小男孩_、七叶子_言行放肆、鲁莽、惹人厌恶的人(蒙城)_、前年子_前年_、钱角子_硬币_、枪子子_子弹_、秋天子_秋天_、绕眼子_耍花招(凤台)_、肉丝子_肉丝_、靸板子_拖鞋(寿县)_、腮帮子_腮_、桑葚子_桑葚_、嗓门子_嗓门_、骚狗子_狐狸(寿县)_、骚羯子_公羊_、砂镰子_带齿的镰刀(金寨)_、啥黄子_啥东西_、山帮子_山坡(灵璧)_、山窝子_山区_、烧巴子_烧饼_、生坯子_性情粗野之人_、水吊子_水壶(怀远)_、手袱子_毛巾(宿州)_、手箍子_戒指(阜阳)_、手捏子_手帕_、手套子_手套_、手头子_手指_、手爪子_手_、树杈子_树枝_、树行子_树林_、树丫子_树枝_、树秧子_树苗_、树栽子_树苗(砀山)_、水铫子_烧水壶(固镇)_、水焐子_热水袋_、丝瓜子_丝瓜_、死禐子_死结_、死眼子_呆板的人_、蒜瓣子_蒜粒_、碎嘴子_爱唠叨、爱啰唆的人(固镇)_、锁爪子_钥匙(寿县)_、汤勺子_汤勺_、天边子_天边_、挑皮子_腐竹(淮南)_、铁丝子_铁丝_、头顶子_头顶_、秃叉子_蟋蟀_、土鳖子_土元虫_、土豆子_马铃薯(寿县)_、土狗子_体有小斑纹,灰褐色毒蛇(金寨)_、腿弯子_膝盖弯曲处_、玩点子_玩心计(蚌埠)_、围腰子_围裙(金寨)_、围嘴子_围嘴儿(寿县)_、屋场子_宅基地(金寨)_、屋檐子_屋檐_、瞎眼子_瞎子_、下颏子_下颏(淮南)_、下书子_送订婚书帖_、下晚子_下午(固镇)_、线头子_线头_、小兵子_小兵_、小工子_小工_、小狗子_小狗_、小姑子_小姑(淮南)_、小褂子_小褂儿_、小划子_小船儿_、小鸡子_鸡_、小舅子_小舅_、小镢子_小刀_、小妮子_小女孩_、小起子_小的起子_、小叔子_小叔_、小姨子_小姨_、小猪子_小猪_、蝎虎子_壁虎_、斜撇子_歪门邪道(蚌埠)_、斜眼子_斜眼的人_、鞋跂子_拖鞋_、心窝子_心脏部位_、信封子_信封_、信壳子_信封(固镇)_、胸口子胸口、胸膛子胸膛(蚌埠)、血衁子煮熟的家畜的血、牙花子牙龈、盐粒子霰、眼拐子眼角(金寨)、眼泡子眼睑、眼梢子眼角、眼油子眼泪、燕窝子后脑勺(利辛)、羊羔子小羊、洋拉子毛毛虫(金寨)、洋柿子西红柿、洋胰子肥皂、仰娃子蛴螬(固镇)、腰杆子脊椎、摇窝子摇篮(金寨)、夜猫子猫头鹰、一把子一把、一本子一本、一层子一层、一串子一串、一杳子一查、一刀子一刀、一滴子一滴、一碟子一碟、一根子一根、一股子一股、一季子一季、一间子一间、一件子一件、一截子一截、一卷子一卷、一捆子一捆、一溜子一行、一摞子一摞、一抿子抿一口的数量、一捧子一捧、一片子一片、一提子能提起来的数量、一翁子一阵、一行子一行、一牙子一块、一页子一页、一阵子一阵、硬眼子倔强、固执、死板的人(蒙城)、油漏子漏斗、油递子从油桶里打油的器具(阜阳)、油果子油条、榆钱子榆树的果实、雨滴子小雨滴、早清子早晨(五河)、灶马子蟑螂(凤台)、这黄子这东西、这家伙(寿县)、这回子这次、这块子这里(五河)、这晚子这时候(凤台)、这沿子这边(淮南)、这昝子这时候(寿县)、枕头子枕头、直筒子口无遮拦的人、直肠子耿直的人、纸头子纸头、猪秧子猪崽、字条子字条、嘴唇子嘴唇、左边子左边、做窝子狗发情(金寨)

(3) 四音节（116 条）

　　白不眼子眼睛泛白的人、半大孩子小伙子(淮南)、半拉橛子小伙子、冰凉条子冰锥(阜阳)、不拉脚子喻无足轻重的人、不瓤杠子有本事的人(固镇)、布缕条子布条(固镇)、漕鱼壳子小鲫鱼(固镇)、草帽头子草帽、窗户楞子窗户、刺扑棱子荆棘丛、打半日子疟疾(五河)、大腿根子大腿根部、大嘴叉子大嘴巴、地出溜子蜥蜴(亳州)、订书机子订书机、豆腐泡子炸豆腐(金寨)、嘟噜嘴子爱唠叨、没完没了的人(亳州)、肚脐眼子肚脐眼、额勒头子额头、耳朵瓣子耳轮(阜阳)、耳朵唇子耳垂(阜阳)、二不愣子做事没头脑的人;凶恶的人、二蛋谱子爱逢迎拍马的人(蚌埠)、盖体叶子夏天睡觉用的被单(阜阳)、胳巴肘子胳膊肘(濉溪)、胳膊拐子胳膊肘、胳膊腕子胳膊肘、胳脖颈子脖子、胳勒拜子膝盖、故事头子爱搞小花样的人、寡汉条子无妻室的成年男子(淮南)、锅壳郎子锅灶、蛤蟆渣子对小孩的贬称(亳州)、汗毛管子汗毛管、喉咙管子喉咙管、后脑勺子后脑勺、葫芦系子咽喉(萧县)、花猫头子喻指爱说漂亮话,言而无信的人(淮南)、黄老公子黄鹂(涡阳)、黄鹂公子黄鹂(濉溪)、黄鼠狼子黄鼠狼(淮南)、谎话篓子爱说谎的人、鲫鱼壳子小鲫鱼、肩膀头子肩膀(凤台)、脚底板子脚底、脚丫不子脚丫、脚指头子脚指头、结巴嘴子结巴、撅嘴腰子撅嘴鲢、磕膝头子膝盖(淮南)、坷垃头子土块、拉下巴子当助手(萧县)、癞呆猴子蟾蜍、癞头圆子蟾蜍(固镇)、老虎钳子老虎钳、鲤鱼拐子小鲤鱼(蚌埠)、溜傍晚子傍晚(五河)、流流痞子二流子(蚌埠)、蝼蛄狗子蝼蛄(蚌埠)、露水珠子露水(蚌埠)、驴屎球子驴粪、妈妈顶子奶头(萧县)、麻叽嘹子蝉(亳州)、麦秸莛子麦梗(阜阳)、毛地李子香附(砀山)、美人条子漂亮女人(淮南)、门插板子门闩(亳州)、泥巴狗子泥鳅、泥鳅狗子泥鳅(淮南)、年幼猴子喻指小伙子(淮南)、鲇鱼胡子小鲇鱼(淮南)、爬墙虎子壁虎(金寨)、胖头鲢子鲢鱼(蚌埠)、屁股蛋子屁股(凤台)、泼皮小子男孩(蒙城)、气头鼓子一种狭口蛙,俗称气蛤蟆(固镇)、铅笔铰子铅笔刀、青瓜蛋子不熟的瓜果、山里红子山楂、杉木梢子喻指高个子男人(淮南)、什么黄子什么东西(五河)、石头块子石块、石头渣子石子(蚌埠)、石头子子石子、实心眼子实诚,没有心计的人、手巾捏子手帕(淮南)、手巾头子手帕、手指盖子指甲、手指头子指头、受气包子总是受欺负的人、树柯杈子树杈、土垃头子土块、豌豆头子豌豆苗、乌拉头子螺、稀泥糊子稀泥、瞎话篓子爱说谎话的人、下巴颏子下巴、下半晚子下午(五河)、小咕叽子爱在背后说闲话的人(亳州)、小喧喳子爱喊叫的人(亳州)、燕迷虎子蝙蝠(砀山)、要饭花子乞丐、夜灭虎子蝙蝠(亳州)、一嘟噜子一串儿、一木愣子一会儿、一扑棱子一下子、一丝丝子一丝丝、玉芦棒子玉米(淮南)、杂不拉子劣质品(萧县)、渣巴头子土块(寿县)、枕褡布子枕巾(阜阳)、枕头瓢子枕芯(阜阳)、指甲盖子指甲(淮南)、左不拉子左撇子

(4) 五音节 (8条)

彻年论辈子向来、一直(萧县)、二黄老头子五十岁左右的男人(涡阳)、蛤蟆姑蚪子蝌蚪、牛尾巴汉子种田人(固镇)、大拇指头子大拇指、鸡皮疙瘩子鸡皮疙瘩、手指头盖子指甲、猪耳朵棵子车前草(亳州)

（二）与普通话的比较

据笔者的粗略统计，皖北方言与普通话共有的"子"缀词有320多条。除了皖北方言有而普通话没有的"子"缀词外，也有一些词普通话带"子"缀而皖北方言不带或没有对应概念的词。两者的差异主要表现在以下五个方面。

一是普通话带"子"缀，皖北方言无对应词语。

这类词主要是一些在皖北日常生活中少用或不用的词。如：

册子、掸子、蛏子、暗楼子、暗门子、绷弓子、贴饼子、左嗓子、药捻子、一揽子

上述词语中有的书面语色彩较浓，皖北方言口语中不说，如"册子、一揽子"；有的是皖北方言中没有的事物，如"掸子、蛏子、弓子、贴饼子"；有的是皖北方言中缺少对应概念的词，如"暗楼子、暗门子、左嗓子、药捻子"。

二是同类概念，普通话带"子"缀，皖北方言一般不带[①]。

此类词语产生的主要原因在于普通话词汇的双音化趋势。普通话中有些单音节词变成带"子"缀的双音节词，而皖北方言仍保持不变，例如（前者为普通话，后者为皖北话）：

村子—村　锉子—锉　稻子—稻　棍子—棍　锯子—锯　梨子—梨
麦子—麦　席子—席　锛子—锛　桃子—桃　鞋子—鞋　杏子—杏

皖北方言中目前还保留着为数不少的单音节词，普通话书面语为双音节的词有不少在皖北方言口语中被说成单音节词，除了"子"缀词以外，

[①] 由于受普通话的影响，目前多数词语已经演变成"子"缀词和非"子"缀词并存。

还有其他类型的，如：

眼睛—眼　嘴巴—嘴　姥姥—姥　爷爷—爷　奶奶—奶　哥哥—哥
炫耀—谝　骄傲—傲　亲戚—客　漂亮—俊　抓捕—逮　吵闹—反

三是同类概念，普通话为"子"缀词，皖北方言也是"子"缀词，但说法不同。

此类词语的数量不多，例如：

谷子—小米子　二性子—二尾子　帕子—手巾头子/手巾捏子　眸子—眼珠子

臊子—肉沫子　双身子—大肚子　地窨子—地窖子　耳刮子—耳巴子

上述词语虽然普通话与皖北方言都说成"子"缀词，但普通话的有些"子"缀词可能源于北京口语，皖北方言则大多是自发形成。

四是"子"缀词形式相同，但意义有别。

即同形异义的"子"缀词，例如：

词项	普通话	皖北方言
果子	果实	糕点
膀子	肩膀	翅膀
夜猫子	喜欢熬夜的人	猫头鹰
棒子	细长的杆状物	玉米 砀山
拍子	拍打东西的器具；节拍	锅盖
鼻子	人或动物覆盖鼻腔前部的突出部分	鼻涕

五是音节分布不同。

据笔者对《现代汉语词典》（2012 年版）的统计，普通话中双音节"子"缀词 283 条，占"子"缀词的 85%，三音节"子"缀词 56 条，占"子"缀词的 15%，未发现三音节以上的"子"缀词。而笔者统计的皖北方言中双音节"子"缀词 380 多条，约占 42%①；三音节"子"缀词约 390 条，约占 44%；四音节"子"缀词 110 多条，约占 13%；五音节"子"缀约 8 条，约占 0.01%。可见普通话"子"缀词以双音节为主，而皖北方言"子"缀词以双音节和三音节为主。

（三）内部差异

皖北中原官话内部在"子"缀方面表现比较一致。从总体上来看，皖北方言"子"缀词数量很大，但内部既有相同点也有不同点。有一些"子"缀词在绝大部分方言点通用，使用范围较广，例如：

果子、盅子、妗子、冷子、婶子、胰子、半吊子、蝎虎子、脖颈子、地栗子、豆芽子、面条子、锅拍子、今年子、过年子、酱油子、老嫲子、妈头子、麻喳子、门欠子、腮帮子、手捏子、小舅子、小叔子、小姨子、蝎虎子、牙花子、盐粒子、夜猫子、油果子、癞呆（癞）猴子、半拉橛子、额勒头子、胳拉拜子

上述词语在皖北地区通用性很强，分布区域较广。这些通用度较广的"子"缀词一般是日常生活中经常使用的词语。

皖北方言"子"缀词的内部差异主要表现为以下五点。

（1）北部亳州、太和、萧县、砀山等地"子"缀、"儿"缀并存，其他地区往往只有"子"缀。

（2）西南部地区的"子"缀时间词、方位词比较丰富，如霍邱方言

---

① 包含上文没有列举的跟普通话一致的双音节"子"缀词，下文三音节亦是如此。

的"子"缀方位名词有"以东子、以西子、东面子、西面子、前头子、后头子、上下子、里外子"等，为其他地区少见。

（3）有些词语只在一两个方言点使用，比如金寨县地处大别山区，不少事物都是平原地区没有的，表示山区特有事物的"子"缀词在其他地区很少使用，如"菇子、獐子、牯子、崽子、茧子、白鼻子、苦杏子、跑花子"等；再如，萧县、砀山方言中也有一些特殊词语，其他方言区不说或少说，如"砍子、树栽子、地甘子、腚帮子、燕迷糊子、彻年论辈子"。

（4）有些词语有一定的通行区域，其分布跟方言区划有密切关系，例如"辣子、眼子、挨晚子、半桩子、尺杆子、大伯子、地豆子、耳巴子、拐头子、多咎子、好咎子、这咎子、那咎子、叫蛐子、六叶子、猫猴子、这黄子、那黄子、死眼子、锁爪子、胸膛子、寡汉条子、玉芦棒子"等词主要通行于金蚌片东部的淮南、寿县、凤台、蚌埠、怀远、固镇、五河等地；"拐子、蛐子、虫燕子、木屐子、小妮子、半拉橛子"通行于阜宿片的阜阳、阜南、界首、临泉、颍上、亳州、利辛、蒙城等地；"浅子、小子、扒豁子、扁嘴子、手袱子、地出溜子、胳拉拜子"通行于萧县、砀山、濉溪、宿州等北部区域。

（5）同一概念在不同区域说法略有差异，例如"狗獾"亳州称"獾狗子"，固镇称"狗獾子"；"屁股"宿州称"腚帮子"，灵璧称"腚瓣子"，利辛称"屁股蛋子"；"疟疾"五河称"打半日子"，其他多称"打摆子"；"脖子"五河称"颈脖子"，其他多称"脖颈子"；"被单"金寨称"盖叶子"，阜阳称"盖体叶子"，利辛称"被叶子"。从总体上看，皖北方言"子"缀词大同小异，其分布规律大体跟方言区划一致，但也没有严格的界限，地处交界地带的方言同一概念往往有多种说法，比如笔者母语地处金蚌片和阜宿片交界地区，既有阜宿片的说法，又有金蚌片的说法，如"脖子"有"胳绷子、胳勒绷子、胳脖颈子"三种说法，"手帕"有"手捏子、手巾捏子、手巾头子"三种说法。

2.3.2 皖北中原官话"子"缀词的义类分布

皖北方言中的"子"缀词义类分布很广，涉及日常生活的各个方面，其中与人相关的"子"缀词最为普遍，据粗略统计，皖北方言中用来称呼各种人物和身体部位的"子"缀词就有130个左右。以下列举皖北方言"子"缀词的义类分布情况。

人物类（双音节、三音节、四音节都有，以三音节为主）：

混子、豁子、鸲子、侉子、妗子、赖子、愣子、蛮子、迷子、妮子、婶子、瘫子、眼子、崽子、白鼻子、半橛子、半桩子、鳖孙子、病秧子、吃嘴子、大伯子、大舅子、大姨子、二杆子、二尾子、二小子、疯婆子、孩羔子、话篓子、豁嘴子、街滑子、街痞子、结不子、老梆子、老壳子、老嫄子、老婆子、老头子、老油子、罗锅子、炮筒子、贫嘴子、土痞子、歪嘴子、瞎眼子、小兵子、小工子、小姑子、小伙子、小舅子、小扭子、小四子、斜眼子、哑巴子、丫头子、直筒子、左撇子、大嘴叉子、二不愣子、红不眼子、坏人头子、谎话篓子、结巴嘴子、偏心眼子、傻瓜蛋子、实心眼子、受气包子、瞎话篓子、要饭花子、左不拉子

人体相关类（多为三音节、四音节词，以三音节为主）：

鼻梁子、脖颈子、肚脐子、锤头子、腚帮子、耳巴子、耳垂子、耳根子、肺叶子、胳绷子、脚脖子、脚跟子、脚面子、脚心子、脸蛋子、脸皮子、六指子、囟门子、脑瓜子、脑壳子、脑门子、腮帮子、嗓门子、手脖子、手面子、手心子、手爪子、头顶子、腿弯子、腿腕子、心窝子、胸口子、牙花子、眼眶子、眼泡子、眼圈子、眼窝子、眼珠子、腰杆子、嘴唇子、大腿根子、肚脐眼子、额勒头子、耳朵眼

子、胳脖颈子、胳了拜子、胳肢窝子、胳膊拐子、胳膊弯子、汗毛管子、喉咙管子、后脑勺子、肩膀头子、脚底板子、脚丫不子、脚指头子、妈头头子、屁股蛋子、手指盖子、手指头子、头毛碴子、下巴颏子

除与"人"相关的"子"缀词外，皖北方言中表示动物、植物、器具、食品、衣着、疾病类的词也比较丰富，例如：

动物类：

蛾子、虼子、牪子、豁子、豚子、洼子、蚰子、蝇子、蟞虎子、草狼子、虫燕子、地狗子、狗黑子、害虫子、蝴蝶子、荒狗子、黄鹂子、叽嘹子、羯虎子、麻咋子、猫猴子、泥狗子、牛犊子、癞猴子、蠓虫子、蜜虫子、骚羯子、土鳖子、突叉子、嗡嗡子、小狗子、小鸡子、小猪子、蝎虎子、羊羔子、羊公子、猪秧子、鲫鱼壳子、鲤划面子、鲤鱼拐子、鲇鱼胡子、乌勒头子

植物类：

棒子、瘪子、根子、梗子、菇子、拐子、苗子、梢子、籽子、地豆子、地瓜子、地栗子、豆角子、豆芽子、花瓣子、苦杏子、麦苗子、桑葚子、树林子、树丫子、树秧子、树叶子、丝瓜子、蒜瓣子、蒜苗子、小米子、烟叶子、洋柿子、萝卜头子、秫秸个子

器物类：

擦子、槽子、撑子、粉子、擀子、膏子、黄子、耩子、漏子、浅子、镂子、笔头子、茶缸子、弹珠子、灯泡子、灯芯子、灯罩子、顶

顶子、碓窝子、耳扒子、锅拍子、灰搓子、灰兜子、火筷子、架车子、酒盅子、筐头子、马鞍子、门鼻子、门对子、门框子、皮钱子、枪子子、书架子、水梧子、锁爪子、铁枝子、线轴子、小刀子、小攮子、小起子、牙刷子、雨披子、订书机子、斧头头子、锅壳郎子、铅笔铰子

食物类：

干子、果子、馓子、丸子、巴巴子、菜盒子、粉皮子、瓜子子、果叶子、酱油子、零嘴子、麻糊子、麻叶子、面糊子、面条子、面叶子、肉丁子、肉丝子、烧巴子、血盉子、洋柿子、油果子、油盒子、鸡蛋黄子、毛地李子、青瓜蛋子、豌豆头子

衣着类：

袄子、裤子、襻子、背心子、被罩子、汗衫子、帽头子、裤脚子、马甲子、手套子、头绳子、小褂子、鞋带子、鞋跋子、手巾捏子、手巾头子

疾病类：

疤子、痘子、瘊子、疟子、疹子、打摆子、疙瘩子、黑搓子

除普通"子"缀名词以外，皖北方言中还有一些属于名词特殊小类的"子"缀词，如：

方所类：上边子、下边子、左边子、右边子、东边子、西边子、

南边子、北边子、天边子、这边子、那边子、这合子、那合子

时间类：前年子、去年子、今年子、明年子、后年子、秋天子、这晷子、那晷子、这会子_{这时}、那会子

皖北方言对处所的提问多用"哪合、哪合子"。对时间的提问金蚌片可用"多晷子"，其他片区多用"哪晚、啥晚、啥时候、什么时候"。

无法归入人物、人体、动物、植物、器物、食品、衣着、疾病、方位、时间、处所的"子"缀词暂归入"其他类"，主要是一些表抽象义的名词，如"歌子、上回子、家底子"。除此之外，"子"缀构成的词语还包括疑问代词"啥子、啥黄子"。属"其他类"和"子"缀词。如：

冷子、壳子、坏子、瓢子、仁子、脓鼻子、田埂子、钱角子、火把子、火苗子、火星子、后跟子、墙拐子、绳头子、屋檐子、上回子、下回子、缝子、歌子、尖子、角子、橛子、坎子、埂子、坑子、棱子、门子、坡子、谱子、水子、顺子、摊子、馅子、心子、檐子、眼子、子子、圩子、菜畦子、道道子、话把子、活馈子、家底子、尖嘴子、路口子、门槛子、偏方子、水印子、死馈子、血丝子、杂牌子、这家子

2.3.3　皖北中原官话"子"缀词的结构分析

（一）双音节"子"缀词的结构

"子"缀词由词根加词缀"子"构成，从词根的成词能力来看，双音节"子"缀词的词根在皖北方言中有的是成词语素，有的是不成词语素，例如：

第二章 皖北中原官话的词缀研究 / 87

词根是成词语素： 袄子　坝子　瘪子　槽子　撑子　店子　缝子
　　　　　　　　　擀子　根子　黄子　混子　豁子　构子　壳子
　　　　　　　　　坑子　愣子　漏子　水子　籽子　谱子　瓢子
　　　　　　　　　啥子　顺子　锞子　摊子　瘫子　眼子　庄子
　　　　　　　　　嘴子　冷子　边子　擦子　粉子　赖子　迷子
词根是不成词语素： 岔子　豆子　蛾子　膏子　疙子　埂子　盉子
　　　　　　　　　猴子　机子　裤子　妗子　橛子　棱子　鲢子
　　　　　　　　　坯子　帖子　弦子　须子　盅子　洲子　襻子
　　　　　　　　　丸子　檐子　疹子　枝子

从词根的属性来看，"子"缀词的词根大部分是名词性的，少量为动词性的和形容词性的，其他性质的词根很少，例如：

名词性词根＋子： 棒子　雹子　锄子　豆子　果子　茧子　鲢子
　　　　　　　　 猫子　丸子　眼子　蝇子　云子
动词性词根＋子： 摆子　扳子　刨子　插子　撑子　擀子　混子
　　　　　　　　 构子　漏子　锞子　擦子　迷子
形容词性词根＋子：瘪子　呆子　干子　辣子　冷子　赖子　浅子
　　　　　　　　 瘦子　顺子　小子
代词性词根＋子： 啥子

双音节的"子"缀词基本上是名词，"啥子"是疑问代词，相当于普通话的"什么"。"啥子"的使用频率非常高，也可不带"子"，直接说成"啥"。疑问代词与名词的语法功能较为接近，例如（语例为笔者母语）：

你嘴来吃的啥子？（你嘴里吃的什么？）

小三子弄啥子去咾？（小三干什么去了？）

啥子他都不要。（什么他都不要。）

郭辉（2007）指出，淮北濉溪方言中有三种动词"子"缀词，我们将其概括为两类。①动词性词根语素＋子，细分为两种：词根不能成词，如"合子哆嗦、搂子用耙子聚拢、咯子在身上胡乱抓挠,使不舒服、得子得罪、盘子计划;践踏"等；词根可独立成词，如"抓子抓攥、收子收拾、画子画画、翻子翻动、咳子咳嗽;说话"等。②动词＋名词子缀词，细分为两种：宾语是名词词根语素，如"倒沫子胡说、出门子出嫁、垫底子主菜下边配菜;最后一名、磨嘴皮子比喻说没价值的话,废话、砸饭碗子丢掉职业"等；宾语是名词非词根语素，如"护犊子袒护自己人、烂眼子得眼病、翻白眼子翻眼瞅人、害耳底子得中耳炎、剪手指盖子"等。

笔者认为，上述情况看成动词"子"缀词不太合适。对于第①种情况，笔者认为，动词性词语中的"子"缀性质与前述体词性词语的"子"缀不尽相同。一方面，在皖北方言中，"子"缀可用为名词后缀、量词后缀、疑问代词后缀，这些都是体词，再作动词词缀的可能性较小，"子"既作体词后缀，又作谓词后缀，很可能只是同音词；另一方面，上述动词中有些后缀"子"可能另有来源，多数"子"的本字并不一定是"子"，如："得子"山东东平写作"得着"，音［tei¹³tʂuə⁰］，意为"得罪"。皖北地区和普通话持续体"着"对应的词是"子"［tsʅ⁰］，山东东平方言的"得着"以笔者母语念"得子"［tei⁵⁵tsʅ⁰］；"翻子"北京官话写作"翻噁"（陈刚，1985），音［fan⁵⁵tʂʻʅ⁰］，意为"乱翻搅"（～箱子），皖北方言念［fa²⁴tsʅ⁰］，后一音节弱化；"咯子"北方官话写作"胳肢"，北京音［kɤ³⁵tʂʅ⁰］，天津音［kɤ²¹tsʅ⁰］，意为"在别人身上抓挠，使发痒"，皖北方言念［kɤ⁵⁵tsʅ⁰］，与天津相似①。仔细研究可以发现，所谓动词"子"缀词中的"子"并非词缀"子"。对于第②种情况，郭辉认为，

---

① 以上北京等地语例见许宝华、宫田一郎主编《汉语方言大词典》。

"动词+名词子尾词"是"由动词加名词子尾词构成动宾结构",这一方面与其"动词子尾"说矛盾,另一方面又与后文的结构分析(倒沫+子、出门+子、垫底+子、磨嘴皮+子、砸饭碗+子)矛盾。我们认为第②种情况属于动词加名词"子"缀词构成的动宾结构,其结构形式为"动词+名词性子缀词",这种情况下的"子"缀仍是名词词缀,而非动词词缀。这类短语词语可分析为"倒+沫子、出+门子、护+犊子、烂+眼子"等。

郭辉(2007)还描写了濉溪方言的形容词"子"缀现象,例如"赖子_{赖皮}、恶子_{耍赖}、拼子_{不稳重}、蛮子_{蛮横}、麻子_{(天)将黑}、甜子_{嬉皮笑脸的样子}"等。这类"子"缀词的语法特点是可受程度副词修饰,可作谓语、补语,一般不作定语、状语。如"这人太赖子了""这个孩子真邋子"等。郭辉同时也指出形容词"子"缀不是很稳定,老派多些,新派少些。笔者认为这种情况应该属于名词的活用现象,上述多数词语原来都是名词,临时活用作形容词,表示具有某种品性。退一步说,即便这种用法已经固定,"子"成了真正的形容词词缀,这种"子"缀跟名词"子"缀功能也有比较明显的区别,换言之,如果存在体词词缀和谓词词缀共用现象,那么这种词缀应该只是同音词。郭辉认为有些名词性语素加"子"缀后可构成动词,我们将在2.3.4节讨论。

皖北方言中不少名词性的双音节"子"缀词能和别的短语合成新词或短语,具有一定的组合能力,例如:

  茬子:稻茬子、麦茬子、豆秸茬子、头毛茬子
  堆子:泥堆子、土堆子、麦堆子、树堆子、坟堆子、草堆子
  根子:树根子、草根子、山根子、屋根子、韭菜根子、蒜苗子根子
  尖子:鼻尖子、脚尖子、嘴尖子、山尖子、刀尖子、塔尖子
  壳子:麦壳子、稻壳子、花生壳子、鲫鱼壳子
  仁子:麦仁子、杏仁子、瓜子仁子、花生仁子

眼子：针眼子、心眼子、瞎眼子、死眼子、耳朵眼子

嘴子：吃嘴子、豁嘴子、烂嘴子、歪嘴子、壶嘴子

边子：天边子、河边子、书边子、床边子、地边子

秧子：树秧子、稻秧子、丝瓜秧子、南瓜秧子、红芋秧子

（二）三音节"子"缀词的结构

从结构上看，三音节名词性"子"缀词大致有四种构成方式：一是"A（B子）"式，即第二个音节先与"子"组合形成"B子"再与第一音节组合形成"A（B子）"；二是"(AB)子"式，即第一音节先与第二音节组合形成"AB"，再与"子"组合形成"(AB)子"，少数情况下，"A"与"B"为同一音节，构成"(AA)子"格式，如"道道子、嗯嗯子"；三是"(A子)子"式，"A"先与实词"子"组合，再与词缀"子"组合；四是"(AX)子"式，A先与词缀"X"组合，再与词缀"子"组合。例如：

A（B子）：笔头子、鳖孙子、病秧子、灯芯子、二小子、疯婆子、沟檐子、话把子、荒狗子、活褙子、鸡嗉子、脚面子、街痞子、脸皮子、驴驹子、麦苗子、门对子、面叶子、泥狗子、墙拐子、生坯子、手心子、蒜瓣子、天边子、小起子

(AB)子：菜畦子、虫燕子、大舅子、道道子、肚脐子、饭碗子、疙瘩子、蝴蝶子、黄鹂子、唧嘹子、结巴子、今年子、马甲子、面糊子、脑瓜子、牛公子、皮钱子、桑葚子、丝瓜子、土鳖子、瞎眼子、小鸡子、胸口子、嘴唇子、左边子

A子子：瓜子子、豆子子、棉子子、雪子子、盐子子、面子子

AX子：帽头子、裤头子、东头子、西头子、前头子、嘴巴子、

下巴子"。

岳秀文（2010）认为，定远方言中表达具体事物的三字组词语，"后一语素+子"往往能够独立，如"带子、襻子、泡子、戳子"等，"子"不是附着在整个双音节词语上，而是先附着在后一语素上，再和前一语素结合。岳秀文接着又指出，这些三字组词语，往往有非"子"的对应形式，如：面条子—面条、鞋带子—鞋带、眼珠子—眼珠、小孩子—小孩、老头子—老头。这种说法显然存在矛盾之处：既然"面条、鞋带、眼珠、小孩"等可以独立使用，似乎无法说清上述三音节"子"缀词"中间"的语素先与前一语素组合还是先与"子"组合。

笔者认为，皖北方言中三音节"子"缀词的结构有的是比较典型的"（AB）子"格式，例如"蝴蝶子、黄鹂子、脑瓜子、桑葚子"的结构式明显是"（AB）子"。这些词中"B子"既不能成词（至少不能以所在词中的意义成词），也不能作为词根与别的语素组合。"（AB）子"结构都是词，而不可能是短语，因为"子"是构词成分，它附着在"AB"上，不能独立。A（B子）结构却有所不同，如果"B子"不独立成词，只是构词语素，那么 A（B子）自然是词，例如"话把子、驴驹子、荒狗子、泥狗子、蒜瓣子"等；如果"B子"可以独立成词，但"A"不成词，A（B子）仍然是词，例如"驾车子、腮帮子、洋柿子"；如果"A"和"B子"都能成词，那么"A（B子）"可能是词也可能是短语，要视具体情况而定，结构、意义凝固的可以看成词，例如"龟孙子、病秧子、小痞子、面叶子"，其间往往不能加"的"，结构较为松散且可插入"的"而意义大体不变的可看成短语，例如："线头子、脚心子、树叶子、鞋带子"等，三音节"A（B子）"结构基本上已经凝固成词，结构较为松散的短语也有变为词的趋势。

有个别三音节"子"缀词表面上看是"A（B子）"组合，实际上却不是。例如"老头子"表面看与"笔头子、线头子"等相似，实际上

"头子"组合的含义是"顶端",而"老头子"并不是"老"与"头子"组合,而是"老头"与"子"的组合。

"A(B子)"格式中的"AB"有的在皖北方言中不能独立使用(虽然部分可以在普通话中使用),应该分析为"A+B子"结构,例如"病秧子、树秧子、眉心子、街痞子、面叶子、山边子"等。有的"A(B子)"结构的三音节"子"缀词中的"AB"可以单独使用,例如"烟头子、龟孙子、手心子、鞋带子、天边子"等。表面上看,这类"AB"可以独立使用的三音节"子"缀词应该归到"(AB)子"格式里面,实际上,此类格式在语义上是"A"和"B子"的组合,如"烟头子=烟的头子、龟孙子=龟的孙子、手心子=手的心子、鞋带子=鞋的带子、天边子=天的边子"。"(AB)子"格式则不能这样分析,如"老头子≠老的头子、大舅子≠大的舅子、小鸡子≠小的鸡子、黄鹂子≠黄的鹂子"。

比较特殊的是,皖北方言中的"(AX)子"是双后缀形式,其中"X"是"A"的后缀,"子"又是"AX"的后缀。这种组合形式有三音节的,如上文例词,也有四音节的(如"肩膀头子、手巾头子"等),此类组合中的"头"本身又是后缀,处于内层,带"头"后缀的部分可看作词根,能够独立成词,如"帽头、裤头、东头、西头、前头、后头、嘴巴、下巴"等。

值得注意的是,"菜子子、棉子子、豆子子、麦子子"等不能看作双后缀现象,因为第一个"子"是指植物的果实,第二个"子"才是后缀,其结构形式相当于"A(B子)"。"子子",它本身是一个派生词,第一个"子"指颗粒状的植物果实,第二个"子"是后缀。"雪子子、盐子子"结构也是"A(B子)",它们的结构是"雪""盐"分别加上"子子"构成,其中第一个"子"是指较小的颗粒状物体(此义是由"颗粒状的植物果实"之义引申出来的),第二个"子"是后缀。因此,这两类情况都不算是双后缀。四音节的"石头子子"等可作同样分析。

皖北方言中有一类表示种性动物的三音节"子"缀词值得注意,如

"牛公子_{种牛}、猪公子_{种猪}、羊公子_{种羊}"，这类三音节词不能将其中的"公"置于动物之前，说成"*公牛子、*公猪子、*公羊子"。皖北方言也说"公牛、公猪、公羊"，但含义与"牛公子、猪公子、羊公子"不同，前者是表示雄性动物的普通称谓词，后者则是专门用于配种的雄性动物。

从三音节"子"缀词的构成成分来看，词根大多数是名词性的，但也有其他性质的词根，例如：

  动词词根：背锅子、吃嘴子、顶顶子
  形容词词根：老壳子、零嘴子、骚羯子、歪嘴子、瞎眼子、香胰子、直筒子、小攮子
  拟声词词根：嗯嗯子、唧嚓子
  代词词根：啥黄子
  量词结构词根：一页子、两滴子、三门子

上述"子"缀词和短语当中，由代词性词根构成的"啥黄子"意思是"什么东西"，相当于疑问短语。

皖北中北部地区存在大量带"子"缀的数量结构，例如：

  一把子、一瓣子、一帮子、一包子、一杯子、一拨子、一层子、一苫子、一铲子、一车子、一出子、一串子、一床子、一撮子、一打子、一刀子、一点子、一叠子、一碟子、一堆子、一吨子、一朵子、一份子、一封子、一根子、一股子、一挂子、一罐子、一锅子、一行子、一盒子、一伙子、一季子、一剂子、一家子、一间子、一件子、一节子、一截子、一卷子、一捆子、一粒子、一溜子、一绺子、一笼子、一摞子、一门子、一抿子、一盘子、一盆子、一批子、一片子、一瓶子、一扇子、一勺子、一丝子、一查子、一坛子、一挑子、一条

子、一头子、一团子、一星子、一窝子、一牙子、一样子、一页子、一张子、一丈子、一阵子、一支子、一嘟噜子、一提溜子

皖北方言带"子"缀的数量结构有如下一些特点。
（1）大多数用不用"子"缀均可，用"子"缀时往往带有口语化、随意性的色彩。如：

一把（子）米、一包（子）书、一层（子）纸、一滴（子）水、一封（子）信、一股（子）烟、一行（子）树、一季（子）稻、一捆（子）柴、一粒（子）米、一门（子）课、一盘（子）菜、一扇（子）门、一坛（子）灰、一窝（子）猪、一样（子）菜、一支（子）药、一嘟噜（子）炮、一提溜（子）书

（2）以下情况下以不带"子"缀为常。
①书面语色彩较浓，日常口语中少用的数量结构。如：

一本书、一笔字、一部戏、一场雨、一船人、一栋楼、一段路、一队人、一垛墙、一户人、一句话、一面旗、一排树、一垧地、一首歌、一堂课、一味药、一盏灯、一站路、一只羊、一尊像、一座桥、一杆秤、一架飞机、一届学生、一台电视机、一项工程

②多数动量结构。如：

射一箭、踢一脚、打一枪、喊一声、洗一水、去一趟、看一眼、熬一夜、打一针、加一倍、生一胎、吃一碗、买一筐、讲一通、想一回

③表计量单位的量词或专用量词。如：

一尺布、一寸长、一斗米、一斤鱼、一里路、一两肉、一毛钱、一米长、一亩地、一钱盐、一庹长、一拃长、一抱粗、一辆车、一个人、一度电、一搂粗、一抱粗、一棵树、一颗星、一分钟、一刻钟、一秒钟、一天时间、一年时间

④修饰不可数名词时。如：

一碗饭、一顿饭、一捧水、一瓢水、一桶水、一壶水

⑤"子"缀名词临时借用作量词，结构形式为"数词+'子'缀词"。此种类型的数量结构与普通话相同，其中的"子"缀实际上是数词加上带"子"缀的借用量词。如：

一袋子、一桌子、一屋子、一耳巴子、一屋子、一箱子、一杯子、一车子、一池子

此类带"子"缀的数量结构的特点是去掉"一"都能独立使用，如"屋子、袋子、桌子"等，该类型的数量结构不能再加"子"缀。

⑥表示集体的数量结构，如：

一对熊猫、一副手套、一群羊、一双鞋、一套衣裳

⑦数量结构修饰多音节词时，不用"子"缀的情况较多。如：

一把黄土、一杯咖啡、一茬水稻、一间屋子、一块泥巴、一窝羊

羔子、一阵大暴雨

（3）个别数量结构可以重叠量词再带"子"缀，极言数量之少，如：

一点点子、一星星子、一丝丝子、一页页子、一毫毫子、一宁宁子、一丁丁子

（4）少数动词可带含"子"缀的数量结构构成动词性短语。如：

吃一回子、转一轮子、跑一圈子、下一翁子（雨）、打一下子、睡一木棱子

2.3.4　皖北中原官话"子"缀的功能分析

皖北方言的"子"缀词主要用来构成名词或附加在量词后构成数量结构。本节分析皖北方言"子"缀的主要功能。结合前文讨论，我们将皖北方言中的"子"缀功能归纳如下。

（1）成词。"子"缀附加于单音节不成词的名词性语素之后，具有成词功能，这类词的数量较多，且多为双音节词，例如"蛾子、粉子、膏子、虼子、梗子、痨子、机子、裆子、妗子、橛子、坎子、链子、苗子、妮子、襻子、瓢子、梢子、丸子、弦子、须子、疹子、枝子、洲子"等。三音节"子"缀词主要有"（AB）子"和"A（B子）"两种结构，只有前一种结构中的"子"缀与双音节"子"缀词对应，普通话"（AB）子"中的"AB"绝大部分是成词的，仅极个别不成词，例如"耳刮子、哈喇子、半吊子"。皖北方言三音节"子"缀词的情况与普通话大体相同，具有成词功能的三音节"子"缀较少，如"虫燕子、肚脐子、面糊子、皮钱子、桑葚子、土鳖子、嘴唇子"，这些词的词根在皖北方言中一般不独立使用，"子"缀有成词功能。对于四音节以上的"子"缀词，"子"

一般附着于临近的一两个音节上,而非整个音节,但附着于整个音节上的"子"缀一般具有成词功能,例如"二不愣子、胳勒拜子、锅壳郎子、脚丫不(巴)子、癞癞猴子、鲤划面子、一扑棱子、一嘟噜子、左不拉子"。

(2)转类。皖北方言中"子"缀词的词根多为名词性成分,但有一部分词根不是名词性的,"子"缀的转类功能是将这部分非名词性成分转化为名词,例如:

瘪—瘪子　擦—擦子　撑—撑子　肥—肥子　擀—擀子　干—干子
混—混子　尖—尖子　耩—耩子　冷—冷子　漏—漏子　抹—抹子
背锅—背锅子　歪嘴—歪嘴子　嗯嗯—嗯嗯子

郭辉(2007)认为,皖北濉溪方言中有些名词性词根语素加"子"缀后成为动词,所举的例子是"鞭子",如:

俺上屎茅子,你给俺鞭 [$_{c}$piæ] 子一下毛头!(我上厕所,你替我照看一下小孩!)

恁给俺鞭子一下这个文章,提点意见。(你给我浏览一下这篇文章,提点意见。)

郭辉认为,"鞭子"的"子"有转类功能,即将名词转为动词。笔者认为这种说法值得商榷,一是名词"鞭"的"照看、浏览"之义来源难以说清,濉溪方言中 [$_{c}$piæ] 的本字未必就是"鞭",可能只是音同而已;二是即使本字是"鞭",也只能是动词的用法,不可能是名词。笔者认为汉语词缀的转类功能往往是单一的,即一个词缀通常只能实现一种转类功能,不大可能同时实现两种以上的词类转换。

(3)变义。"变义"是改变原词根的意义,例如"头"加"儿"后变成"头儿","信"加"儿"变成"信儿",前后意思却发生了比较明显的变化。普通话中词缀实现变义功能的同时往往还有增义功能,"头儿、信儿"在变义的同时也增添了非正式化（口语化）色彩，这可通过"头儿"和"领导"，"信儿"和"消息"的对比显示出来。皖北方言"子"的变义功能往往是在转类的过程中实现的，转类的同时实现了变义，例如"油——油子、冷——冷子、推——推子"等，只变义不转类的"子"缀比较少见，例如"门——门子、路——路子、月——月子、肝（指人的内脏）——肝子（指动物的内脏）、红芋秧（红薯秧苗）——红芋秧子（红薯藤）"。

（4）增义。增义是汉语词缀最基本的功能。增义是指附加词缀后，基本意义没有明显变化，只增添了"指小、亲昵、喜爱、轻蔑、厌恶"等附加意义，也就是前文所说的表达性功能。皖北方言中的"子"缀词可实现四种增义功能。

①指小。如"妮子_{小女孩}、豆饼子_{小的绿豆饼}、鲤鱼拐子_{小鲤鱼}、鲫鱼壳子_{小鲫鱼}、手巾捏子_{小手帕}"等。"表小"是指物"子"缀词的最初功能。上古时期"子"就可以表示"小称"了，如"眸子、瞳子"，魏晋之初的"子"缀也多表"小"，如"喜子_{小蜘蛛}、雀子_{麻雀、小鸟}、蚁子_{蚂蚁}、刀子_{小刀}、石子_{小石头}"等），后来"子"缀扩展到较大的形体之上（如"犊子、瓮子"等），它的指小功能也就逐渐丧失了，以致目前很多"子"缀词已经很难看出"表小"之义，如若表小，则需另加"小"字，如"小刀子、小鸭子"等。值得注意的是，到目前为止，一些体型较大的动物仍然不带"子"缀，如不说"*牛子、*猪子、*马子"等。

②表轻蔑、贬抑。多为指人名词，如"混子、痞子、六叶子、老嫌子、直筒子"。指人"子"缀起初有轻蔑、贬抑之义，这从早期的指人"子"缀词可以看出，如"竖子、小子、婢子、奴子、妃子"等。这些人要么是没有地位的未成年人，要么是地位卑下的奴仆、女性。皖北方言的指人"子"缀词大都含有贬抑之义，如"傻子、瘫子、老壳子、斜眼子"等。正是这种"子"缀的贬义色彩，指人"子"缀词呈现不对称现象，有贬义指人词，无对应褒义指人词，如"矮子——*高子""傻子——*智子/*聪明

子""瞎子——*明子""黑子——*白子"等。由于绝大多数指人"子"缀词的词根本身含有贬抑色彩,"子"缀的相关功能也就逐渐退化了,变成了一个构词语素,从共时层面来看,已经很难说指人"子"缀词中的"子"含有贬义了,相应的功能基本已经转移到词根身上。

③表亲昵、喜爱。主要用于人的乳名,如"梅子、玲子、三子、柱子"等。这种用法的"子"缀主要用在儿童或年纪较轻的人身上,如果用在大人身上也只能是年纪大的人称年纪轻的人,否则会显得很不尊敬。表示"亲昵、喜爱"之义的"子"缀应该是后来出现的。"子"缀乳名起初可能并没有亲近之义,甚至是一种贱称,如"小子"从古至今都经常用来骂人,古代如"阿母得闻之,槌床便大怒:'小子无所谓,何敢助妇语!吾已失恩义,会不相从许'"(《孔雀东南飞》),现代如"这小子真不是玩意"!另外,从中国人的传统观念来看,因为迷信名贱易养,常常给孩子起贱名,或直接用动植物、器物之名,如"狗子、妮子、黑子"。"子"缀乳名由贱称变为昵称,可能有三个原因:一是经常用来称亲近的人,自然产生喜爱之义,如同"老公、老婆",原来相当于"老头子、老太婆",略带贬抑色彩,后来经常用来指称"夫妻"的一方,久而久之成为昵称;二是父母、长辈用贱称称自己的孩子或晚辈则可以,如果是外人或平辈甚至晚辈去称别人的贱名则不合适,因此贱称也就变为昵称;三是"小孩"因为"小"而可爱,因为可爱而令人喜爱,"子"缀表"亲昵、喜爱"也是语义重新分析的结果。

④非正式化。"子"缀词因为方言口语性而带有明显的非正式色彩。皖北方言中有不少"子"缀词可以不带"子",如"田埂子、菜叶子、小鸡子、小猪子"等均可去掉"子"缀,但是带上"子"缀具有明显的方言口语色彩。除了名词的"子"缀外,量词附加"子"缀的一般也可以不用"子",如"一页子、一勺子、一包子、一滴子"等结构中的"子"均可不用。上述名词和数量结构不带"子"缀时显得正式一些,带上"子"缀则具有比较明显的口语色彩,如果一个人说话时有很多的"子"

缀词，则被认为说话很"土"。从语言发展的角度来看，可能正是因为"子"缀词含有非正式的口语化色彩，才导致古代汉语中的很多"子"缀词并未在书面语中流传下来。

以上讨论了皖北方言"子"缀的四种功能，值得注意的是，有些词的附加色彩义并不是加"子"缀产生的，却被误认为是"子"缀的功能，这里有必要作一些说明。

乐玲华（1985）曾对阜阳方言"子"缀词的附加意义和修辞色彩作过详细描写，共计13条，其中有7条可以分别归到成词、转类、变义、增义的功能之下，其余6条是：

（1）专表贬义。一部分中性子缀词，放在表贬义的句子里，要加"子"缀，如"她心眼子真赖"；而放在表褒义的句子里，则配上"儿"尾，如"她心眼儿真好"。又如"女人、妇女"加上"头子"，专表贬义。

（2）使词义形象化、生动化，含形容色彩。如称斤把重的鲤鱼为"鲤鱼拐子"，抓住了动作特征；称斤把重的鲢鱼为"小鲢花子"抓住了它的鱼鳞特征；称"手帕"为"手巾捏子"，抓住了手帕被人们随身携带捏在手里的特征。

（3）使词义有拟人色彩。如：猪娃子、狗娃子、小鸡娃子、黄鹂公子、黑老婆虫子。

（4）使词义有拟物色彩。如：杂种羔子、半拉橛子_{小伙子}。

（5）使词义有借代色彩。如：扁嘴子_{鸭子}、帽箍子_{前刘海}。

（6）使词义有隐讳色彩。如：晃子_{即盏子}、豁子、背锅子、打摆子。

笔者认为以上6条均不易看作"子"缀的功能，而应看作词根的功能。"眼子"本是用来指称物体的小孔，"头子"本指物体的顶部，这两项指物的"子"缀词用在人的身上自然有贬义之义，但这种意义是由"眼子、头子"本身造成的，而非"子"缀的功能。此外，"杂种羔子、半拉橛子"也都有贬义色彩，因为"羔子"原指动物，如"羊羔子、猪羔子"，"橛子"原指柱状物，如"树橛子、屎橛子"，这两项指物的词用在人身上也产生贬义。相反，指人的词用在动物身上，则产生积极意义，如"娃"本指人，"猪娃子、狗娃子"等自然具有拟人色彩，且有亲近、喜爱之意。"子"缀词的借代、隐讳义也都是由词根产生的，如"扁嘴子、帽箍子"的借代义由"扁嘴、帽箍"形成，"晃子、豁子、背锅子"的隐讳色彩也由词根产生，而非"子"缀的功能。至于形象化、生动化、形容色彩更是由词根产生，如"鲤鱼拐子"的"拐"，"小鲢花子"的"花"，"手巾捏子"的"捏"。因此上述情况都不应被看作"子"缀的功能。

郭辉（2007）认为，濉溪方言中量词重叠后加"子"增添了"小、少"之义，例如"一星星子、一页页子、一丝丝子、一粒粒子"。实际上这些数量结构未重叠之前就可以表"小、少"（如"一粒子、一丝子"），这说明，其新增的表意功能并非由"子"缀产生。那么"一星子、一页子、一粒子"的"小、少"之义如何形成的呢？笔者认为是其中的量词所致，因为此类重叠表小的量词结构是有限制的，能够重叠的量词必须本身有"小、少"之义，如"点、抿"等，而绝大多数量词因不含"小、少"之义而不能重叠，如"一帮子、一箱子、一车子、一季子"中的量词均不可重叠。笔者认为量词重叠所带的"子"缀同普通的量词"子"缀一样，其功能是"非正式化"。

郭辉（2007）还认为，皖北濉溪方言中部分"子"缀词具有衍音功能，理由是名词性成分是词根语素，不加"子"能独立成词，但习惯要加"子"。例如"酱油子、下巴子、奶妈子、丝瓜子、老汤子、老帮子、瓜籽子"。我们不认为这种"子"缀的作用是"衍音"，一方面，"子"是不是衍音成分跟"子"缀附加的成分是不是词根、能不能成词没有直接的对应关系，例如"小舅、小姨"也可以独立成词，但不能说"小舅子、小姨子"的"子"是衍音成分；另一方面，这些词的词根虽然可以独立成词，但和"子"缀词还是有所区别，不带"子"缀时书面语色彩更浓，带"子"缀时则有明显的方言口语色彩，更符合本地人的使用习惯。我们认为这里的"子"缀的功能仍是表达性功能中的"非正式化"。

综上所述，我们认为皖北方言的"子"缀有成词、转类、变义、增义四种功能。其中增义功能包括"指小""表轻蔑、贬抑""表亲昵、喜爱""非正式化（口语化）"四个方面。而"形象化、拟人、拟物"等都不是"子"缀的功能。同时，皖北方言中的"子"尾也并非纯粹的衍音成分。

2.3.5 汉语"子"缀的来源与发展

太田辰夫（1957/2003）认为，"子"是最早的名词后缀，而加在表示人名词后面的用法又是最早（先秦两汉时期）。如：

> 寡君之使婢子侍执巾栉，以固子也。《左传·僖公二十二年》
> 虽大男子，裁如婴儿。《战国策·燕策》
> 妻子因毁新，令如故袴。《韩非子·外储说左上》
> 使两女子洗足。《史记·高祖本纪》

太田先生把加在小而圆的东西后面的"子"也认为是后缀。用例早至先秦、两汉，例如：

> 存乎人者莫良于眸子。《孟子·离娄上》
> 舜目盖重瞳子。《史记·项羽本纪》

虽然太田先生认为上古秦汉时代已有"子"缀用法，但因实例较少，存有异议。

王力先生（1957/1980）认为，要把词缀"子"和非词缀"子"区别开来是相当困难的，只能凭意义来看它是不是词缀。他指出有六种"子"不应该被看作词缀：①"男子"的"子"，如《诗经》"乃生男子，乃生女子"。男子、女子实指"男儿子、女儿子"。"子"意为"婴儿"，用的是本义。②尊称，如"夫子、君子"。③禽兽虫类的初生者，如"虎子"（《后汉书·班超传》"不入虎穴，焉得虎子"）"鹤子、龙子、蚕子"。④鸟卵，例如"鸡子、凤子"。⑤某行业的人，如"舟子、渔子"。⑥圆形的小东西。如黑子（《史记·高祖本纪》"左股有七十二黑子"）。

王力先生还指出，在某些情况下，"子"是不是词缀难以断定。如：

  童子佩觿（《诗经·卫风·芄兰》）["觿"音攜，是象骨做的锥子样的东西，解绳用的。]
  胸中正则眸子瞭焉。（《孟子·离娄上》）[心里头正派，眼里瞳仁就明亮。]
  又闻项羽亦重瞳子。（《史记·项羽本纪》）
  乡者夫人儿子皆以君。（《汉书·高帝纪》）[先前所看见的那位太太和那些孩子都因你而贵。]
  拜请百福，赐我喜子。（《易林》）["喜子"小蜘蛛长脚者。]

从王力先生的论述来看，他对上述秦汉时代的某些"子"是不是词缀的看法存有疑虑，但他倾向于认为在上古时代"子"已经有了词缀化的迹象。如：

  《礼记·檀弓下》："使吾婢子夹我（疏：'婢子'，妾也）。"

王力先生认为，魏晋以后"子"缀逐渐被普遍应用，如"种子、奴子（奴仆）、犊子、何物汉子（什么东西）、青雀子、日子、蛤子、猲子（狗类）、茄子、豆子、燕子、笠子、帽子、手帕子、柚子、妃子、衫子、袄子、娘子、骰子、帖子、札子、钗子、望子、谜子（谜语）、蚬子、船子、交子（宋代纸币）、会子（宋代纸币）"等。

孙锡信（1992）则认为，先秦以来"子"可以表示对人的尊称和对一般人（包括从事某种职业的人）的称谓，这种指人的"子"带有实词意义，显然不是词缀。例如①：

男子之祥。(《诗经·小雅·斯干》)
女子贞不字。(《周易·屯》)
童子隅坐而执烛。(《礼记·檀弓上》)
妻子好合，如鼓瑟琴。(《诗经·小雅·棠棣》)
乡者夫人儿子皆以君，君相贵不可言。(《史记·高帝纪上》)
招招舟子，人涉卬否？(《诗经·邶风·匏有苦叶》)
自世妇以下自称曰婢子。(《礼记·曲礼下》)
绰约若处子。(《庄子·逍遥游》)

孙锡信的看法比王力更加彻底，除了王力先生所能肯定的不是"子"缀的用法之外，连王力所疑惑的用来指人的"子"也一律不看作"子"缀，包括汉魏以后出现的（如"人子、渔子、弟子、优子"等），甚至连王力明确指出的不看作"子"缀不好解释的"婢子"也不看作"子"缀词。孙锡信明确指出名词词缀"子"是由小称的"子"发展而来。汉魏以后，"子"附于名词后只起称述某种事物的作用，而不指小，这个"子"就虚化为词缀了。所举例子最早在东汉，但仅两例：

今野人昼见喜子者，则以为喜乐之瑞。[桓谭（东汉）《新论·锡信》]
乌弋有桃拔、师子、犀牛。[班固（东汉）《汉书·西域传上·乌弋山离》]

---

① 原书（孙锡信，1992）部分引文及出版有误，已核正。后同。

此外，孙锡信所举魏晋以来"子"缀词用例有"青雀子、鹦鹉子、犊子、鹬子、燕子、豆子、茄子、杏子、骡子、房子、金子、帽子、刀子、毯子、袄子、日子、会子、袍子、酒瓮子"。

从上述三家的观点来看，太田先生把上古时期某些情况下（应该不是所有的）用在指人名词中的"子"看作"子"缀；王力先生略显保守，仅将极个别看作"子"缀，多数要么是实词，要么难以判定；孙锡信先生则把指人名词中的"子"一律看作实词。虽然早期指人名词中的"子"是不是词缀存有争议，但三家都认为用在多数指物名词后的"子"是词缀（在具体某个指物名词中的"子"是不是"子"缀的看法上略有差异）。王力先生和孙锡信先生都认为，"小称"义是"子"缀产生的基础，举的都是《释名·释形体》中的例子"子，小称也"。

我们不打算深入讨论这个争议问题，但从后来的语言事实来看，"子"缀既可以用在指人的名词中，又可以用在指物的名词中，甚至用在抽象名词之中却是不争的事实。白平（1997）另辟蹊径，对汉语中"子"缀的形成进行了探讨，我们将其观点归纳为四点。①"子"的本义是"婴幼儿"（男子、女子），动物的"幼崽"（狼子、虎子）、"卵"（鱼子、鸡子）和植物的"果实"（木子：食木子而得全）与指人的"子"相类似，这些词中的"子"都是实义语素。②孩子和小动物具有"卑小"的特点，发展出"竖子、童子、眸子、黑子、刀子、石子"；植物果实和动物的卵具有团粒形特点，发展出"种子"。③"蛮子、骗子、婊子、栗子、种子"等语义重心原在"子"，是偏正结构。④带"子"的名物词语大量产生后，导致三种情况：a. 大量处于尾部的"子"轻读，如"蛮子、桃子"等；b. 重新分析，语义重心由"子"转移到之前的语素，如"婊子、探子"等；c. "子"义虚化，成为构词词缀。

我们认为不同类型的名词"子"缀最初都是由实义名词发展而来，但其虚化路径可能略有差异。"子"的最初意义是"婴幼儿"，自然引申出"小"义，先秦时期已有"瞳子、眸子"的说法，其小称义较为明显，但

"瞳子、眸子"是眼睛的"核",与"子"的本义也有联系,这里的"子"还不能算严格意义上的"子"缀。早期(魏晋时期)被认为是"子"缀的用例仍含有"小"义。如:

【喜子】《尔雅·释虫》:"蟏蛸、长踦。"晋·郭璞注:"小蜘蛛长脚者俗呼为喜子。"

【雀子】《汉语大词典》释为"麻雀。亦泛指小鸟"。南朝·沈约《齐禅林寺尼净秀形状》:"夜即梦见鸦鹊、鸲鸽、雀子各乘车。"

【蚁子】北魏·沙门慧觉等译《贤愚经》卷十:"汝见此地中蚁子耶?"

"喜子"是小蜘蛛,"雀子"是小型的鸟,"蚁子"更是微小之物了。这三例中的"子"都用来指小动物。有一例值得注意,出现在唐代:

【犊子】《汉语大词典》释为"小牛"。唐·房玄龄《晋书·石季龙载记上》:"快牛为犊子时,多能破车。"

"犊"本指"小牛","子"也指"小",两者合用时语义上有所重复,此时,"子"的"小"义进一步弱化了,逐渐变成附加成分,加之"牛"本身体型已较大,这样一来,"子"就不单单用在小型动物身上了。

早期用于器物的"子"缀较少,在时代上可能略晚于指称动物的"子"缀,而且发展方向与指称动物的"子"缀一致,起初只用于"小"器物,后扩至较大的器物,如:

【刀子】小刀。北魏·贾思勰《齐民要术》:"缠刀子,漏锋刃一寸,刺咽喉,令溃破,即愈。"

【石子】小石头;小石块。北魏·贾思勰《齐民要术·笨曲并酒》:"受两石以下瓮子,以石子二三升蔽瓮底。"

【笼子】竹编的盛物器具。北魏·贾思勰《齐民要术·白醪酒》:"作胡葇汤,令沸。笼子中盛曲五六饼许,着汤中。"

用于指称植物的"子"缀的发展路径与指称动物和器物的"子"缀有所不同。早期用于植物名中的"子"有指称植物种子之义,例如:

【麻子】北魏·贾思勰《齐民要术·种麻子第九》:"止取实者,种斑黑麻子。"

【五子】北魏·贾思勰《齐民要术·五子》:"裴渊《广州记》曰:'五子树,实如梨,里有五核,因名五子。治霍乱、金疮。'"

"麻子"意为麻的籽,"五子"意为五个果核。两例中的"子"均与植物的果实有关。需要注意的是"种子"一词的使用,如:

【种子】北魏·贾思勰《齐民要术·收种》:"至春,治取别种,以拟明年种子。"

"收种"就是收取"种子","种"指某些植物的繁殖体,"子"也指植物的繁殖体,"种子"本来是"种"和"子"语义并重的复合词,形同"国家、辛苦"之类,但后来"种子"成了偏义复词,"子"成了附加成分。《齐民要术》中大部分"子"缀名词的"子"义虚化,与今无异,如:

【蒳子】《齐民要术·蒳子》:竺法真《登罗浮山疏》曰:"山槟榔,一名'蒳子'。干似蔗,叶类柞。一丛十余干,干生十房,房底数百子。"

【蒟子】《齐民要术·蒟子》:"《广志》曰:蒟子,蔓生,依树。

子似桑葚，长数寸，色黑，辛如姜。"

【茄子】《齐民要术·茄子》："种茄子法：茄子九月熟时，摘取，擘破，水淘子，取沉者，速曝干，裹置。"

"蒴子、蒟子、茄子"的"子"都是用来指称相应的植物的，"子"义已经虚化。魏晋之后"子"义虚化的例子就更多了，如：

【柚子】唐·元稹《景申秋八首》："小片慈菇白，低丛柚子黄。"
【桃子】唐·段成式《酉阳杂俎·木篇》："三月开花，白色，花落结实，状如桃子而形偏，故谓之偏桃。"
【梅子】唐·寒山《诗》之三五："罗袖盛梅子，金铦挑笋芽。"
【杏子】北宋·张君房《云笈七签》卷七四："取杏子三斗，去其中两仁者作汤。"
【橘子】元·脱脱等《金史·食货志五》："泗州场岁供进新茶千胯……橘子八千个。"
【梨子】明·高濂《遵生八笺·酱佛手香橼梨子》："梨子带皮入酱缸内，久而不坏。"

这些词语中的"子"都有果实之义，"柚子、桃子、梅子、杏子、橘子、梨子"的前一语素都有两层含义，既可以是植物名，又可以指称植物的果实。"柚子、桃子"等词中的前一语素最初应该是指植物本身，所以才会另外加"子"以指称其果实。但另一方面，由于"柚、桃"等又可以用来指称植物果实，而这一含义转移到了对应的双音词之上。此后，"柚子、桃子"之类语义上出现重复，导致"子"义虚化，成为构词词缀。受此影响，后来有些植物名词中的"子"已经没有果实之义了，例如皖北方言中的"秧子、苗子"之类。

指人"子"缀的发展路径又与指物的"子"缀有所不同。王力先生

指出有些情况下,"子"是不是词缀难以判定,其中指人的有两例。早期还有一些难以判定的例子:

【小子】战国·屈原《楚辞卷一·离骚》:"且诗人怨主刺上曰:'呜呼!小子,未知臧否,匪面命之,言提其耳!'风谏之语,于斯为切。"

【婢子】春秋《管子·小问第五十一》:"管仲不知,至中食而虑之,婢子曰:'公何虑?'管仲曰:'非婢子之所知也。'"

【竖子】西汉·司马迁《史记·项羽本纪》:"亚父受玉斗,置之地,拔剑撞而破之,曰:'唉!竖子不足与谋。夺项王天下者,必沛公也。吾属今为之虏矣!'"

【奴子】南朝·沈约《宋书·王华传》:"华行迟,永呵骂云:'奴子怠懈,行不及我。'"

且不论上述例子中的"子"是不是词缀。单从用例来看,指人的"子"缀词基本上是贬义词,或用来指小孩(含"没有见识"之义);或用来指奴仆;或是骂人语。这些人物有类似之处,都是地位低下之人。后来能确定的指人"子"缀词也都用在此类人身上,例如"妃子"(皇帝的妾)、"内子"(称自己的妻子)、"娘子"(女性地位较低,古代为少女或妇女的通称)。早期指人"子"缀的贬义色彩是从"婴幼儿"的附属社会意义引申出来的,小孩不懂事,往往是教育、呵斥、责骂的对象,依此类推,地位低下的人也都是受辱的对象。那些地位尊贵的人绝不用"子"缀,例如"皇后"不能说"后子",而"子"用在尊贵之人身上就不可能是词缀,例如"天子、帝子、皇子"的"子"都不是词缀。由此可见,古代指人"子"缀词实际上反映了当时尊卑贵贱的社会关系。截至目前,大量的指人"子"缀词含有贬义,这在皖北方言中有比较明显的反映,如"傻子、二杆子、瞎眼子"等。

当"子"虚化为构词词缀之后,就开始迅速扩展,它受到的限制也越来越少。但是，有一点是可以肯定的，"动词+子"和表示抽象概念的"子"缀词肯定是在"子"缀确立以后类推的结果，因此，时代上也要晚于普通名词后缀"子"。孙锡信先生指出，唐代以后，"子"用于动词（或动词素）后，构成名词。如"骰子（本作'投子'）、盒子（本作'合子'）、茶拓子（本作'茶托子'）、牙疏子、拂子、掸子、刷子、兜子、盖子"。五代后则出现了"子"缀的抽象名词，如"面子、性子"，近代以后这种抽象名词成批出现，如"点子、关子、娄子、拍子、样子"，还有一些表计量的，如"帮子、辈子、阵子、下子"。由此可见，近代以来，"子"缀的用法已经有了很大的扩展。

小　结

本章首先对汉语词缀的相关问题作了分析讨论，在此基础上对汉语的附加成分作了重新分类，认为汉语的附加成分应按词汇、短语、句子不同层面加以区分，分别对应于词缀、语缀、句缀，有的附加成分是词缀和语缀的兼缀，如皖北方言的中缀"不、巴、不子、巴子"。汉语的词缀又可分为真词缀和准词缀，真词缀中包含普通缀和化石缀。

本章对皖北方言中与普通话有差异的真词缀作了重点描写，包括前缀、后缀和中缀，并对典型名词后缀"子"作了专题分析。皖北方言词缀及其主要功能见表2-3。

表2-3　　　　　　皖北中原官话的词缀及其主要功能

	词缀	构成词类	主要功能	举例
前缀	老	名词	成词、转类、变义	老犍　老猫 老抠　老姑
	叩咕……	动词 形容词	变义、增义（嫌恶）	叨咕　磨咕 日空　日怪
	稀瞎……	形容词	增义（程度高）	稀烂　瞎轻 通红

续表

	词缀	构成词类	主要功能	举例
后缀	子	名词 数量结构 疑问代词	成词、转类、变义、增义（指小、贬抑、喜爱、非正式化）	屹子 尖子 冷子 妮子 混子 玲子 一页子 啥子
	头（式、相）	名词	成词、变义、转类 增义（贬抑）	骚虎头 苦头 想头 吃势 肉头
	货熊	名词	增义（贬抑）、转类	笨货 笨熊 傻货 傻熊
	乎	动词 形容词	成词、变义、增义（非正式化）	买乎 热乎 悬乎 惜乎
	巴、答	动词	增义（非正式化）	撕巴 捏答
	拉	动词	成词、增义（非正式化、贬抑）	扯拉 跋拉 漓拉
	乎的 乎乎的	形容词	增义（喜爱、非正式化）	咸乎的 喇乎的
	不拉唧的 不唧歪的 不拉的 不唧的 不歪的	形容词	增义（嫌恶、贬抑）	白不拉唧的 白不唧歪的 白不唧的 白不拉的 白不歪的
	喷喷、丝丝 生生……	形容词	增义（增量、喜爱）	香喷喷 甜丝丝 白生生
	不噌的 不拉叉 ……	形容词	增义（嫌恶、贬抑）	酸不棱噌 脏不拉叉
中缀	得、不$_1$	动词	成词、增义（可能性）	谈得来 谈不来
	不$_2$、不子 巴、巴子、屄	形容词	增义（嫌恶、贬抑）	焦不干 焦不子干 温巴臭 温巴子臭

从词缀方面来看，皖北方言处在东西部中原官话以及江淮官话的包围之中，还受到晋语的影响，呈现出一定程度上的复杂性。皖北方言与整个

中原官话区域的一致性特征是"子"缀词丰富；有功能一致的形容词后缀"乎乎的、不拉唧的、不唧唧的、了吧唧的"等。从总体上来说，皖北方言在词缀上与东部中原官话比较一致，相同的名词后缀有"老、头"，动词后缀有"乎、拉"，形容词前缀有"稀、精"等，形容词后缀有"乎的、不拉唧的"等。皖北方言也受到晋语及西部中原官话的影响，有些词缀是东部中原官话少见或者构词数量不多的，如有名词后缀"货、熊"，有跟晋语和陕西中原官话的词缀"圪、日"的残留。皖北方言词缀与中原其他区域比较明显的不同就是皖北南部几乎不用"儿"缀，与邻近的皖中江淮官话相似。

第三章 皖北中原官话的程度表达

唯物主义哲学观认为，世界上没有完全相同的两样事物，从"天壤之别"到"毫厘之差"，客观世界存在各种各样的差别，有些差别是质的差别，有些差别是量的差别。日常生活中，人们往往要对各种各样的差别进行精确、细致的描述以便更好地表达思想，这种描述往往需要采用记量的方式，而人们记述事物的量通常采用数值记量和非数值记量两种方式（张国宪，2006）。例如：这条鱼3斤重——这条鱼很重。前者是数值计量，后者是非数值计量。程度表达实际上就是一种非数值计量方式。

范畴是人类思维对客观事物普遍本质的概括和反映。古希腊哲学家亚里士多德在《范畴篇·解释篇》中提出了十大范畴：实体、数量、性质、关系、场所、时间、姿势、状态、动作、承受。后人沿着亚氏的思路提出了多种范畴概念，程度便是其中之一。"程度"是人类对各种差别、情状等相关问题的描述，是人类认知世界的方式之一。李宇明（2000）把"程度性"视为一种与"空间性""时间性"处于相同层面的相当抽象的语义语法范畴。多数学者将程度范畴看作与"量"有关的范畴之一。我们认为，程度范畴表现一种抽象的数量关系，各种程度表达手段的集合实际上就是程度范畴的集中体现。吕叔湘（1982）列举了汉语表达程度的主要手段：副词、数量词、感叹语气、比拟、衬托、比较、假设、含蓄。蔡丽（2012）将汉语程度表达的类型归纳为9种：直陈型、蕴含型、重叠型、感叹性、比拟型、比较型、假设型、夸张型、因果型。这两种分类方法虽然比较细致、全面，但是将词法、语义、句法、语用等不同层面的东西混合在一起，不容易分清。我们将汉语程度的表达方式分为词法和句法两种。词法主要指重叠和附加，句法主要有三种方式：前加状语、后加补语、特殊格式。本章讨论皖北方言的程度表达方式，内容包括词法层面的前加式、后加式、重叠式和句法层面的前加程度状语和后加程度补语。

3.1 皖北中原官话表程度的形容词

　　能够显示程度变化的词主要是性质形容词和一些心理情感类动词。有些词本身就可以表达不同的程度量级，这种程度表达不需要借助句法手段。但汉语表达程度的词法手段与句法手段往往是相通的，如都可以利用附加法，不少状态形容词本身就是由偏正式短语变化而来。

　　汉语方言中能够体现程度变化的动词通常是表示心理情感、人物品性类的动词（动作行为动词可有"量"和"频率"的变化，如"VV"表示反复），这类动词的程度表达主要采用附加和重叠两种构形手段，例如（苏州语例引自李小凡，1998，其他引自黄伯荣，1996）：

　　　　苏州方言"V头势"：哭头势_{哭得厉害}　讨厌头势_{讨厌得没法说}　怕头势
　　　　　　想头势
　　　　云南昆明"V嘞V"：饿嘞饿_{很饿}　疼嘞疼_{很疼}　渴嘞渴_{很渴}
　　　　闽东方言"AAB"：佩佩服_{很佩服}　轻轻视_{很轻视}　尊尊重_{很尊重}
　　　　粤方言"VV哋"：会会哋_{有点儿会}　敢敢哋_{有点儿敢}

　　皖北多数方言点的动词也可有程度变化，但这种程度变化不通过词法手段表示，而是通过后加程度补语"狠咤"的句法手段表示，我们将其放在程度补语里讨论。

　　朱德熙（1982）将形容词分为性质形容词和状态形容词，性质形容词表示属性，一般不涉及程度，状态形容词带有明显的描写性，这种描写性主要是指状态而言，但状态与程度往往交织在一起（状态补语与程度补语也有纠结）。张国宪（2006：73）指出，"状态形容词表示事物或动作的状态。状态'意象'的形成是次第扫描的结果，与性质不同，二者刻画不同的勾勒侧面（profile）。就表述功能而言，性质勾勒的是宿主（host）的不同'属性'差异，而状态勾勒的则是宿主同质属性的'程度'高下"。他举例说，"东京物价贵"的"贵"是对"物价"属性做出断定，其反义项是"便宜"，而"东京物价昂贵"的"昂贵"则是就属性"贵"做出程度上的描绘。换言之，性质凸显的是属性，状态凸显的是程度。我们认为这种解释很能说明状态形容词表示程度量的特质。

汉语状态形容词的程度通过附加和重叠两种手段表达，普通话中常见的附加和重叠手段有"XA（雪白）、AXX（绿油油）、AXYZ（灰不溜秋）、AA（大大）、AABB（漂漂亮亮）"。还有些附加和重叠的类型在汉语方言中出现，例如（语例引自黄伯荣，1996）：

  XAA（山东沂水）：大厚厚 精矮矮
  AAB（福建福州）：漂漂亮 简简单
  BAA（浙江温州）：绯红红 雪白白
  XXA（广东广州）：擒擒青 立立乱
  XYA（江苏苏州）：塔辣扁 血沥尖
  AXA（浙江温州）：黑显黑 热了热
  AXY（山西神木）：甜圪蛋 黏圪蛋
  AAA（福建厦门）：肥肥肥 白白白
  ABAB（广东阳江）：伶俐伶俐 好看好看
  AAAA（江苏淮阴）：满满满满 光光光光
  ABCABC（广东海丰）：清气相清气相 猪头面猪头面

汉语方言中形容词表程度的形式是多样化的，几乎用到了各种可能性的手段：前附、后附、中附、双叠、三叠、四叠等。相比之下，南方方言的附加手段和重叠手段更加丰富，且分布区域较广，比如，北方方言区少见的"BBA"式重叠在湖南、福建、江西、苏南、皖南等南方方言区均有分布。南方方言区还可以使用中加法表示程度，如吴语的"AXA"式，这种格式在北方方言区也不曾见到，虽然东部中原官话的"XA"和"BA"式状态形容词可以中加"不"等，但其作用是表示厌恶的主观语义色彩的，而不表示程度。

皖北地区在形容词附加和重叠手段的选择上倾向于北方方言，普通话具有的手段皖北方言都有。皖北地区还残存少量与南方方言一致的表达手段，如"BBA"式，皖北方言有"绷绷紧、宁宁细"之类的说法。普通话虽有"AXX（胖乎乎）"式形容词，但缺少南方方言的"ABB（雪白白）"式形容词，皖北方言则有少量存留，如"干净净、年轻轻"等，这类词语在金蚌片西部靠近江淮官话的地区数量较多。这两种残存现象体现了皖北地区处于南北方言过渡区域的特点。下文从前加、后加、重叠三方面描写皖北方言形容词的程度表达特点。

3.1.1　前加式

前加式主要是指由"修饰成分＋形容词词根"构成的状态形容词，包括偏正式（雪白）和附加式（温臭），偏正式和附加式都表示程度高，只是虚化程度不同，这里放在一起讨论。皖北方言前加式状态形容词可概括为"XA"式（"X"代表前加成分，表示程度高）。例如：

冰凉、清冷、干稠、乌黑、乌紫、乌青、蜡黄、雪白、胶黏、甘甜、风快、闯凉、透亮、金贵、稀烂、稀碎、稀嫩、稀薄、焦干、焦黄、焦粘、齁咸、温臭、温腥、血酸、瞎轻、精湿、精细、精潮、精光、通红、喷香、虚清、黢黑、飞快、溜圆上述状态形容词都是高量级的，其"程度高"的含义来源于前加成分。"前加式"中的"X"有些还有一定的词汇意义，并未完全虚化为表程度的成分，例如"雪白、冰凉、胶黏"中的"雪、冰、胶"；有些则已经虚化，说不出有什么词汇意义，如"温臭、精湿、虚清"中的"温""精""虚"。前加式状态形容词中有的含消极意义，这些含消极意义的状态形容词可以插入词缀"不、不子"或"巴、巴子"，以表明说话人不满、厌恶的态度，例如：

清不/巴冷　清不子/巴子冷　干不/巴稠　干不子/巴子稠　乌不/巴黑　乌不子/巴子黑　乌不/巴紫　乌不子/巴子紫　乌不/巴青　乌不子/巴子青　蜡不/巴黄　蜡不子/巴子黄　闸不/巴凉　闸不子/巴子凉　稀不/巴烂　稀不子/巴子烂　焦不/巴干　焦不子/巴子干　鼩不/巴咸　鼩不子/巴子咸　温不/巴臭　温不子/巴子臭　血不/巴酸　血不子/巴子酸　瞎不/巴轻　瞎不子/巴子轻　精不/巴湿　精不子/巴子湿　虚不/巴清　虚不子/巴子清

含消极意义的状态形容词多数可以加中缀"屄"，表达不屑、厌恶的主观态度，语义上比加"不、不子、巴、巴子"重，如"清屄冷、焦屄干、瞎屄轻"。

含有积极色彩的状态形容词不能插入表示消极意义的中缀"不/巴、不子/巴子、屄"，因为两者在语义色彩上矛盾，下列格式不成立：

*金不子贵　*飞巴子快　*喷不子香　*酸巴子甜　*飞屄快

"XA"式状态形容词的程度量级要高于"A"本身所代表的程度量，属于高量级形容词，例如：

冰凉＞凉　乌黑＞黑　虚清＞清　蜡黄＞黄　焦干＞干　精潮＞潮

前加式状态形容词的程度量级与程度副词"很"所表示的量级相当，因为皖北方言中，"很"一般不用在前加式"很+……"结构中，而用在后加式"……得/哩+很"结构中，所以，前加式状态形容词所表示的程度量与"……得/哩+很"所表示的程度量相当，都属于高量级，如"清冷≈很冷、精湿≈很湿"。

表示高量级的前加式状态形容词不能再受程度副词修饰或后加程度补语、数量补语，不说"*很冰凉、*血齁咸、*瞎黑得很、*虚清得不得了、*焦干一点"等。

前加式状态形容词的语法功能：

（1）作谓语。是主要功能，作谓语时不能加"的"。例如可以说"冬天河来里的水冰凉"，但不能说"*冬天河来里的水冰凉的"。

（2）作定语。作定语时需加结构助词"的"，例如"雪白的脸、焦干的馍、精湿的地"等。但是相对于普通话而言，皖北方言口语中状态形容词作定语的使用频率较低。

（3）作补语。需加标记词"得 [ti⁰]、哩 [li⁰] / [lei⁰]"。

例如，蚌埠：饭叫被他煮得稀烂。亳州：他瘦哩瞎轻，才70多斤。叶集：脸晒哩乌黑。

3.1.2　后加式

皖北方言"单音节形容词性语素+后缀"构成的状态形容词可表示轻微的程度量。后加式状态形容词主要有如下形式（"A"代表形容词词根）：

A+乎的：酸乎的　热乎的　面乎的　黏乎的　冷乎的　胖乎的
　　　　温乎的　咸乎的　暖乎的

A+不乎的：酸不乎的　热不乎的　面不乎的　黏不乎的　冷不乎的　胖不乎的　温不乎的

A+乎乎的：酸乎乎的　热乎乎的　面乎乎的　黏乎乎的　冷乎乎的　胖乎乎的　温乎乎的

A+不拉唧的：酸不拉唧的　面不拉唧的　黏不拉唧的　咸不拉唧的　软不拉唧的

A+不唧歪的：酸不唧歪的　面不唧歪的　黏不唧歪的　咸不唧歪的　甜不唧歪的

A+不唧的：酸不唧的　面不唧的　黏不唧的　咸不唧的　软不唧的　黑不唧的　甜不唧的

A+不拉的：酸不拉的　面不拉的　黏不拉的　咸不拉的　软不拉的　黑不拉的　甜不拉的

A+不歪的：酸不歪的　面不歪的　黏不歪的　咸不歪的　软不歪的　黑不歪的　甜不歪的

A+其他：酸不登的　脏不拉叉的_{蚌埠}　傻不愣登的　傻勒呱唧的　瘦勒吧唧的

AXX的_{金寨}：甜丝丝的　青茫茫的　黑麻麻的　黑乌乌的　黄蹦蹦的　冷兮兮的　甜越越的

上述词语的词根可分为两类：一是与人体感觉相关的形容词，如"酸、甜、热、软"等；二是具有［＋述人］特征的评价类形容词，如"傻、瘦、胖、呆"等。上述词语的词根通常是单音节的，少数具有述人特征、表示消极意义的双音节形容词可带"吧唧"作后缀，如"糊涂吧唧的、啰嗦吧唧的、老实吧唧的"。这类形容词性词根通常不能带其他后缀，如不说"*小气乎的"。

后加式状态形容词的后缀蕴含不同的主观评价色彩，后缀"乎的、不乎的、乎乎的"加在具有积极色彩或中性色彩的形容词后能体现"适合、尚可"的主观态度，例如：

> 这茶甜乎（乎）的，好喝。
> 澡堂子来_里的水热不乎的，怪舒坦来。

有时加在具有消极色彩的形容词后，能体现"不甚满意，略显嫌恶"的主观态度，例如：

> 那小孩有点傻乎（乎）的，别去惹他。
> 他怎么笨不乎的，简单的题都不会。

"不拉唧的、不唧歪的、不唧的、不拉的、不歪的"是贬义词缀，蕴含"不满意、不喜欢"的主观态度。由于这些词缀具有消极色彩，其所依附的形容词一般为消极色彩或中性色彩的形容词，具有明显积极语义色彩的形容词不能带此类后缀，如：

> 傻不唧的——*灵_{聪明}不唧的
> 臭不歪的——*香不歪的
> 丑不拉唧的——*俊_{漂亮}不拉唧的
> 浑_{浑浊}不拉的——*清_{清澈}不拉的

由于"不拉唧的"等只有贬抑色彩，而"乎的、不乎的"是偏褒义的，因此致使一些具有中性色彩的形容词带上这两类后缀会产生不同的感情色彩，例如"酸、咸、辣"等中性形容词，如果带上"乎的、不乎的、乎乎的"，一般是比较符合说话人的心理需求的情况，如：

> 这汤酸不乎的，怪好喝来_{挺好喝的}。

恁蒸哩馍软乎的,怪好吃哩_{你蒸的馒头软软的,挺好吃的(亳州)}。

如果带上"不拉唧的、不唧的、不拉的、不歪的",便是不太符合说话人的心理需求,有一点嫌恶色彩。例如:

这汤酸不唧的,有啥好喝的。
那糖软不拉唧的,不好吃。

后缀"不登的、不拉叉的、不愣登的、勒呱唧的、勒吧唧的"等的用法与"不拉唧的"等基本一致,只是构词能力稍弱,在皖北方言中的通行区域较窄。

从总体上看,后加式状态形容词所表示的程度量低于前加式,可受"有点"修饰,如"有点冷乎的、有点酸不乎的、有点咸不拉唧的、有点黏不唧的、有点软不拉的、有点甜不歪的、有点傻不愣登的"。高量级的双音节形容词因为表示程度量很高,因此很难与上述后缀相配,如不说"*霸道拉唧的、*暴躁不唧的"等。

带上述后缀("A+其他"和"AXX"式除外)的形容词所表示的程度量级要比词根形容词表示程度量级略低,例如:

酸乎的＜酸　热乎的＜热　笨不乎的＜笨　傻不乎的＜傻
酸不拉唧的(有点酸)＜酸　臭不歪的(有点臭)＜臭

与普通话一样,皖北方言(主要是金蚌片西部的金寨地区)中一些词后也可以加叠音后缀,构成 AXX 式状态形容词,除上文所举例子外,叠音后缀构成的状态形容词还有(以下为金寨语例):

香喷喷　干巴巴　凉丝丝　红丝丝　麻津津　滑溜溜　苦唧唧　硬

邦邦　慢腾腾　白生生　嫩汪汪　红虾虾　水汪汪　黏胶胶　黑滋滋　乱哄哄　青虚虚　清阵阵　浑糟糟　烂歪歪　苦歪歪　稀朗朗　眼巴巴　绿茵茵　湿爬爬　文绉绉　稠嘟嘟　热汤汤　傻呵呵

叠音后缀形容词本身所表达的量级特征并不一致，有高量级的，如"香喷喷、黑森森"；有中量级的，如"热乎乎、滑溜溜"；有低量级的，如"甜丝丝"。叠音后缀所表达的程度量级与后缀"XX"有关，见3.1.3。与之相应，叠音后缀的量级与其所依附的形容词的量级的关系有"高于、相当、低于"三种，例如：

硬邦邦（很硬）＞硬　　滑溜溜≈滑　　甜丝丝＜甜

3.1.3　重叠式

重叠可作为构形手段，表达一定的语法意义，例如"大大、高高、长长、干干净净、雪白雪白"等，它们的基式分别是形容词"大、高、长、干净、雪白"。形容词重叠以后表达的主要语法意义是性状程度的加深，如"大大"比"大"的程度深。重叠也可以作为构词手段，用以构成新词，例如"姥姥、爷爷、悠悠"等。本节主要讨论与程度有关的形容词构形重叠式。皖北方言中的形容词构形重叠式主要有以下几种：

AA 式：高高　矮矮　大大　小小　长长　短短　红红　傻傻　呆呆　白白　平平　甜甜

ABB 式：年轻轻　干净净　严实实　别扭扭　亮堂堂　四方方　水灵灵

BBA 式：绷绷紧　宁宁细　蜡蜡白　喷喷香　麻麻亮_{天刚有点亮}　酸酸青　黢黢黑　通通红　吞吞重_{金寨}　飘飘轻_{金寨}　晃晃动_{金寨}　蹦蹦干_{金寨}　赖赖长_{金寨}　扎扎齐_{金寨}　妞妞软_{金寨}

AABB 式：清清爽爽　扭扭捏捏　马马虎虎　严严实实　规规矩矩
　　　　　别别扭扭　凑凑平乎
ABAB 式：酸甜酸甜　雪白雪白　冰凉冰凉　生疼生疼　乌黑乌黑
　　　　　蜡黄蜡黄　风快风快　喷香喷香　通红通红　黢黑黢黑
　　　　　稀烂稀烂　焦干焦干　温臭温臭　虚清虚清
A 勒 AB 式：土勒土气　糊勒糊涂　流勒流气　慌勒慌张　古勒
　　　　　古怪　啰勒啰唆　傻勒傻气

（一）AA

汉语方言中普遍存在 AA 式重叠，主要差异表现在（据黄伯荣 1996《汉语方言语法类编》归纳）：①声调形式，如甘肃临夏"AA 的"的次音节拖长。②"AA"使用时带不带附加成分，带什么样的附加成分。方言中"AA"后的附加成分有"的"（普通话）、"仔"（广东海丰）、"子"（湖南汝城）等。

皖北方言中，AA 式不能直接用来作谓语，少有类似"*福气多多、*山路弯弯"之类的说法；AA 式也很少直接用来作定语，没有类似"*小小官员、*高高山冈、*短短三天"之类的说法；AA 式通常也不能直接作状语，不说"*大大吃一顿、*傻傻看着他"等。

普通话中，AA 式可以儿化，变成"AA 儿"的形式，例如"早早儿、远远儿、好好儿、白白儿"。皖北方言中儿化现象比较少见，没有"AA 儿"的说法。

据黄伯荣（1996），有的汉语方言"AA"可不加"的"直接作句法成分，如：

陕西华县：我是好意，没有啥瞎瞎心。
福建厦门：伊即领衫白白。

皖北方言中 AA 式形容词需要与"的"共现，形成"AA 的"格式。"AA 的"中的"AA"一般不变调，语速较快时前字读低降调［21］，后字不变，特别强调时，一般读高平调［55］，"的"均读轻声。皖北方言口语中"AA 的"的句法功能有（语例为笔者母语）：

（1）经常用来作谓语，例如：

那块石头滑滑的。
这小孩胖胖的，怪喜人来。

（2）有时可作补语、定语，作定语时强调意味较浓，需重读，例如：

馒头发得软软的，好吃得很。
鼻子_{鼻涕}淌得长长的，冻毁咾。
这棵高高的洋槐树是老张的。
他买了一个黑黑的小狗子。

（3）偶尔可用作状语，但显得书面语色彩较浓，如：

恁别傻傻地等他咾，他不得_会来咾。
他细细地瞅咾半天，啥也没看着。

张国宪（2006）认为，通常情况下，重叠式位于定语或谓语位置上时，所示的量低于形容词的零形式；而位于状语或补语位置上时，所示的程度量高于形容词的零形式。例如：

高颧骨＞高高的颧骨　个子矮＞个子矮矮的　细细地看＞细看
拧得紧紧的＞拧紧

这种观点是沿用朱德熙（1982）的看法。朱先生曾将"AA 的"程度量的不同归结于所处位置的不同，这种观察是非常细致的。请看朱德熙（1982）的例子：

定语：大大的眼睛，短短的头发　高高的个子　细细的眉毛　细细的枝子

谓语：眼睛大大的，像个洋娃娃　个子高高的　眉毛细细的　枝子细细的

状语：大大地请一次客　高高地挂起来　细细地看一遍

补语：写得大大的　挂得高高的　碾得细细的

上述定语、谓语位置上的"AA 的"有一个共同点：大都属于描述人的外貌的。例中"AA 的"所示程度量比形容词的零形式略轻，但下面的情况就有所不同了。

响晴的蓝天，东边高高的一轮红日，几阵小东风，路旁的柳条微微摆动。

（老舍《骆驼祥子》）

轻尘中却又有那长长的柳枝，与轻巧好动的燕子，使人又不得不觉到爽快。

（老舍《骆驼祥子》）

以此，明初对匠户生产力的解放尽管是不彻底的，但比之元朝的奴隶制生产，却是一个大大的进步，有其积极意义。

（吴晗《朱元璋传》）

短短的 17 小时，销售额达 10.35 万元，取得了较好的经济效益。

（《北京日报》1991－7－16）

一个细细的嗓音坚决地说,"您不能回去了"!

(郁茹《遥远的爱》)

白天受到了屈辱的人们,在一生中,也许只是一个小小的波澜,但是在三组同志们的心中,却留下了难忘的创痛。

(吴源植《金色的群山》)

朱先生所举定语位置上加点的"AA 的"所表示的程度量都明显高于形容词零形式。据我们检索到的语句,位于定语位置上的"AA 的"作为高量级形容词使用的情况更为普遍。位于谓语位置上的"AA 的"也能表示高程度,如:

身体长长的。

(刘后一《大象的鼻子》)

那条路很普通,水泥地面,窄窄的,仅能过得下一辆汽车……。

(语例源于网络)

练得手勒得一道道痕迹都出来,别看我这线细细的,接多的话,线勒得血一道一道的,那时候也挺经常的……。

(语例源于网络)

朱德熙指出,"轻轻的"比"轻"的程度要深一些,"红红的"却比"红"的分量差一些,是因为"轻轻的"经常作状语或补语,"红红的"却经常作定语或谓语。要是把位置对调一下,意味也就会跟着变化。如:

在每一只船从那边过去时,我们能画出它的轻轻的影和曲曲的波。

(《朱自清文集》)

把嘴唇抹得红红的。

实际上这种情况也不是由位置引起的,"红红的"作定语也能表示很深的程度,如:

她眨着黑眼睛,红红的火光在眼里闪烁:可以和社员比一比了。
(何鸣雁《洁白的山茶花》)
上升的太阳踏着波浪,波浪就粼粼地颤动,托起红红的一片,直刺眼。
(于良志、宋瑞斌《渔家女》)

可见,重叠式程度量的大小并非跟"AA 的"所处的位置有关。朱德熙(1982)指出,定语、谓语位置上的"AA 的"往往带有"爱抚、亲热"的主观色彩。这种说法虽然只能概括一部分现象,却能给我们以启示:带有"爱抚、亲热"之类主观色彩的句子往往可以改变"AA 的"的程度量。当"AA 的"带上说话的人的主观感情色彩时,"AA 的"程度量往往要降低,以符合言者的心理期待。"高高的个子、细细的眉毛、大大的眼睛、矮矮的房子、小小的桌子"本来是表示"个子高、眉毛细、眼睛大、房子矮、桌子小"的意思,但加上言者的心理期待之后,则含有"合适"的意味,相应的,"高量"的意味也就减轻了。至于状语、补语位置上的"AA 的"经常表示很高的程度量,那是因为它修饰的成分是谓词性的,通常不能跟人的外貌特征联系起来,如果述语是描述人的外貌的,也有减量的作用,如"他个子长得高高的,很让人着迷""眉毛修得细细的,很好看"。

综上,我们认为普通话和皖北方言中"AA 的"本身是表示高量级的状态形容词,如果其所处的句子不含主观色彩,是纯粹描述性的,则"AA 的"所表示的程度量不变(不能受"有点"修饰);如果其所处的句子含有比较明显的主观色彩时,则"AA 的"所表示的程度量会有所减轻,以符合说话人的心理期待(可受"有点"修饰)。

（二）ABB

形容词"A"附加叠音成分包括两种情况，一是附加式，一是重叠式。附加式 ABB 中的"BB"是附加成分，属构词后缀，其中"AB"不能组合，如"甜丝丝、黄霜霜"等；重叠式中"BB"是重叠形式，属于构形变化，其中的"AB"可以组合，如"年轻轻、干净净"等。附加式"ABB"2.2.2 节已论，此不赘述。

虽然构形重叠"ABB"式普通话中少见，但在汉语方言中却很普遍，如（黄伯荣，1996）：

  河北昌黎：干巴巴儿的 稳当当儿的 老实实儿的 憋闷闷儿的
  浙江温州：蜜甜甜 墨黑黑 冰冷冷 铁硬硬 笔直直 屁轻轻

皖北方言中存有少量"ABB"式状态形容词，这种格式大都有对应的"ABAB"式，如"黏糊糊、干净净、严实实、别扭扭、亮堂堂、稳当当"对应的"AABB"式分别为"黏黏糊糊、干干净净、严严实实、别别扭扭、亮亮堂堂、稳稳当当"。少数没有对应的"AABB"式，如"年轻轻"。属于构形重叠的"ABB"式都是形容词"AB"的第二个音节重叠的结果，意在表示程度的加重。

皖北方言"ABB"式形容词一般用来作谓语、补语、定语，但需要与"的"共现，例如：

  他家里干净净的。
  他捂得严实实的，啥也看不见。
  年轻轻的半橛子_{小伙子}，就不知道干活。

构形重叠式"ABB"式属高量级状态形容词，相当于"很"，格式本身不能再受程度副词"很、太"等修饰，也不能受"有点"修饰。

后缀式"ABB"有的可受"有点"修饰,说明其程度量有时低于构形重叠"ABB"式,主观上可以表示较低的程度量,与"AA 的"相似。试比较:

有点甜丝丝的　*很甜丝丝的　*有点亮堂堂的　*很亮堂堂的
有点胖乎乎的　*很胖乎乎的　*有点年轻轻的　*很年轻轻的
有点湿唧唧的　*很湿唧唧的　*有点稳当当的　*很稳当当的

(三) BBA

"BBA"式状态形容词是"BA"式形容词前一词根重叠的结果,如"绷绷紧、酸酸青"等,这种重叠形式在北方方言中少见,但在南方方言中却广泛存在,如:

安徽歙县(孟庆惠,1997):雪雪亮　漆漆乌　死死重　崭崭新　墨墨黑

江苏苏州(李小凡,1998):笔笔直　雪雪尖　铮铮亮　碧碧绿　石石硬

总体上来说,皖北绝大部分地区"BBA"式状态形容词数量不多,但金蚌片西部地区(如金寨)有不少属于构形重叠的"BBA"式状态形容词。

皖北方言"BBA"式在句中可以作谓语、补语,与"ABB"式不同的是,作谓语、补语时不能与"的"共现,如:

锅来喷喷香,煮的啥好吃的?
*锅来喷喷香的,煮的啥好吃的?
他的脸蜡蜡白,肯定叫啥吓着咾。

*他的脸蜡蜡白的，肯定叫啥吓着咾。
你帮把水龙头拧得绷绷紧，都拧不开咾。
*你帮把水龙头拧得绷绷紧的，都拧不开咾。

"BBA"式状态形容词有时也可作定语，作定语时需加"的"，例如：

喷喷香的饭他都不吃，来也不知道想吃啥子！
他找咾一根宁宁细的绳子。

"BBA"式通常只能表示程度很高，如"喷喷香"的含义是"非常香"，"蜡蜡白"的含义是"非常白"。这类形容词不能再受程度副词"很、太"等修饰，也不能受"有点"修饰。苏州方言的"ABB"为弱化级，"BBA"为强化级，如"绿＜绿横横＜碧碧绿＜生青碧绿"（叶祥苓，1982：183）。皖北方言的重叠式"ABB"有弱化级也有强化级，但以强化级为主，"BBA"则全部为强化级。

（四）AABB、ABAB、A勒AB

皖北方言中的AABB是一种构形重叠，实际上是普通形容词或后缀式形容词的重叠形式，例如：

清爽—清清爽爽　规矩—规规矩矩　别扭—别别扭扭
热闹—热热闹闹　马虎—马马虎虎　严实—严严实实
凑乎—凑凑乎乎　滑溜—滑滑溜溜

"ABAB"式状态形容词也是一种构形重叠，实质上是"AB"式状态形容词的重叠形式，如：

酸甜—酸甜酸甜　雪白—雪白雪白　冰凉—冰凉冰凉

乌黑—乌黑乌黑　黢黑—黢黑黢黑　喷香—喷香喷香
稀烂—稀烂稀烂　焦干—焦干焦干

AABB、ABAB 是双音节状态形容词的完全重叠形式，A 勒 AB 则是一种不完全重叠。三者的句法功能基本一致：主要作谓语、补语，可加"的"，也可不加"的"，如：

小张做事从来都是规规矩矩的。
捂得严严实实，啥也看不见。
他买的苹果酸甜酸甜的。
肉煮得稀烂稀烂，筷子一叨(夹菜)就烂咾。
锅来里的饭喷香喷香，把人馋毁咾。
粮食晒得焦干焦干。

上述重叠式中有的能作定语，少数能作状语（ABAB 不能作状语），如：

小李是个规规矩矩的人，不会干坏事。
你给我规规矩矩地写作业，不要乱动。
他长咾一头乌黑乌黑的头毛(头发)。
那孩子傻勒傻气地笑咾半天。

ABAB 为高量级形容词，不能再受"很、太、死"等修饰，也不能受"有点"修饰。AABB 多数表示程度量高，不能受"有点"修饰，如"严严实实、热热闹闹、土勒土气"；少数表示程度量较低，可受"有点"修饰，如"他做事有点马马虎虎的""俺觉得别别扭扭的，不舒坦"。A 勒 AB 主要强调状态，能受"有点"修饰，如"他穿得有点土勒土气的"。

3.2 皖北中原官话的程度状语

汉语的程度状语大体可分为两类：一类是前加程度副词，如"很大、极高"等；一类是前加表示程度的指代词，如"这么高、那么厉害"。汉语方言在程度状语方面的差异表现在两个方面：一是所用程度副词不同，如吴语的"交关"，湖南、湖北方言的"几"，山东方言的"刚"等；二是程度副词相同，使用范围不同或表达的程度级别不同，如程度副词"血"在普通话中不能修饰积极意义的中心语，皖北中原官话则可以（如"血喜欢"），再如程度副词"挺"，普通话表示"比较级"的程度（如"挺好"，意为"比较好"），而徐州方言可以表示很高的程度（如"挺硬"意为"很硬、特别硬"）。以河南为界，中原官话东部和西部在程度副词的选用上有明显差异，如西部（以西安话为例，兰宾汉，2011）比较普遍的程度副词有"扎、蛮"等，东部（以徐州话为例，李申，1985）比较普遍的程度副词有"稀、血"等。皖北方言的程度副词总体上倾向于东部。皖北方言与山东方言的程度副词也有差异，如山东有程度副词"乔、棱、刚"等，皖北方言没有。皖北方言与徐州方言的程度副词一致性较强，如都有程度副词"死、血、怪、怎么"等，但也存在一些差异，如徐州方言的"稀"已发展为程度副词，皖北中南部地区则只能构成少数几个词，仍停留在形容词前缀的阶段，见表3-1。

表3-1　　　徐州、阜阳方言的"稀"缀词比较

	稀烂	稀臭	稀好	稀累人	稀不烂	稀不脏
徐州	+	+	+	+	+	+
阜阳	+	-	-	-	稀巴烂	-

皖北东南部多用程度副词"好"（好大、好高、好厉害）、"真"（真矮、真傻、真厉害），徐州方言则少用。

3.2.1 前加程度副词

程度副词是副词的一种，也是汉语程度表达的典型手段之一。汉语中的程度副词大多数作状语，但也有少量可作补语。王力（1943/1985）最先从意义上把程度副词分为两类：绝对程度副词和相对程度副词。凡无所比较的叫作绝对的程度副词，可分为：①最高的夸饰：极；②普通的夸饰：很、怪；③不足的表示：颇、稍、略、些；④过度的表示：太、忒。凡有所比较者叫作相对的程度副词，可分为：①平等级：一般、一样；②最高级：最；③比较级：更、越发。此后绝大多数学者遵从王力先生的分类，如马真（1988）、周小兵（1995）、张桂宾（1997）等。张桂宾（1997）给出了鉴别程度副词的五条句式标准。某个副词如果能够进入其中一个句式的就是相对程度副词，五个句式都不能进入的就是绝对程度副词。为鉴别皖北方言的程度副词，我们将张桂宾的鉴别句式改造为（F 代表程度副词，NP 代表名词或名词性短语，VP 代表谓词或谓词性短语）：①两比：NP1 + 比 NP2 + F + VP；②时比：NP1 + 比以前 + F + VP + 了；③多比：NP1、NP2 跟 NP3，NP1 + F + VP；④平比：跟平常相比，NP1 + F + VP；⑤略比：拿 NP1 相比，NP2 + F + 一点。依据这五条标准，皖北方言中，"更、还、最、比较、略微、稍微"为相对程度副词，"大、多、够、怪、好、很、老_{蚌埠、凤台、凤阳等}、死、太、血、越、真、洋脏_{蚌埠、淮南等}、麻缠_{蚌埠、淮南等}、不大、不很、不太、顶多、几乎、绝对、起码、特别、相当、有点"为绝对程度副词。皖北方言的相对程度副词与普通话的用法大体一致，绝对程度副词中"大、多、够、老、不大、不很、不太、顶多、绝对、几乎、起码、特别、相当、有点"与普通话没有明显区别，此类副词不赘。本节着重描写皖北方言有而普通话中没有或者与普通话用法有差别的程度副词。

（一）死

"死"在普通话中经常用来作程度补语，例如"讨厌死了、高兴死了、好玩死了"等。相对而言，"死"作状语的情况要少得多，且限于含有贬抑、不满、责备等色彩的组合中，例如"死沉、死重、死要面子、死不要脸"等。皖北中部有些方言点，如阜阳、颍上、利辛、蒙城等地，"死"用作程度副词的现象非常普遍，且结合面较广，如"死笨、死热、死轻、死炯_{厉害}、死过劲_{厉害}、死小气、死难听、死不听话"等。程度副词"死"在北部的亳州、淮北、宿州以及皖西的金寨、霍邱等地使用较少。"死"的句法功能如下所列。

（1）修饰形容词性成分

"死"多修饰具有消极色彩和中性色彩的形容词或形容词性短语，含有过分之意，相当于"极、非常"。"死"往往带有不满、厌恶之类的主观感情色彩。例如：

他的学习成绩死差，每次都考倒数。
今个天死冷，我都快冻死咾。
那孩羔子_{孩子}死调皮，真没办法。
那绳子死长，给_{把}它剪短一点。
小李的脸死白，吓人得很。
他死会讲_{特别会说}，谁来_{也}讲不过他。

"死"有时也可以修饰含积极色彩的形容词，意思相当于"……得不得了"，也略带贬抑、不满之意，如：

他一个人死快活，吃吃喝喝的，想干啥干啥。
他的眼死尖_{视力好}，一点点的东西都能看见。
姚明打球死炯_{厉害}，谁都打不过他。

"死"修饰含积极语义色彩的形容词时，其消极语义色彩已经弱化，如"他死过劲_{厉害、有本事}"带有夸张之意，含义是"他太厉害了"。这种现象说明"死"正向一个比较纯粹的程度副词发展。

普通话有"很+不+形容词"结构组合，表示程度深，例如"很不好、很不漂亮、很不聪明"。皖北方言中有的"死+不+形容词"不能说，没有"*死不好、*死不漂亮、*死不聪明"之类的说法。但是下面的说法在皖北方言中却可以成立：

俺心里死不得劲_{舒服}。
我看他死不顺眼，见一次就想打一次。
这根绳子死不结实，一拽就断。

普通话"很+不+形容词"结构可以分析为"很不+形容词"，其中"很不"相当于一个程度量高的程度副词，所以它结合面很广。皖北方言的"死+不"不能构成一个否定副词，"死+不+形容词"只能分析为"死+（不+形容词）"，即"死"修饰的是"不+形容词"，因为有的"不+形容词"结构有定性的意味，缺少量的变化，如"不好、不漂亮、不聪明"，所以不能受"死"的修饰。有的"不+形容词"结构可以有量的变化，如"不得劲、不顺眼、不结实"可以有程度量的变化，所以这类结构能受"死"的修饰。

皖北方言中"不/巴"和"不子/巴子"可以作中缀，含有不满、厌恶之类的感情色彩，而含有消极语义色彩的"死+A"结构中间往往可以插入"不/巴"或"不子/巴子"，使消极的语义色彩得到加强，如"死不/巴辣、死不子/巴子咸、死不/巴黑、死不子/巴子难看"等。这种结构虽然与上述"死+不_副+A"格式表面上相同，但实质上有较大区别，表现在：①"死+不（中缀）+A"中的"不"表达的是消极意义，而"死+不（副）+A"中的"不"表达的是否定意义；②"死+不_副+形"中的形容词通常只能是积极意义的，不能是消极意义的，没有"*死不_副丑、*死不_副难看"之类的说法，所以"死不听话、死不要脸"中的"不"只能是否定副词，而不是中缀，而"死不丑、死不难看"中的"不"只能是中缀，而不是副词；③中缀"不"是插入性成分，可以看作两头附着的成分，而否定副词"不"只能是与形容词黏合在一起的，即"死+（不+A）"。

"死+不+A"中的形容词为中性色彩时，有时就会产生歧义。如"死不结实"中的"不"既可能是中缀，也可能是否定副词，但在语境中可以分化。例如：

那馍都干多少天了，死不结实，板~扔~了吧。（"不"为中缀）
绳子都沤烂了，死不结实，一拽就断了。（"不"为副词）

与其他表示程度的副词相同，"死"也不能修饰状态形容词。
（2）修饰动词性成分
皖北方言中的副词"死"在动词性成分前有两种用法：一是用在心理、感受动词或表感受、属性的动词性组合之前，表示程度深；二是用在动作行为类自主动词之前，表示频率高。

"死"作为程度副词，可以直接修饰一部分心理感受动词，表示程度深，相当于"很、太、非常"。修饰带消极色彩的心理动词时能够加深"嫌恶、不满"的语义色彩；修饰带积极意义的心理动词时，能够加深"赞叹、喜爱"的语义色彩。如：

他搁~在~那个单位上班，死快活！
你别讲咤，我听着死烦！
俺心来死难过，你别惹俺。
甲：他可喜欢？　乙：还要讲吗？死喜欢！

动作行为类动词、能愿动词、判断动词等通常没有程度的差别，因此不能用程度副词"死"直接修饰，不说"*死走、*死打、*死管~能~（去）、

*"死是"之类。

一些表示感受、属性的动宾组合也能受程度副词"死"的修饰，例如：

> 外面死冻人，你出去干啥。
> 他家来_里死有钱，买咾好几辆车咾。
> 老张死能说，死的能说成活的。
> 那小孩死会吃，专挑好的吃。

皖北方言中，"死"也可用在动作行为类自主动词之前，但不表示程度高，而表示频率高，意思相当于"一直、一个劲儿"，如：

> 他就知道死哭，不知道想办法。
> 跟着死闹也闹不出啥结果。
> 你死笑啥，有啥好笑的。
> 他就知道死说人家，来_也不想想他自己。

表示"程度高"的"死+动词"结构可用普通话的"很+动词"替换，不能用"一直、一个劲儿地"替换。相反，表示"频率高"的"死+动词"结构可用"一直、一个劲儿地"替换，不能用"很+动词"替换，如：

> 他死喜欢看电视。＝他很喜欢看电视。≠*他一直/一个劲儿地喜欢看电视。
> 小张死有本事。＝小张很有本事。≠*小张一直/一个劲儿地有本事。
> 他搁那合死等。≠*他搁那合很等＝他搁那合一直/一个劲儿地等。
> 他死打小孩。≠*他很打小孩＝他一直/一个劲儿地打小孩。

皖北方言表示频率高的"死"与普通话的"一个劲儿"也有区别。①"死"带有消极的主观语义色彩，一般不用在含积极意义的动词之前；"一个劲儿"则偏向于描述事实，感情色彩中性，对词的语义色彩无选择性。如不说"*他死鼓励我考大学"，但可以说"他一个劲儿地鼓励我考大学"。②"死"作状语时不能带"地"，不能说"*死地跑、*死地笑"等，"一个劲儿"作状语时通常要带"地"，通常不说"*一个劲儿说、*一个劲儿哭"。

皖北方言表示程度很高的"死"与普通话的"很"也有区别。皖北方言的"死"在表示程度高的同时带有强烈的主观色彩，具有夸张意味，修饰消极、中性色彩的形容词和心理动词时，能够加强不满、嫌恶的感情色彩；修饰积极意义的形容词和心理动词时能够加强赞叹、羡慕、喜爱的感情色彩。普通话的"很"偏重于对客观事实的描述，主观语义色彩不明显。

（二）血

程度副词"血"在皖北中北部地区使用普遍，如阜阳、利辛、蒙城、亳州、淮北、宿州等地。"血"表示的程度级别相当于普通话的"非常、太、极"。皖北方言中表示程度的"血"与表示"血液"的"血"是同音词。"血"的组合功能与程度副词"死"基本一致，主要用来修饰性质形容词、心理动词、感受动词以及感受、属性类动词短语。

（1）修饰形容词性成分

程度副词"血"在笔者母语中使用非常普遍，常用来修饰形容词且对形容词的色彩意义无明显限制，可以修饰消极意义的形容词，也可以修饰积极意义的形容词，相当于"太、非常"，修饰消极意义的形容词性成分时能加强嫌恶、不满的语义色彩。例如：

他长得血丑。
他家门口有一条血臭的沟。

那电视剧血难看，一点意思没有。
老张血小气，一毛钱都不舍得给。

"血"修饰含积极色彩的形容词性成分时，往往强化满意、赞叹之意，略带夸张色彩，如：

小张血能_有能力_，啥车都会开。
这身衣裳穿着血得_合适_，漂亮得很。
那孩子血机灵，回回都考一百分。
那家伙血过劲_厉害_，一个人去咾大城市。

（2）修饰某些心理感受类动词。如：

甲：这个你可喜欢？　乙：那还用说，血喜欢！
这几天我血想你，想得睡不着觉。

（3）修饰表示属性、感受的动词性结构。如：

他长得血吓人，跟个鬼样！
他血不讲理，你找他不是白找吗？
老张血有学问，看过好多书。
那个傻子血能吃，吃咾四个馍。

"血"修饰"不+形容词"结构的用法与"死"基本一致，如"血不顺眼、血不舒坦、血不结实"等，此不赘述。

与"死"不同，"血"不能作为表示频率高的程度副词使用，不能修饰动作行为类自主动词，没有"*血跑、*血玩、*血吃"之类说法。

含消极意义的"血+形容词/动词性"组合中,也可插入表示不满、厌恶之意的中缀"不/巴"和"不子/巴子",使消极语义色彩得到加强,如"血不黑、血不子矮、血巴臭、血巴子烦人"等。因为"不/巴"和"不子/巴子"含消极语义色彩,因此不能插入表积极意义的"血+形容词"组合之中,不能说"*血不高、*血不子机灵"等。

程度副词"血"的用法和语义色彩与程度副词"死"比较一致。"血"也表示极高的程度,与"死"和普通话的"非常、极"相当,有程度高得无以复加的含义。如:

血矮≈极矮/非常矮>很矮

程度副词"血"在中原官话中东部地区(河南北部、苏北、鲁西)使用较为普遍,但用于修饰积极意义的形容词而不含贬义色彩的情况比较少见,如徐州方言"血"专用在贬义方面,表示坏的程度极高。从这点来看,皖北方言的程度副词"血"虚化程度高于东部中原官话其他片区。

(三)洋脏/麻缠

程度副词"洋脏、麻缠"主要用于金蚌片的蚌埠、淮南、凤台、寿县等地,这两个程度副词只在金蚌片及附近地区使用,中原官话其他片区未见。"洋脏、麻缠"的用法比较一致,放在一起讨论(以下语例为淮南方言)。

"洋脏、麻缠"能用在形容词前,表示程度深,含强调、夸张意味。这两个程度副词后接形容词一般不受语义色彩限制,可接积极、中性、消极色彩的形容词,如:

他的房子洋脏/麻缠大。　他家的钱洋脏多/麻缠多。——中性
马跑得洋脏/麻缠快。　　太阳底下洋脏/麻缠舒坦。——积极
人长得洋脏/麻缠丑。　　外头洋脏/麻缠冷。——消极

"洋脏、麻缠"也可修饰形容词性短语，如：

> 这部电影洋脏/麻缠好看。　　羊肉汤洋脏/麻缠好吃。

"洋脏、麻缠"所表示的程度量级很高，相当于普通话的"非常、极、特别"，如洋脏/麻缠好≈非常好/极好/特别好。这两个词已丧失具体含义，有"难以言说"的意味，如"洋脏/麻缠冷"即"难以言说的冷"。

"洋脏"还可以和"样"组合成习语式的"洋脏样"。这个短语在金蚌片及其周边地区一般只用来作程度补语，如"好得洋脏样"，但在霍邱叶集镇可作状语，修饰形容词，如：

> 他洋脏样过劲 厉害、有本事！　　这个牌子的电视机洋脏样好。

金蚌片及其周边区域还有程度补语"麻缠样"，我们推测程度状语"洋脏、麻缠"可能是程度补语前移的结果，霍邱叶集镇保留"洋脏样"作程度状语的用法可作为证明。因为"洋脏样、麻缠样"前移作程度状语时，受到音节韵律的限制，省略了其中的"样"字。但有时为了强调，"洋脏、麻缠"作程度状语时，还可加"的"字，如：

> 他考试洋脏的厉害！　　他家来麻缠的有钱！

（四）怪

马真（1991）指出，"怪"是口语词，带有亲昵、满意、爱抚、调皮的感情色彩，而"很、挺"则不带感情色彩。"怪"能修饰口语性的形容词，不能修饰典型的书面语形容词，如"*怪寒冷的、*怪悲愤的、*怪壮观的"等，这一点与皖北方言相同。方言词汇主要表现为口语词，普通话中的一些书面语词往往只在特殊情况下使用，而"怪"是一个典型的口语词，两者之间不能搭配是很自然的事情。另据马真的观察，普通话中不便于表示亲昵、满意、爱抚、调皮等感情色彩的形容词，即便是口语词，也都不能受"怪"修饰，如不说"*怪对的、*怪坏的、*怪大的、*怪近的、*怪普遍的、*怪平常的、*怪随便的、*怪下流的"。这一点皖北方言与普通话明显不同，上述说法中的形容词，除书面语色彩较浓的"普遍、平常、下流"，都可以用"怪"修饰，例如：

> 他讲得怪对来，人家都服他。
> 那小孩怪坏来，成天偷人家东西。
> 你买的电视机怪大来，32英寸的吧？
> 这条路怪近来，往后就从这合走。
> 你到人家怪随便来，吃啥拿啥。

除形容词外，"怪"还能修饰心理动词和一些与人的品性有关的动词短语，如：

> 好几个月没回家咾，怪想家来。
> 那个小孩怪厌恶人_{使人厌恶}来！
> 他嘴真甜，怪讨人喜欢来！
> 小王怪能喝来，半斤酒不成问题。
> 你怪会做人来，好事都让你做咾。

"怪"多数情况下要与"来"配合使用，有时也与"的"配合使用，形成"怪……来、怪……的"格式。

"怪……来"只能作谓语，"怪……的"可作谓语、定语，作谓语时"的"为语气词，作定语时"的"为结构助词，如：

他怪有能耐_(有本事)_来！　　　这个怪好的，俺要咾。
怪好的一锅饭糟蹋咾。
像他那样怪机灵的一个人都叫_(被)_人骗咾。

"怪……来/的"格式带有较强的主观感情色彩，偏重于表达话者的主观看法，能够起到加强语义色彩的作用，如：

你俩怪有本事来。（赞叹）
这件衣裳我穿着怪得_(合适、漂亮)_来！（满足）
你怪舒坦来，搁床上睡子啥也不干！（不满）
狗身上怪臭的，快给它洗洗。（嫌恶）
你讲得俺心来怪难受的。（不快）

"怪……来/的"附带色彩的不同主要取决于所修饰成分的色彩，如果被修饰成分含消极色彩，"怪……来/的"就相应地带有消极语义色彩；如果被修饰成分含有积极、中性色彩，"怪……来/的"就相应地带有积极语义色彩。

皖北方言中的"怪"与普通话的"挺"使用范围基本一致，但皖北方言中很少用"挺"，凡是普通话用程度副词"挺"的地方，皖北方言中一般用"怪"。目前口语中个别情况下使用程度副词"挺"是受普通话的影响产生的。

"怪"的程度量级属于中量，比"很、太、死"等表示的程度量级要低，相当于"比较"的程度量，如：

怪差来 ≈ 比较差 < 很差/差得很/死差

徐州方言也用程度副词"怪"，但含义不同，徐州方言"怪"表示程度相当高和程度高过头，皖北方言的"怪"一般表达程度比较高，试比较：

徐州：觉悟怪高＝觉悟很高　　蚌埠：觉悟怪高来＝觉悟挺高的

皖北方言的"怪"有时也表达程度很高，但其中的"怪"要重读，起到夸张、强调作用，例如"他怪厉害，考咾100分"中"怪"重读时意为"他那么厉害，考了100分"。徐州方言"怪"重读时则表示程度过头，如"这人怪自觉了"中"怪"重读时，含有"未免太自觉了"之意。

（五）好

吕叔湘《现代汉语八百词》（1999）指出，"好"可用作副词，表示程度深。如：

好深的一口井！　你这个人好糊涂！　市场上好不热闹！　我们几个好找了一通。

皖北方言中"好"的使用范围比普通话要宽得多，是日常口语中常用的程度副词之一。

"好"经常用来修饰形容词或形容词性结构。如：

他的眼好圆！　　那丫头长得好俊！　　屋来好干净！
好大一条鱼！　　这孩子好口[凶,厉害]！　　他写作业好马虎！
老张好会说哟！　老王好有本事，一年挣咾几十万。

"好"也可修饰心理动词、感受动词或者感受、属性类动词性结构。如：

过年咾，俺好想回家。　　我的牙这几天好疼。

老李好会赚钱！　　　　　他儿媳妇好能干！

与"死、血"略有不同，程度副词"好"的"强调、夸张"意味非常明显，常用在感叹句中，"死、血"的描述意味强些，常用在陈述句中。试比较：

那个苹果好大！（夸张）
那个苹果死大。（描述程度）
那个苹果血大。（描述程度）

用程度副词"好"的句子通常可在句末加语气词"哟"突出"夸张"的意味，而用程度副词"死、血"的句子一般不能加"哟"，如：

那个苹果好大哟！　　*那个苹果死大哟！　　*那个苹果血大哟！

程度副词"好"所表示的程度量级与"很"相当，比普通话的"非常、极"小，也略小于"死、血"。如：

好高≈很高＜非常高/极高

"好"在皖北方言中还可用于疑问句中，询问"量"的多少，如：

那小孩好高_{多高咋}？　绳子好长_{多长}？　你有好些钱_{你有多少钱}？

（六）多

程度副词"多"在中原官话其他片区比较少见。与"好"相似，"多"在皖北方言中可用作程度副词，表示程度高。"多"在去声前读平调［55］，在其他调类前读本调［213］，而"好"只有本调［24］一种读法。表程度的"多"在皖北方言中的使用范围比"好"广得多，多数方言点都有。与"好"相似，"多"一般也只用在感叹句中。程度副词"多"的用法如下：

（1）修饰形容词，表示程度高。如：

你看那座山多高！　　你看他穿得多洋气！　　他眼瞪多大！

"多"有时跟"黄子、家什、家伙"等配合使用，带有强烈的夸张意味，如：

小张想得多好黄子，就是没派上用场。
东北多冷家伙，都零下十几摄氏度咾！

（2）修饰具有感受、属性特征的动词短语，表示程度高。

他多会讲，你能讲过他？　　你看他多疼你！

与"死、血、好"不同之处在于，程度副词"多"一般不能直接用来修饰心理动词、感受动词，下列说法不成立：

*我多想你哟！　　*他多喜欢吃面条子！

皖北方言的"多"还可作疑问词使用，询问"量"的多少或"程度"的大小。询问"量"的多少时后接形容词，与"好"的功能一致，如：

那小孩多高咾？　绳子多长？　马路多宽？

询问"程度"大小时，可接心理动词、形容词性短语，如：

你有多想我？　　他家多有钱？

具有消极色彩的"多+形容词"中间还可插入中缀"不子"，表达嫌恶、不满的主观语义色彩，如"他长得多不子丑"。"好+形容词"中间则不能插入"不子"，不说"好不子丑"之类。

程度副词"多"所表示的程度量与"好"基本一致，与"很"相当，比普通话的"非常、极"小，也比皖北方言的"死、血"小，程度量级如下：

多大≈好大≈很大＜非常大/极大/死大/血大

3.2.2　前加程度指代词

程度指代词可以用来指代程度。汉语代词系统可分为人称代词、指示代词和疑问代词，普通话的指示代词是两分的，有些方言的指示代词是三分的，如苏州话。普通话的指示代词可作如下分类：

数量指代词：这个（近指）　那个（远指）　这些（近指）那些（远指）　某些（不定量）

处所指代词：这里　那里

时间指代词：这时　那时　这时候　那时候　这个时候　那个时候　这会儿　那会儿

程度指代词：这么　那么

方式指代词：这样　那样　这么　那么

普通话中的"这么、那么"一般被看作表程度和方式的指代词。赵元任（1979）指出，"这么"和"那么"分别指近和指远，都是既用于方式也用于程度。"那么"用于方式，用得少（天津最多），从来不用于程度，表示程度用"多"或"多么"，如"多（么）大"。皖北方言中程度的指代词和方式指代词是截然分开的，"镇、镇么（近指）"和"恁、恁么（远指）"用来指代程度，"这样、那样"或"镇样（子）、恁样（子）"用来指代方式。如下例中的指示代词代指方式，不能用程度指代词"镇、镇么"或"恁、恁么"替换。

我跟你讲，你镇样（子）干，保证能干好。
你天天恁样（子）学肯定考不好。

程度指代词"镇（么）、恁（么）"表示程度，带有强调意味，没有明显的主观情感色彩。"镇、恁"分别是"镇么、恁么"的省略形式。四个程度指代词当中，"恁么"的使用频率最高，分布区域最广。

与"死、血"等相似，"镇（么）、恁（么）"主要修饰性质形容词、心理动词、感受动词和某些感受、属性类动词短语。这两个程度指代词的基本用法有：

（1）"镇（么）、恁（么）"修饰性质形容词。如：

你考得镇（么）/恁（么）好，还谦虚啥。
镇（么）/恁（么）大一个苹果都叫他吃完咾。

状态形容词和部分定量形容词因本身表示的程度量很高或者是确定的，不能再受"镇（么）、恁（么）"修饰，不说"*镇（么）雪白、*恁（么）稀烂、*镇（么）错、*恁（么）对"等。

（2）"镇（么）、恁（么）"可修饰心理动词和少数属性类动词、动词性短语，如：

你镇（么）/恁（么）想他，怎么不去看他？
俩小孩长得镇（么）/恁（么）像，不细看分不出来。
他咋镇（么）/恁（么）能吃？
你这孩羔子咋镇（么）/恁（么）不听话！

动作行为类自主动词因为没有程度量的变化，不受"镇（么）、恁（么）"的修饰，不说"*镇（么）跑、*恁（么）哭"等。

上述例句既可以用"镇（么）"，也可以用"恁（么）"，表面看来可自由替换，实际含义却有所不同，因为"镇（么）"是近指，"恁（么）"是远指。上述例句没有具体语境限制是近指还是远指，所以两者都可以使用，如果限定了近指或远指，一般就只能用其中之一了。例如：

现在都十一点咾，镇（么）晚咾，你还不睡？
A：我昨天十一点才睡觉。　　B：你咋恁（么）晚才睡？

"镇（么）、恁（么）"表示的程度量级与普通话的"很"，皖北方言的"好、多"相当，比普通话的"非常、极"和皖北方言的"死、血"程度量小，如：

镇（么）/恁（么）长 ≈ 很长 < 非常长/极长/死长/血长

王力（1957/1980）认为，在现代副词"这么、那么"产生之前，在唐宋时代，和"这么、那么"的用法大致相当的有"能、能尔、能许、能样、能底、能亨、能地、能个、如许、宁许"等。它们都可能是来自"尔"字。唐宋人的语录里已经有了"恁么"。王力指出，从语音上看，"恁么"就是后代的"那么"，但在最初，"恁么"兼有"那么"和"这么"两种意思。宋元的词曲里，"恁么"只写作"恁"（有时候作"惹"）

或"恁的"。可见皖北方言中的"怎么"在宋元时代已经使用。"恁"在皖北方言中读［nən⁵³］，与"能［nəŋ⁵⁵］"的语音接近，"恁"很可能是"能"的鼻尾前移所致，结合皖北方言，我们推测现代汉语用于指代程度的远指代词"那么"的发展路径可能是"尔→能→恁（么）→那么"。王力先生认为，"这么"和"那么"出现很晚，但是不清楚它们最初出现的年代。王力先生引用的"这么、那么"的用例是《红楼梦》中的例子，说明这两个词至少在清代已经产生。

程度指代词"怎么"在徐州方言中也用，如"恁么贵、恁么精、恁么恣儿"等，但徐州方言中少用"镇么"。皖北方言各方言点也是使用程度副词"怎么"的多，而使用程度副词"镇么"的少。"镇么"主要分布在阜宿片南部和金蚌片个别方言点，阜宿片北部（如淮北）、萧砀片少用。我们认为"镇么"是"这么"的音变形式，但皖北方言很少用到"这么"，"怎么"一词可与普通话的"这么、那么"两个词对等。"镇么"应该是根据"怎么"推导出来的。

3.3　皖北中原官话的程度补语

3.3.1　述程式的相关问题

后加程度补语也是汉语表达程度的主要方式之一，前加式与后加式往往形成互补，构成汉语程度表达的两种主要形式。前人对程度补语已经作了比较深入的研究，因为程度补语实际上存在于述补结构之中，含程度补语的述补结构又被称为述程式。

（一）述程式的形式

述补式有组合式（述语和补语之间有结构助词）和黏合式（补语与述语直接黏合，无结构助词）两种结构类型，与之对应，述程式也可分为组合式和黏合式两种。现代汉语中的组合式述程式的形式标记是结构助词"得"，如"好得很"。据赵日新（2001），汉语方言中构成述程式的结构助词不同，如客家话用"去/去来"，吴语、闽语、粤语用"到/遘"，湘语用"起"等。组合式述程式助词后的补语成分有时还可省略，如"看把你美得"。普通话黏合式述程式的结构形式是"形+补+了"，如"好极了、可笑透了、脏死了"等。南方有些方言则可以是"形+补"，赵日新（2001）认为这是纯粹的程度补语零标记形式，如："今朝热猛热猛（今天热得很）、昨夜的电影好笑死（昨天的电影好笑极了）"。皖北方言组合式述程式的结构助词主要是"得[ti⁰]"（东部）和"哩[li⁰/lei⁰]"（西北部），"得、哩"是同一个词的不同语音变体，下文分析皖北方言程度补语时多以"得"为例。

（二）述程式的组合功能

述程式的主要功能是作谓语，如"这个桌子好得很"。多数述程式还可以作补语，如"他骂人骂得累死了""你瞧他恨你恨得"。少数述程式可以作主语或宾语，如"累得很不打紧，多休息两天就是了""他觉得疼死了"。有的述程式可以转换成"的"字结构作定语、主语或宾语，如"饿得很的时候，就吃树皮、草根""穷得要死的都起来闹革命了"。不少程度补语可作为插入语放在句首，如："不幸得很，他已经三天没找到东西吃了。"

绝大多数述程式表示很高的程度，因此不能再受其他副词的修饰，例如不能说"*太辣得很、*很累得要命、*比较干净死了"。少数述程式的"补语"语义还没有完全虚化，其中来源于形容词的补语还可以受其他程度副词的修饰，例如："还好，他傻得不很，要不然肯定被骗了、我心里面堵得挺厉害，一点也不舒畅"。

述程式在形式上没有对应的否定式，"傻得很、好极了、丑死了"等都没有直接对应的否定式。它们在语义上的否定式是"一点儿也不+形容词"，例如，上述述程式的语义否定式为"一点儿也不傻、一点儿也不好、一点儿也不丑"。

(三) 述程式的构成成分

形容词是构成述程式述语的典型成分,但并非所有的形容词都能带程度补语。马庆株(2005)认为,带程度补语的形容词仅限于性质形容词,状态形容词和非谓形容词不能带程度补语。但据赵日新(2001)的观察,绩溪话的状态形容词能带程度补语,如"雪白得不得了""屁轻很了""墨乌很了"。赵先生认为这可以看成状态形容词带程度补语的特例。我们认为这种所谓的状态形容词带程度补语的情况实际上是主观语义磨蚀的结果,即在绩溪话中,说话人认为"雪白、屁轻、墨乌"不足以表达最高的程度,其程度义受到了磨蚀,因此,为了表达主观上认为的更高程度,就出现了带程度补语的用法。这一点跟前加状语相似,按说"最高"已经到了极点了,但有时候说话人往往不这么认为,因此出现"最最高、最最最高"的超常规用法。

除形容词外,另一种能带程度补语的词类是动词。心理动词能带补语这一点已得到学界认可,一般动词能否带程度补语学界存有异议。宋玉柱(1990)认为,能带程度补语的动词限于表示心理活动的动词。孙建强(1994)用八个带有程度补语的结构检验《动词用法词典》和《现代汉语八百词》的常用动词,确定了238个能带程度补语的普通动词,如"外面冻得厉害""我心里堵得慌""配合一点,别总闹别扭""你踩死我了"等。孙建强还指出,并非所有的心理动词都能带程度补语,"爱好、忽视、坚持、舍得、提倡、同意、希望、需要、赞美、指望"就不行。马庆株(2005)认为,除心理动词和感受动词外,能带程度补语的普通动词较少,常见的有"需要、费、照顾、缺、缺乏、像"。孙建强举的例子当中较大部分是感受类动词,这种动词带程度补语是比较普遍的现象。除了性质形容词和心理动词、感受动词、少量一般动词之外,马庆株(2005)认为,一些短语也能带程度补语,例如:"能吃苦极了""有意思极了""能说得很""受欢迎得很"等。前文在描写皖北方言的程度状语时,指出心理动词、感受动词、一些属性类动词短语能受"死、血"等修饰,这说明程度状语和程度补语对所修饰成分的选择具有一致性。

张宜生（2000）将能够充当程度补语的副词分为可补副词（兼职充当补语）和唯补副词（只能充当补语的副词），可补副词包括很、极、死、甚、尽、煞、至、多、远、死死、非常、异常、万分、绝顶、无比、过分；唯补副词包括严格意义上的唯补副词和正在形成中的唯补副词，前者如"透、慌、坏、绝伦、透顶"，后者如"要命、要死、不行、不成、邪乎、邪行、吓人、够呛、可以、不得了、了不得"。综合来看，现代汉语普通话中的唯补成分，除了张先生所列的11个，还有"厉害、出奇、可怜"，这三个形容词用作补语时虚化程度相对较低。

（四）述程式的语义特点

马庆株（2005）认为，程度补语表示程度（degree）和幅度（extent），只表示程度高，不表示同样的程度和较低的程度。多数学者认为，述程式的程度义来源于补语本身。宋玉柱（1990）认为，程度补语的"程度"不是指向补语本身，而是指向中心语的程度。笔者认为，程度补语的程度并非指向形容词的性质或动词的动作行为本身，而是指向形容词、动词所表示"量度"或"幅度"，从形容词或动词可以概括出一个"量"的范畴，程度补语的程度实质是这个"量"的多少的问题。石毓智（2001）将形容词分为定量形容词和非定量形容词，非定量形容词能够被"有点、很、最"等程度副词修饰，定量形容词则不行。我们认为形容词、动词能否带程度补语要看这个形容词、动词及其相关行为能否在"量"上得到延展，这种延展，有时要受主观因素影响，即主观上如果认为可以延展，即使客观上不能，也必须服从主观，这恰恰体现了语言社会性的一面，例如普通话的"最最好"、绩溪方言的"好点雪白"等就是这种主观程度的表现。

述程式的"程度"义并非单纯由程度补语表示，而是由结构式本身和程度补语共同承担，正因为结构式本身可以表示程度高，所以程度补语才可以省略，从而使得"这个苦得""你看他凶得""今朝热得来"（杭州话，赵日新，2001）之类表示程度高的说法仍然可以成立。

述补结构的述语和补语之间的语义关系比较复杂，对同一补语成分，学界往往有不同的定性，例如"他急得直跺脚"，有人认为"直跺脚"是急的结果，有人则认为是急的程度。程度补语和状态补语、结果补语之间往往纠缠不清，这主要是因为一方面程度补语多数是由状态补语、结果补语发展而来，它们之间往往相互交织，有些格式甚至就是同形格式，例如：

挤死了：a. 今天坐公交车的人真多，挤死了。（程度）
　　　　b. 空间太小了，有几只小鸡挤死了。（结果）

另一方面程度是一个主观性较强的概念，受主观因素影响较大，导致各家评判标准不一，分类角度也有明显差异。

（五）述程式的语用特点

述程式表示程度高，多含强烈的主观色彩，常常带有强调、夸张的意味；而程度状语，多偏重于客观描写。试比较：

雨过天晴，天空很蓝。　　　雨过天晴，天空蓝得很。

"很蓝"意在描写天蓝的程度，而"蓝得很"则在语气上略显夸张，表明说话的主观看法，增强了强调的语气。

述程式带有主观感情色彩，其语用意义常常不在于强调程度，而在于表达某种情绪，如：

这东西重死了，我拿不动。（表不满）
西瓜甜得不得了，快来吃。（表喜爱、满意）
这次又没考上公务员，小张失望极了。（表达失落、伤心）

正因为述程式带有强烈的主观性，才会出现一些所谓的"超常规"表达方式，这种"超常规"搭配在网络上屡见不鲜，例如：

蒲江惊现假摔警察，执法过程中一碰就倒，喜剧得很。
网上的成交记录假得不得了。
这男人长着细长的眼睛，挥手投足之间有种难以言语的优雅，只是脸色苍白得要命。

"喜剧"是名词，"假"是绝对性质形容词，"苍白"是状态形容词，这些词客观上都不能带程度补语，但因为说话人主观上认为它们可以有程度高低之分，因此也就带上了程度补语。普通话中的程度副词和程度结构的连用实际上也是主观程度的表现，例如：

NBA 哪个最最最最最最最最厉害啊？
标题要很长很长很长很长很长。

第一个例子中作者认为"最厉害"还不足以表达厉害的程度，所以一连用了 8 个"最"表达程度之高，第二个例子中主观上认为一个"很长"还不算长，所以一连用了 5 个"很长"。类似的用法在文学作品中也经常出现。

3.3.2　皖北中原官话的程度补语

本节主要讨论皖北方言中的一些比较特殊的程度补语。皖北方言程度补语可分为完全式和省略式两种类型。完全式由"A/V + 得 + C"构成，省略式由"A/V + 得"构成。完全式是主要形式，但省略式也比较常用。与普通话相比，皖北方言省略式的"A/V + 得"出现的频率要高得多，例如：

你看你热得，快去洗洗！

哎哟！你看他咋呼_夸张_得！不就一点小事吗？

哎哟！这回叫我累得！

你看叫你忙得，你是客，怪不好意思来！

皖北方言口语中绝大部分程度补语都是唯补成分，比较典型的可补副词有"死、狠"两个，如：

他死拐_脾气犟_！　　他拐死咾！　　他搁那合_在哪儿_狠哭！　　他哭狠咾！

作为程度补语的唯补成分往往是汉语方言区别于普通话的重要特征之一，各方言在表达程度时常常选择不同于普通话的唯补成分，形成方言特色，如贵州贵阳方言的"完勒"，山西临汾方言的"呱"等。汉语方言中有些程度补语的用法与普通话不一致，如福建永安的"极"可作黏合式程度补语，不带"了"，如"好极"。

皖北方言与普通话有异的程度补语主要有很、死、狠、很得很、慌/哄、毁、不能行、跟啥样/跟什么子样、洋熊样、洋脏样、屌形样、屌熊样。其中"很"是跟普通话一致的程度补语，但皖北方言的"很"只作程度补语，"死"则既可作程度状语，又可作程度补语。下面讨论上述程度补语的用法。

(一) 死

程度补语"死"在皖北地区比较通用，分布区域很广。皖北方言的程度补语"死"与普通话的程度补语用法基本一致。由"死"构成的述程式是黏合式的，不带结构助词，结构形式是"A/V + 死 + 咾/喽"。式中"咾/喽"是必有成分，不能省略。

程度副词"死"用在性质形容词之后，表示程度高，如：

他脾气拐死咾。　　那小孩坏死咾。　　今个倒霉死咾。
这回老张高兴死咾。　他烙的馍香死咾。
一个月没吃肉，馋死喽！

程度副词"死"源于表实义的"死"字，一开始用在表消极意义的形容词之后，后来逐步扩展到表中性和积极意义的形容词之后。但能带程度补语"死"的形容词限于与人的感受、品性有关的形容词，一些用来描述事物客观属性的形容词一般不能带程度补语"死"，如：

*他家的房子好死喽！　　*乡来_里的公路窄死咾！
*地来_里的麦苗子绿死咾。

没有"量"的变化的定量形容词和状态形容词也不能带程度补语"死"，如：

*你讲得对死啦。　*教室来静死喽。　*他的脸黢黑死咾。

程度副词"死"还可用在一些心理动词、感受类动词之后，表示程度高，如：

俺昨个叫蚊子咬死喽！　外头吵死咾！　恁冷家什，快冻死喽！　老李这几天愁死咾！

一些与人的品性、感受有关的动词性结构也可以带程度补语"死"，如：

那个大劳力_{大力士}有劲死咾。
小王能吃死咾，一口气吃十个馒头。

述程式"A/V+死+咾/喽"在句中的主要功能是作谓语、补语，有时也可直接作感觉类动词的宾语，如：

谓语：他这晚_{现在}快活死咾！　　补语：屋来_里搞得脏死咾！
宾语：俺觉得疼死咾！

述程式"A/V+死+咾/喽"表示程度高，往往带有强调意味，如：

俺姥家远死咾，俺不去。　　这小孩嘴甜死喽！

前一例句强调距离太远，后一例句强调嘴太甜。

一些与人的感觉、评价相关的形容词带上程度补语"死"之后还可以带人称代词宾语，如"急死俺咾""丑死他咾""美死你咾"。

（二）很

"很"在普通话中是一个典型的可补副词，可作程度状语和程度补语。但在皖北方言口语中，"很"是唯补副词，通常只能用来作程度补语，不能作程度状语，也没有类似普通话"很+VP"的用法，不说"*很念了几年书""*很有几个钱"之类的句子。近年来，皖北方言中"很"作状语的用法是受普通话影响而产生的，如在某些特殊的场合也用"很"作状语，例如"他考得很好""你小孩成绩很不错"，这种用法一般只在知识文化水平较高者口中出现，明显是受书面语的影响。

皖北方言中"很"作程度补语是组合式的，即补语和中心语之间需要加"得［ti⁰］"或"哩［li⁰］／［lei⁰］"①，结构形式为"A/V+得/哩+很"，如（举例以"得［ti⁰］"为主）：

---

① 结构助词"哩"是"得"语音弱化的结果，主要在阜阳地区、亳州市使用，其他地区多使用"得"。

他人好得很。　　　　　　猪吃得快得很。
你今个穿得漂亮得很。　　他恼得很，不要惹他。

"很"用作组合式的程度补语时，结合面比"死"广，性质形容词均可带程度补语"很"，如：

那条狗凶得很。　　　　　河来水凉得很。
他考试考得好得很。　　　他办事办得差劲得很。

一些不能带"死"的定量形容词也可带程度补语"很"，如：

你说得对得很。　马路宽得很。　他画的线直得很。

一些心理动词、感受动词、动词性结构也能带程度补语"很"，如：

心理动词：老丈人见咾女婿，喜欢得很。
感受动词：你放松点。——俺放松得很。
动词性结构：他家有钱得很。

述程式"A/V+得/哩+很"在句中的主要功能是作谓语、补语，有的可作感觉类动词的宾语，如：

谓语：他心来里舒坦得很！
补语：作业写得马虎哩很！
宾语：俺觉得难受得很！

与"死"不同，程度补语"很"侧重于对程度的客观描述，意在强调程度高的事实，主观色彩不太明显。

（三）很得（哩）很

皖北方言中，有时人们主观上认为程度补语"很"不足以表达程度高，为了进一步提高程度量，常常后加"很得很/很哩很"，如果还觉得不足，可以加"很得很得很/很哩很哩很"。从程度量上来说，"很、很得很/很哩很、很得很得很/很哩很哩很"的程度逐级加深，其中前两种说法在皖北方言中非常普遍，后一种说法主要用在阜阳及其周边区域。例如：

利辛：街上人多得很。＜街上人多得很得很。＜街上人多得很得很得很。

阜阳：甘蔗甜哩很。＜甘蔗甜哩很哩很。＜甘蔗甜哩很哩很哩很。

"很得很/很哩很、很得很得很/很哩很哩很"实际上是利用叠加的方式来表达程度的升级，类似普通话"最最、最最最"的超量级表达方式。按说"X得很"足以表达程度之高，但如果说话人主观上认为不足，就会采用"很得很/很哩很、很得很得很/很哩很哩很"的超常表达方式。这种表达方式往往带有强烈的夸张意味，句尾有时还可带语气词"哟、样"，如：

颍上：成绩好得很得很哟！　　成绩好得很得很得很样！
阜阳：那家伙坏哩很哩很哟！　　那家伙坏哩很哩很哩很样！

"很得很/很哩很、很得很得很/很哩很哩很"的句法功能跟程度补语"很"基本一致，凡是能带"很"的形容词和动词，都能带"很得很/很哩很、很得很得很/很哩很哩很"。"很得很/很哩很、很得很得很/很哩很哩很"在句中也主要作谓语、补语。"很得很/很哩很、很得很得很/很哩很哩很"与"很"的区别就在于程度加深，带有强烈的夸张意味。

（四）狠

孟庆惠（1997）指出，皖北方言中"很"可以直接跟在动词后，表示情况过分时的严重性。如：

别哭了，哭很了眼要瞎的。　　他病很了，话都哈不出来了。
走很了，腿会肿的。　　　　　叫很了，嗓子要哑的。

我们认为"X 很咾"中"很"另有来源，而非普通的程度副词"很"，理由如下。①形式不对称，皖北方言中只有"X 很咾"，没有"很 X"。②皖北方言已有组合式"X 得很"，如果再有黏合式"X 很咾"会增加语言负担，且目前未见一个副词既有组合式又有黏合式述补结构。③普通话黏合式述补结构（如"X 极了"）的述语一般只能是形容词性，而皖北方言"X 很咾"的述语则可以是普通的行为动词，对比来看，也不支持"X 很了"的判断。④"X 很咾"和普通话"很 X"在语义上不对称："X 很咾"的含义是超过一定的限度，"很 X"只表示程度高。这一点不像普通话的"极 X"和"X 极了"，它们在语义上是对称的。

我们认为"X 很咾"其实是"X 狠咾"，因为式中的"狠"与组合式"X 得很"中的"很"性质不同，表现在以下方面。

（1）依附成分不同："很"主要依附于形容词；"狠"的中心语则以动词为主，也可以是性质形容词，"狠"在黏合式述程式中必须与"咾"共现，其结构形式是"动词/形容词 + 狠 + 咾"。例如：

行为动词：这回他帮把人家噘骂狠咾。
感受动词：俺的牙这两天疼狠咾。
心理动词：老嬷子想儿子想狠咾，有点神经病咾。
性质形容词：他镇晚现在傻狠咾。

（2）强调内容不同，"很"强调程度高，如"很好"意思是"好"的程度高；"狠"强调过量，意为严重了，如"病狠了"意思是"病"的程度超过了正常限度。

（3）"X 得很"对应于普通话的"很 X"，而"X 狠咾"与"很 X"不对应，如：好得很 ≈ 很好，喜欢得很 ≈ 很喜欢，傻狠咾 ≠ 很傻，哭狠咾 ≠ *很哭。

（4）"X 得很"重在描述客观的程度，不含比较之意，如"快得很"是速度的一种客观描述；"X 狠咾"重在强调程度量的加深，含有与一般程度比较的意味，如"快狠咾"是跟心理预期的"快"作比较，强调超过心理预期。

（5）黏合式述程式"X 狠咾"偏向于表达主观看法，往往带有不如意的语义色彩，含有积极语义色彩的动词、形容词带后缀"X 狠咾"也含有消极的语义色彩，如"他这几天高兴狠咾"意思是"他这几天高兴得过头了"；而"X 得很"主观色彩较弱，如"他高兴得很"只表示高兴的程度高。

"X 狠咾"在句中的主要功能是作谓语，如上述例句。有的也可作补语或少数感觉动词的宾语，有的加"的"后可作主语、宾语，如：

补语：他走路走得慢狠咾，跟不上趟。
宾语：我觉得打狠咾。
主语：累狠咾的都不干咾。
定语：给烤焦狠咾的馍板_扔_吧。

贵州贵阳话（汪平，1984）的"狠"与皖北方言非常相似，也可作程度补语，含义是"过分、过头"，如"这对鞋大狠了_这双鞋太大了_""这棵索索太长狠了_这根绳子太长了_"。贵阳话里的"很"也只能用作程度补语，不能用作程度状语，如"这篇文章好得很"。汪平（1984）甚至认为贵阳方言的

"很"来源于"狠"。贵阳话"狠"的用法和语义与皖北非常一致,这也从一个侧面证明了"狠"作程度补语并非孤立现象。

于芹、刘杰(2008)指出,皖北口语中有"很+VP"组合,其中的"V"可以是动作动词,与普通话的"很+VP"形成对立。如"很吃、很偷、很打、很干"等。我们认为皖北方言所谓"很+VP"组合其实是"狠+VP",与普通话的"很+VP"不在同一个层面上,两者之间有很大的差异。皖北方言"很+VP"中的"狠"意为"狠狠地",例如:

狠吃=狠狠地吃　狠偷=狠狠地偷　狠打=狠狠地打
狠干=狠狠地干　狠喝=狠狠地喝　狠学=狠狠地学
狠看=狠狠地看　狠睡=狠狠地睡

可以说,皖北方言的"狠+VP"组合,实质上是"狠狠地+VP"组合的省略式。"狠"修饰后面的动词,属于描述性状语。于芹、刘杰指出,皖北方言的"很+VP"主要用于祈使句,这更证明所谓"很+VP"其实是"狠+VP",如:

你给我狠打!=你给我狠狠地打!
你狠看几眼!=你狠狠看几眼!

"狠+VP"的用法也从一个侧面证明"X很咾"中的"很"为"狠"字的判断。

(五)慌/哄

"慌/哄"在皖北方言中可作程度补语使用,构成"X+得(哩)+慌/哄"格式。"X+得+慌"分布在金蚌片(如蚌埠等地)及阜宿片的南部地区(如阜阳、利辛等地),"哄"是"慌"的语音变体,"X+哩+哄"分布在阜宿片的北部地区(如亳州、淮北、宿州等地)及萧砀片的萧县、砀山。"慌/哄"在述程式中读轻声［xuaŋ⁰］／［xuŋ⁰］。"慌/哄"作程度补语只有组合式用法，必须带结构助词"得"或"哩"。

"慌/哄"作程度补语时对述语有比较严格的限制，能够带"慌/哄"作程度补语的性质形容词一般与人体感受或人所处的状态有关，如"酸、苦、辣、黏、累、饿、热、冷、烦、屈、疼、恶心"等。如：

蚌埠：我觉着闷得慌，看样子要下雨咾。
　　　四川菜吃着辣得慌。
亳州：我看你是闲哩哄，得给你找点活干干。
　　　吃饭吧，俺饿哩哄。

与人体感受或人所处的状态无关的性质形容词不能带"慌/哄"作程度补语，如"长、短、深、浅、高、低、红、黄、黑"等。下面的句子不成立：

*这条绳子长得慌。　*那个小孩高得哄。

一些心理动词和感受类动词可以带"慌/哄"作程度补语，例如：

萧县：俺这几天难过哩哄，啥也不想干。
　　　车上挤哩哄，你别过来咾。
利辛：孩羔子又不知道跑哪去咾，叫人担心得慌。
　　　我心来ᵢ老是堵得慌，得透透气。

动作行为类动词不能带"慌/哄"，不说"*打得（哩）慌/哄、*骂得（哩）慌/哄"。

"X得（哩）慌/哄"主要作谓语（如上述例句），也可作补语和某些感觉类动词的宾语，有时加"的"还可作主语、定语，如：

淮南：干活干得累得慌。　　俺觉着撑得慌，不能再吃咾。

阜阳：闲哩哄的都跟我一阵（一起）去干活。　　饿哩哄的时候就吃。

"X 得（哩）慌/哄"前还可以再带表示程度的状语，如：

宿州：我看你太闲得慌咾。

蒙城：俺怪饿得慌来，快给俺弄点吃的！

"慌/哄"表示一种不如意的心理感受，具有褒义色彩的性质形容词不能作"慌/哄"的述语，不能说"*香得慌、*甜哩哄、*好得慌、*干净哩哄"。下面的句子不成立：

*这瓜香得慌。　　*屋里干净哩哄。

"X 得慌/哄"表示的程度量级属于中量，略大于普通话的"有点 X"，如：咸得慌＞有点咸，酸哩哄＞有点酸。

因为"X 得慌/哄"表示的量级为中量，可用"有点"修饰，也可用"怪"修饰，如：

宿州：这菜咋有点苦得慌？　　半天没喝水咾，俺有点渴得慌。

程度补语"慌/哄"在中原官话以及其他北方官话中也比较普遍，如：

新疆焉耆（刘俐李，1994）：冷得慌　闷得慌　痒得慌

山东郯城（邵燕梅，2005）：馋得哄　喜得哄　闹心得哄

江苏赣榆（苏晓青、万连增，2011）：憋得慌　晒得慌　吓得慌

（六）毁

"毁"作程度补语的用法在皖北地区之外少见。"毁"作程度补语的用法源于"毁坏"义的虚化。皖北方言中"毁"可指人体、东西受到损伤，与"坏"意思相通，如"钟表叫他摆坏毁咾_{钟表被他搞坏了}"。"坏"在普通话中可表示程度深，如"忙坏了、累坏了"，类似的说法在皖北方言中也用，但用"毁"表示程度深更为普遍。程度补语"毁"主要分布在阜宿片、萧砀片以及金蚌片的东部地区，金蚌片中西部的淮南、寿县、金寨、霍邱很少用，相应的程度补语为"坏、死掉了"，如"热坏了、冷死掉了"。

程度补语"毁"可用在心理动词、感受类动词和少数行为动词之后，构成"V 毁咾/喽"结构，"咾/喽"不可省略。如：

心理动词：几天没见就想毁咾。
感受动词：身上这几天疼毁咾。
行为动词：他叫_被人打毁咾，鼻青脸肿的。

能带程度补语"毁"的形容词大都与人有关，具有［+述人］的属性。感觉类、品行类以及具有［+述人］特征的描述类形容词、形容词性短语可带程度补语"毁"，构成"A 毁咾/喽"结构，表示程度深，如：

感觉类：小张叫秦椒_{辣椒}辣毁咾。
品行类：老李大方毁咾，捐咾一百块钱。
描述类：俺老家穷毁喽，都吃不上饭。
短语类：他家有钱毁喽，盖三层洋楼。

与"慌/哄"不同，"毁"表示的程度量级较高，属高量级程度补语，不能受"有点、怪"修饰，如不说"*有点累毁咾、*怪酸毁来"。

程度补语"毁"带有不如意的语义色彩，起初一般用在含消极色彩的动词、形容词之后，但随着语义的虚化，目前也用在含积极色彩的动词、形容词之后，表示程度深，如：

他过劲_{厉害、有本事}毁咾，考咾一百分。　老李娶媳妇喽，高兴毁喽。

"X 毁咾/喽"的主要功能是作谓语（如上述例句），也可作补语和某些感觉类动词的宾语，有的加"的"还可作主语、定语，如：

补语：吃饭吃得撑毁喽。
宾语：俺觉着难受毁咾。
主语：闷毁咾的都出去透透气。
定语：急毁咾的人都别急咾，马上就好。

程度补语"毁"表示程度量级很高，属于高量级程度补语，与"不得了"相当，如：

他笨毁咾！≈他笨得不得了！

（七）不能行

"不能行"相当于普通话的程度补语"不行"。"不行"用作程度补语，主要是现代以后的用法，例如：

梁斌《红旗谱》五九："咳，不好呀，身子酸得不行，饭也懒怠吃。"
魏巍《东方》第一部第九章："她说别的老婆们，都有老花镜，她也借着戴过，做起活来，得劲得不行。"

皖北方言也用"不行",例如"我心来里难过得不行"。皖北方言程度补语"不行"的用法与普通话无别,不赘述。

皖北方言的"不能行"与普通话的"不行"一样只用于组合式结构中。"不能行"的使用范围比"毁"宽,可用在心理动词、感受类动词、少数行为动词之后,也可用在一般的性质形容词(包括感觉类、品行类、描述类)、形容词性短语之后,表示程度深。如:

心理动词:俺饿得难受得不能行。
感受动词:天冷了,老张冻得不能行。
行为动词:他叫人打得不能行,腿都断咾。
感觉类形容词:俺妈今个烧的汤咸得不能行。
品行类形容词:那孩子坏得不能行。
属性类形容词:那块地大得不能行,得种好几天。
形容词性短语:那孩子能吃得不能行。

"大得不能行、长得不能行、好得不能行"等均可以成立,而"*大毁咾、*长毁咾、*好毁咾"的可接受性差。

普通话中,动作行为类动词"打、骂"等一般不能作"不行"的述语成分,但皖北方言中"不能行"可用作[＋述人]类动作行为类动词的程度补语,如:

他叫人家噘骂得不能行。
老三给把人家撵得不能行。
那小孩哭得不能行。

从用法和语义上看,皖北方言的"不能行"与普通话的"不得了"基本一致。皖北方言中也用"不得了",但书面语色彩较浓,主要分布在中原官话的北部。"不能行、不得了"目前也可以用在含积极色彩的形容词之后，表示程度深，如"他舒坦_{舒服}得不能行、他高兴得不得了"。

"X得不能行"在句中除了作谓语，也可作补语和某些感觉类动词的宾语，有的加"的"还可作主语、定语，如：

  补语：他走路走得累得不能行。
  宾语：俺觉着困得不能行咾，得睡一会儿。
  主语：那些傻得不能行的都不要。
  定语：疼得不能行的时候就吃点止疼药。

"不能行"属高量级程度补语，略带夸张意味，所表示的程度量级与普通话的"不行"一致，相当于"特别……"，如：

  累得不能行≈特别累

皖北方言的"不能行"与普通话的"不行"来源很可能不同。"不能行"似源于实义的"不能行走"之义，是结果补语，如"累得不能行"原意可能是"累得不能行走了"，后来"不能行"逐渐扩展到用在其他动词之后，如"热得不能行、疼得不能行、打得不能行"中的"不能行"原来可能均有"不能行走"之义。再到后来，"不能行"语义弱化，变成程度补语之后，就可以用在形容词之后了，如"傻得不能行"已无"不能行走"之义。

（八）跟啥样/跟什么（子）样

"跟啥样/跟什么（子）样"表示程度很高，来源于"跟……一样"。普通话表示程度可用形象化的比喻修辞格式"跟……一样"，这种格式即可前置作状语，也可后置作补语，如：

他跟牛一样壮。→他壮得跟牛一样。

他跟猪一样笨。→他笨得跟猪一样。

皖北方言中也存在上述说法,但是作程度补语的用法远多于作程度状语,而且用作程度补语时,"一"可省略,用作程度状语时则不能省略,例如:

*他跟牛样壮。→他壮得跟牛样。

*他跟猪样笨。→他笨得跟猪样。

当无法说出或不需要说出具体的喻体时,就用疑问代词"啥"或"什么(子)"来代替其中的喻体,从而形成程度补语"跟啥样/什么(子)样"。"跟啥样"与"跟什么(子)样"在皖北地区通行区域较广,但金蚌片中西部金寨、霍邱、淮南、寿县等地因为疑问代词用"什么(子)",不用"啥",所以程度补语一般也只用"跟什么(子)样"。

"跟啥/什么(子)样"与"不能行"类似,主要用在性质形容词、形容词性短语和心理动词、感受类动词、少数行为动词之后,表示程度深。如(以"跟啥样"为例,下同):

描述类形容词:河来_里的水脏得跟啥样,根本不能洗澡。

感觉类形容词:外头热得跟啥样,俺才不出去来。

品行类形容词:老三差劲得跟啥样。

形容词性短语:他有劲得跟啥样。

心理动词:小孩都想你想得跟啥样,你咋还不回家?

感受动词:牛叫蝇子叮得跟啥样,到处乱窜。

行为动词:他叫老师熊_{训斥}得跟啥样,灰头土脸的。

与"X得不能行"一样,"X得跟啥/什么(子)样"的主要功能也

是作谓语。此外,也可作补语和某些感觉类动词的宾语,有的加"的"可作主语,但基本不作定语。如:

补语:他跑步跑得快得跟啥样。　宾语:我觉得苦得跟啥样。
主语:笨得跟啥样的不要来报名咾。

"跟啥/什么(子)样"属高量级程度补语,相当于普通话程度补语"没法说",如:

冷得跟啥样!≈冷得没法说!

"跟啥样、跟什么样"显然源于比喻格式"跟……一样"。

(九) 洋熊样/屌形样/屌熊样/洋脏样

"洋熊样/屌形样/屌熊样/洋脏样"是皖北方言口语中较为常用的程度补语,其中"洋熊样/屌熊样/屌形样"带有粗俗意味。这几个词来源和语法功能具有一致性,故放在一起讨论。

"洋熊、屌熊"口语中用来骂人,相当于普通话的"狗熊"。前文指出皖北方言的"熊"与晋语、中原官话西部的"㞞"性质相近,皖北方言"熊"应是"㞞"的音变形式。从来源上看,"洋熊、屌熊"应该就是"洋㞞、屌㞞"的意思。皖北方言还能说"洋货挑食的人",其中"洋"有"挑剔"之义,如"他洋得很,专挑瘦肉吃"。"洋货"的"货"有轻读[xu⁰]、重读[xuo⁵³]两种念法,重读时意为"挑剔的家伙",轻读时是形容词,意为"挑剔",如"你别洋货咾,有得吃就不错咾"。"洋熊"与"洋货"是同类詈词,但语义程度有别,"洋熊"的"洋"本义有"外来的"之意,类似的用法有"洋钉、洋葱"等,"洋熊"本来很可能是辱骂外来之人的詈语,但目前"洋熊"已很少单说,通常只有"洋熊样"的说法,用作程度补语。"屌熊"则是更为粗俗的詈语。

"洋熊样/屌熊样"是一种比喻的说法,意为"跟洋熊一样、跟屌熊一样",本来也是骂人语,后来逐渐虚化为表示程度的习语,主要在阜阳及其周边地区使用。"屌形样"主要用在金蚌片西部的金寨、霍邱地区,与其毗连的江淮官话(六安话)也用。"屌形样"可能是"屌熊样"的语音变异,"形、熊"语音接近。"洋脏样"主要用在金蚌片的东部及其周边地区,如蚌埠、寿县、怀远等。这个词有人写作"羊脏样",义指像羊的内脏一样乱,如"乱得洋脏样",我们认为这种说法比较牵强,为何脏乱就一定像羊的内脏?难有理据。根据周边方言的资料,我们认为有一种可能性,即"洋脏样"是仿照"洋熊样"类推出来的,因为"洋熊样"过于粗俗,故创造了"洋脏样"一词替换。

上述四个词语的句法组合规律与"不能行、跟啥样"一致,不同的是它们常常带有贬抑、粗俗的意味。

"洋熊样/屌形样/屌熊样/洋脏样"用在性质形容词、形容词性短语和心理动词、感受类动词、少数行为动词之后,表示程度深。

  描述类形容词:他长哩高得洋熊样,2米多。(阜阳)
  感觉类形容词:他家的羊肉汤_{一种粥汤}好喝得洋脏样。(淮南)
  品行类形容词:那老头子奸_{吝啬}得屌形样,没人搭理他。(金寨)
  形容词性短语:那半拉橛子_{小伙子}能干哩洋熊样。(阜阳)
  心理动词:老李火恼怒得屌熊样。(霍邱)
  感受动词:身上疼得洋脏样。(淮南)
  行为动词:庄稼叫牛吃得洋脏样,长不起来咾。(凤台)

"洋熊样/屌形样/屌熊样/洋脏样"的语义目前已经虚化,只表示程度深,含积极语义色彩的形容词和动词也可带此类程度补语,如:

  老李高兴得洋熊样/屌形样/屌熊样/洋脏样。
  锅来的饭香得洋熊样/屌形样/屌熊样/洋脏样。

与"X得跟啥样"一致,"X得洋熊样/屌形样/屌熊样/洋脏样"的主要功能也是作谓语。有时可作补语和某些感觉类动词的宾语,有的加"的"还可作主语,作定语的情况少见。如:

补语:他吃饭吃得慢得洋熊样/屌形样/屌熊样/洋脏样。
宾语:我觉得辣得洋熊样/屌形样/屌熊样/洋脏样。
主语:蠢得洋熊样/屌形样/屌熊样/洋脏样的都来咾。

"洋熊样/屌形样/屌熊样/洋脏样"属于高量级程度补语,与"不能行、跟啥样、不得了"所表示程度量级一致,不能再受"有点、怪"等修饰。

小 结

本章讨论了皖北方言的程度形容词、程度状语和程度补语。就整个中原官话区来看,皖北方言的程度表达与苏北、鲁西的中原官话,特别是与苏北境内的中原官话具有较强的一致性,表现在:①形容词前加"稀、焦、精、虚、溜"等表程度。②形容词后加"乎乎的、不拉唧的、不唧的、溜溜"等表程度。③重叠式常用的形式都是"AA的、ABAB的"。④"XA"式状态形容词中间大都能插入贬义中缀"不"。⑤常用的程度状语有"死、血、怪、恁么"等,程度补语有"死、得很、的慌(哄)"。皖北中原官话在程度表达方面与东部中原官话也存在差异,表现在:①皖北方言的"稀、精"等组合能力不强,构词数量有限。②皖北方言的"怪"能表示较高的程度量级。③皖北方言有些程度表达手段是特有的,东部中原官话少见,如程度指代词"镇么",程度补语"毁、很得(哩)很、很得(哩)很得(哩)很、不能行、洋熊样"等。④中原官话东部方言区也有一些程度表达手段皖北地区不用或少用,如"透A"(徐州)、

"XAA"（郯城）等，皖北方言中程度副词"可"的使用频率也比较低。皖北方言程度表达与西部（新疆、陕西）中原官话差异较大，上述东部及皖北方言的程度表达手段西部只用到少数几个，同时，西部的一些特殊程度表达手段皖北及东部中原官话也很少用到，如前缀"圪"表示弱化级，"AA 儿"表示一般或很高的程度等。

皖北方言表程度形容词有前加式、后加式和重叠式三种表达形式，这三种形式构成的都是状态形容词，表达的程度以高量级为主。皖北方言表程度的状态形容词的主要特点见表 3-2。

表 3-2　　　　皖北中原官话程度义状态形容词的特点

	形式	量级	修饰词	被饰词	主要功能	色彩	举例
前加	XA	高	-	有强选择性	谓语、补语、定语	中性	冰凉 稀烂
后加	A 乎的	低	有点	感觉类 述人类	同上	偏褒义	酸~ 肉~
	A 不乎的	低	有点	同上	同上	偏褒义	凉~ 笨~
	A 乎乎的	低	有点	同上	同上	偏褒义	热~ 胖~
	A 不拉唧的	低	有点	同上	同上	贬义	傻~ 呆~
	A 不唧歪的	低	有点	同上	同上	贬义	咸~ 蠢~
	A 不唧的	低	有点	同上	同上	贬义	黏~ 牛~
	A 不拉的	低	有点	同上	同上	贬义	软~ 瘦~
	A 不歪的	低	有点	同上	同上	贬义	黑~
	AXX 的	高 低	- 有点	同上	同上	偏贬义 偏褒义	硬邦邦的 酸乎乎的
	AXYZ	低	有点	同上	同上	贬义	脏不拉叉 瘦勒吧唧

续表

	形式	量级	修饰词	被饰词	主要功能	色彩	举例
重叠	AA 的	高（低）	±有点	单音节	同上	中性	大大的 酸酸的
	ABB 的	高	-	双音节少	同上	中性	年轻轻的 干净净的
	BBA	高	-	双音节较少	同上	中性	喷喷香
	AABB 的	高	-	双音节少	同上	中性	清清爽爽
	ABAB 的	高	-	双音节	同上	中性	雪白雪白
	A 勒 AB 的	高	-	双音节少	同上	贬义	土勒土气

就状态形容词的构成来看，皖北方言前加式、后加式、重叠式状态形容词都比较丰富。这些状态形容词之间也有区别。①语义功能上，前加式偏向于表达程度，后加式偏向于表达状态（态度）。②量级上，前加式和重叠式基本是高量级的，后缀式则以低量级为主，低量级的可以受"有点"修饰，高量级的不能。③语义色彩方面，前加式为中性，加中缀"不"等为贬义，重叠式为中性，后加式则是贬义和褒义都有，但贬义后缀占多数。④句法功能上，状态形容词主要功能是作谓语，也都能作补语和定语，作谓语和补语时，多数必须带"的"，如"AA"式，少数一定不带"的"，如"XA"式，有的作补语时可带"的"也可不带"的"，如"AABB"。⑤被饰词方面，前加式"XA"中"X"对"A"的选择性较强，组合形式多是固定的，后加式则要求附加成分为感觉类或少数述人类形容词，而重叠式中，"AA"式的构词能力最强，单音节形容词一般可以重叠为"AA"式，四字格式的重叠式的词根是双音节形容词，除构成"ABAB"式的形容词较多外，其他类型的都比较少。

皖北方言句法层面程度表达可分为前加程度状语和后加程度补语两种。本章第二节主要讨论了皖北方言与普通话有差异的程度副词和程度指示代词，并对其句法特点、语义特点作了相应的分析。皖北方言的相对程度副词与普通话基本一致，我们将相对程度副词的量级分为微量、中量、高量和极量，其中"略微、稍微"是微量级的，"比较"是中量级的，

"更、还"是高量级的,"最"是极量级的。我们将绝对程度副词的程度量级分类为差量、微量、中量、高量、极量、超量。"差量"是指没有达到说话人预期的程度,实际上是对不足的一种委婉表示,例如家长问老师孩子的成绩好不好,老师往往顾及家长的面子,说孩子成绩不大(不太、不很)好,他实际意思是成绩差或者比较差,我们把表达这种程度的副词称为"差量"副词。"超量"则是指程度超过了说话人的心理预期,如"太、过于"等,"过犹不及","超量"与"差量"都表明没有达到目标预期的程度。皖北方言绝对程度副词的量级特征如下①:

差量:不太、不大、不咋　微量:有点儿　中量:怪、还、挺
高量:多、够、好、死、血、太$_1$、真、特别、相当　超量:太$_2$

本章所讨论的皖北方言前加式程度状语及其主要特点见表3-3。

表3-3　　　　　　　皖北中原官话程度状语的特点

组合形式	量级	可修饰成分	语义色彩	举例
死 X	高	形容词 形容词性短语 心理/感受动词	嫌恶、不满 赞叹、喜爱	死差 死能讲 死难过
死不/巴子 X	高	形容词 心理/感受动词	嫌恶、不满	死不子差 死巴子烦
血 X	高	形容词 形容词性短语 心理/感受动词	嫌恶、不满 赞叹、喜爱	血狠 血能吹 血想
血不/巴子 X	高	形容词 心理/感受动词	嫌恶、不满	血不子酸 血巴子烦

---

① 皖北方言中没有表示"极量"的程度副词,此项空缺。"不咋"可以表示差量,例如"这孩子成绩不咋好"。

续表

组合形式	量级	可修饰成分	语义色彩	举例
怪 X 来/的	中	形容词 形容词性短语 心理/感受动词	赞叹、满足 嫌恶、不满	怪好来 怪有钱的 怪想来
好 X	高	形容词 形容词性短语 心理/感受动词	（强调/夸张）	好大 好有本事 好喜欢
多 X	高	形容词 形容词性短语	（强调/夸张）	多长 多会说
多不子 X 多巴子 X	高	形容词	贬义	多不子笨 多巴子高
洋脏 X 麻缠 X	高	形容词 形容词性短语	（强调/夸张）	洋脏多 麻缠好看
镇（么）X	高	形容词 形容词性短语 心理/感受动词	（强调/夸张）	镇（么）大 镇（么）会说 镇（么）喜欢 镇（么）像
恁（么）X	高	形容词 形容词性短语 心理/感受动词	（强调/夸张）	恁（么）大 恁（么）会说 恁（么）喜欢

与程度状语相比，学界一般认为程度补语只表示高量级，如马庆株（2005）、赵日新（2001）等。作程度补语时所表示的程度量略高于程度状语，如"他的成绩好得很"程度量级略高于"他的成绩很好"。程度状语和程度补语还有三点差异。①程度状语偏重于对述语程度的客观描述；程度补语偏重于对述语程度的主观认知。②作状语时的程度略低于作补语。③作状语时书面语色彩较浓，作补语时口语色彩较浓。试比较：

a. 空气很好，她的心情也很好。（偏客观描述，书面语色彩浓）

b. 空气好得很，她的心情也好得很。（偏主观认知，口语色彩浓）

c. 空气好得不得了，她的心情也好得要死。（偏主观认知，口语色彩浓）

我们认为造成上述差异的原因在于人的认知规律。从历时角度来看，程度状语的使用要比程度补语早，程度状语是表达程度的典型模式，一般是无标记的，程度补语表达程度以组合式居多，黏合式也常常是组合式的省略形式。1958 年丹麦心理学家 Rubin 用著名的"脸与花瓶幻觉图"（face/vase illusion，图 3-1）描述了焦点与背景的关系，如果人们的视点不同，就会看到不同的事物，而我们看到的那个事物就是焦点，剩下的就成为背景。

图 3-1　脸与花瓶幻觉图

人的认知规律之一是从旧信息到新信息，语言组合上表现为从左到右的结构模式，也就是说新信息往往在后面出现，而新信息是语言表达的焦点所在，也是听话人注意力的焦点。程度状语在述语之前出现，信息的焦点集中在述语本身，述语成为焦点，相应的状语就成为背景，而述语本身并不具有很强的程度性，只是事物属性或心理行为的一种描述，因此表程度的"状语 + 述语"结构也就带有描写性、客观性。补语则在述语之后出现，成为表义的焦点所在，述语成了背景，加上补语本身一般是表程度高的成分，语义焦点投射在表示高程度的补语成分上，进一步加强了补语的程度性，同时因为述语部分已经作出一定判断，而补语只是在这种判断的基础上表达主观看法，也就带有了强烈的主观色彩。

由于程度状语在表达程度方面具有典型性，成为首要选择，那么程度补语就具有了非典型性，因此程度补语一般选用表达高程度的词来凸显其地位，高程度量级成为述程式的特点。那些由表示低量级的述程式构成的句子往往不被当作表示程度的，例如：

  我感觉最近好点了。   这幅画差一些。

排除此类述程式结构，其他的述程式一般表示高程度。我们认为述程式本身带有很强的主观性，对其程度量级的划分也往往带有主观性色彩，只能是一个大概的分类。皖北方言的程度补语量级特点如下：

  高量级：多、远、透、死、很、毁、够呛、厉害、不得了、不能行、跟啥样、洋熊样、屌熊样、屌形样、洋脏样、要命、要死、很得很、很得很得很
  中量级：慌/哄
  超量级：狠

本节讨论的皖北方言程度补语的主要特点见表3-4。

表3-4   皖北中原官话程度补语的特点

补语	组合形式	量级	可饰成分	色彩	举例
死	X死咾/喽	高	性质形容词 形容词性短语 心理/感受动词	消极为主	丑死咾 能吃死咾 吵死喽
很	X得很 X得很得很 X得很得很得很	高	性质形容词 形容词性短语 心理/感受动词	中性	好得很 有钱得很得很 喜欢得很得很得很
狠	X狠咾/喽	超	动词 性质形容词	消极	打狠咾 傻狠喽

续表

补语	组合形式	量级	可饰成分	色彩	举例
慌/哄	X 得慌/哄	高/中	形容词［＋感受］ 心理/感受动词	消极	饿得慌/哄 闲哩慌/哄 难过得慌/哄
毁	X 毁咾/喽	高	心理/感受动词 少数行为动词 性质形容词［＋述人］	消极为主	高兴毁咾 打毁喽 傻毁咾
不能行	X 得不能行	高	性质形容词 形容词性短语 心理/感受动词 少数行为动词	中性	好得不能行 有钱得不能行 想得不能行 嚼得不能行
跟啥（子）样 跟什么（子）样	X 得跟啥样 X 得跟啥子样 X 得跟什么样 X 得跟什么子样	高	性质形容词 形容词性短语 心理/感受动词 少数行为动词	中性	丑得跟啥样 好得跟啥子样 想得跟什么子样 嚼得跟啥样
洋熊样 屌熊样 屌形样 洋脏样	X 得洋熊样 X 得屌熊样 X 得屌形样 X 得洋脏样	高	性质形容词 形容词性短语 心理/感受动词 少数行为动词	消极为主	短得洋熊样 会玩得屌熊样 开心得屌形样 骂得洋脏样

皖北方言前加程度状语"死、血、好、多"构成的句子后面还可加"黄子、家伙、家什",突出嫌恶、赞叹、惊讶之情,富有夸张色彩,同时也是其所表示的程度进一步加深,如:

那小孩的成绩死差黄子! 那人长得血丑家什!

屋来好热黄子,跟火炉子样! 那棵树多高家伙!

第四章 皖北中原官话的体系统

早在古希腊时期,斯多葛学派、柏拉图、亚里士多德等就开始思考有关"体"的问题,不过当时往往时、体不分。据了解,最早将"体"作为一个独立范畴进行研究的是斯拉夫语的学者,后来"体"的概念被引用到日耳曼语的研究当中。英国语言学家Comrie(1976)对"体"进行了全面系统的研究,建立了自己的体系统,并严格区分了时(tense)和体(aspect)。自此以后,时、体的区分得到学界广泛认可。"体"是一个十分复杂的语法范畴,从名称、内涵到体范畴的建立都存在诸多争议。据陈前瑞(2008),目前国外语言学家所建立的"体系统"主要有五种,其中最主要的四种为Comrie体系统(1976)、Smith体系统(1991)、Michaelis体系统(1998)、Dik体系统(1997)。

汉语的体范畴早期就受到学者关注,如王力(1943/1985)、高名凯(1957/1986)、吕叔湘(1942/2014)、赵元任(1979)、陈平(1988)、龚千炎(1995)、石毓智(1992)、戴耀晶(1997)、李小凡(1998)、孙英杰(2007)、陈前瑞(2008)等。尽管学界对体的称谓和分类有不少差异,但描写了一些公认的体标记,这为后来的深入研究奠定了基础。从文献资料来看,早期的研究偏重于体标记成分和各种体意义的具体描写,同时对汉语有无表示时间的语法范畴等相关问题作了一些探讨,但总体上缺乏理论分析,且没有考虑到汉语体系统的构建问题。20世纪80年代以来,汉语学界有关体的研究进入新阶段,此时汉语体研究主要在四个方面取得了重要成果。一是有关"体"的基本问题和相关理论的深入研究，如陈平（1988）、张济卿（1998）、左思民（1999）、龚千炎（1995）、金立鑫（2004）等。通过深入讨论，学界对时、体内涵等相关问题的认识更进了一步。二是对汉语具体时体标记成分的深入研究，如木村英树（1983）、刘勋宁（1988）、房玉清（1992）等。三是对汉语方言时、体问题的研究，如胡明扬主编（1996）《汉语方言体貌论文集》、张双庆主编（1996）《动词的体》，这两部论文集收集了不少有关方言"体"研究的论文。四是根据汉语特点进行深层理论探讨，尝试建立汉语体系统，主要体现为三部专著：戴耀晶（1997）《现代汉语时体系统研究》、孙英杰（2007）《现代汉语体系统研究》、陈前瑞（2008）《汉语体貌研究的类型学视野》。

目前不同类型的体系统实际上是基于对"体"的不同认识而建立的，陈前瑞的"情状体"和孙英杰的"动词词汇体"是着眼于动词的语义特征所作的分类，陈前瑞的"边缘视点体"是指语法化程度较低的视点体，可称之为半虚化成分。多数学者公认的"体"则是从语法范畴角度着眼所作的分类，即虚化程度较高的视点体，但即便是从语法范畴角度进行分类，各家的观点也不尽一致，多数学者着眼于动作，如 R. Quirk 等（1972）认为，"体"指出了动词动作被注意或被感受的方式；有的着眼于事件，如戴耀晶（1997）认为，"体"是观察时间进程中的事件构成的方式；有的着眼于事态，如张济卿（1998）认为，"体"是对事态本身的观察方式，是用来说明事态处于何种状况或阶段的语法形式；有的则一分为二，如李如龙（1996）把与"aspect"对应的概念称为"体"，而把体现动作主体的一定意想的情绪的所谓"情貌"称为"貌"。李小凡（1998）将体貌分为动态和事态，动态是观察动作发展和变化的过程中所区分的体貌类型，指动作或变化的过程中显示的不同情状，分为完成体、持续体、进行体、继续体、反复体、经历体、短时体、尝试体，事态则是观察事件发生、存在、变化与否所区分的体貌类型，分为已然态、未然态、将然态、仍然态、当然态。李小凡同时指出动态属于词平面，事态属于句平面，事态可以包容动态；动态用动态助词或副词标记，事态则用事态语气词和事件副词标记。

戴耀晶（1997）认为，可分别从外部和内部来观察一个事件，前者得到的是完整体，后者得到的是非完整体。现代汉语的完整体包括现实体、经历体、短时体，非完整体包括持续体、起始体、继续体。本章讨论皖北中原官话体系统时大体上按照戴耀晶先生的分类，主要从事件的角度考察相关的体表达形式，同时也适当考虑与动词有关的体标记形式，我们确定的皖北体系统中的完整体包括实现体、经历体、反复体，非完整体包括持续体、尝试体、起始体、继续体。下文分别加以讨论。

4.1 实现体

学界公认的普通话体标记成分有"着、了、过"，其中具有体意义的"了"通常被分为用于句中的"了"和附着于句末的"了"。对句中"了"的体性质，学界主要有四种观点：完成体、实现体、现实体、完成—延续体。早期学者，如王力（1943/1985）、赵元任（1979）、朱德熙（1982）等都主张"完成说"，即认为"了"的语法意义是"完成"。刘勋宁（1988）、竟成（1993）提倡"实现说"，刘勋宁认为，"了"附在动词、形容词以及其他谓词形式之后，表明该词词义所指处于事实的状态下，他把"了"的语法意义概括为"实现"，把"了"视为实现体的标记。"完成说"与"实现说"的对立引起了学界广泛关注，有关讨论一直持续至今。戴耀晶（1997）把"了"看作现实体的语法标记，即相对于某个参照时间来说，句子所表达的事件是一个已经实现了的（realized）现实事件。李小凡（1998）主张仍然采用"完成体"的说法，但"完成体"的"完成"应该理解为"完毕"和"成功"，而不应按照印欧语的观点仅仅理解成"动作已经完毕"，"完成体"可以表示两种语法意义，一是动作或变化在某一参照时间已经完毕，二是动作或变化在某参照时间点已经产生了某种结果,相应地"完成体"可以分解成"完毕体"和"成功体"两个次范畴。

"完成说"难以解释一些动词、形容词等带"了"表示动作、变化完成后状态持续的情况,如"小张红了脸""有了房子就结婚""他病了三年了"。相比之下,"实现说"的概括力要强一些,因为动作、变化、状态实现以后可以持续也可以不持续。

金立鑫(1998)提出"完成—延续"说,认为"实现说"的缺点在于忽略了"了$_1$"和"了$_2$"的区别,违背一般人的语感。例如"昨天老王买了一本书",用实现论解释为"昨天'实现'买一本书的行为"总是别扭,不如"昨天'完成'买一本书的行为"直接、明确、好懂。金先生认为"了$_2$"的意义是"事件实现后的状态延续到某一参照时间",是"体"和"时"的混合标记。句尾"了"还可以作为纯粹语气词使用,不附带体貌信息。金立鑫认为,这种"了"是语气词"啦"的弱化形式,例如"中文太难了""这个最好了""小李最聪明了"。作为纯粹语气词使用的"了"不是体标记成分,不在本节讨论范围之内。

4.1.1 咾/喽

汉语方言的实现体以采用体标记助词为主,少数方言点使用重叠(如浙江永康)或者语音内部屈折(如陕西商县)的形式。中原官话区常用的实现体标记有"喽"(如山东菏泽)、"咾"(如安徽蚌埠)、"咧"(如陕西西安、新疆焉耆)等。[①]"喽"和"咾"主要分布在中原官话的中东部,"咧"主要分布在中原官话的西部。

皖北方言与普通话"了"相对应的成分是"咾 [lɔ⁰]"和"喽 [ləu⁰]",大部分地区用"咾",北部的宿州(北部)、亳州(部分地区)等地用

---

① 参见黄伯荣(1996)《汉语方言语法类编》、兰宾汉(2011)《西安方言语法研究》、刘俐李(1994)《焉耆汉语方言研究》。

"喽",两者在用法和功能上无明显区别,下文以"咾"为例进行分析(语例为笔者母语)。

实现体标记"咾"通常出现在谓词性成分之后,从谓词的角度来看,它表示谓词的词义所指处于事实的状态之下;从事件的角度来说,它表示句子表达的是一个动态的、完整的、现实的事件。"咾"常用于"VP+咾+宾"的格式,该格式表示动作、状态在某一参照时间之前已经"实现",同时句子所表达的事件已经成为现实。具有自主性的"VP"大都能够用于该结构,式中"宾语"大都是相对复杂的名词性短语。例如:

买咾一本。 吃咾两碗。 看咾三天。 打完咾三局。
俺踢咾他的腿。 他进咾那间屋。 树上挂咾红灯笼。

"买、吃、看、打"都具有自主性,它们所在句子表达的都是动态的完整事件,这些动词后带"咾"意指"买、吃、看、打"的动作已经实现,它们所表达的事件已经成为事实。如果宾语是光杆的普通名词,一般情况下不单说,需要有一定的上下文语境。如:

甲:出啥事咾? 乙:老李打咾人。

当VP为自主动词及其所构成的动词性短语时,动作多是非持续性的,如:

俺吃咾一个馍。(单个动词,非持续)
喝咾茶再走吧!(单个动词,非持续)
他将不才_{刚才}使劲喝咾一口汤。(状中结构,非持续)
俺打死咾两个老鼠。(动补结构,非持续)

当 VP 为非自主性成分时，句子往往可以表示变化实现后状态的持续，例如：

> 他病咾一年多。（"病"的变化实现后持续了一年多）
> 俺家丢咾两只鸡。（"丢"的变化实现后状态一直在持续）
> 那棵树死咾一个多月咾。（"死"的变化实现后状态一直在持续）
> 有咾路，赶集就方便啦。（"有"的变化实现后，仍将持续）
> 俺最后相信咾他。（"相信"的变化实现后一直持续）
> 他俩好咾几天又打起来咾。（"好"的变化实现后，持续了几天）
> 家里住咾两个客（"住"的状态实现后，仍然持续）
> 讲子₍着₎讲子₍着₎，小张红咾脸。（"红"的变化实现后，仍然持续）

皖北方言中"VP＋咾＋宾"中的宾语一般是数量结构，如上述句中"一个馍、一口汤、两个老鼠、几天、两个客、一年多"，含非数量结构宾语的"VP＋咾＋宾"（如"喝咾茶、红咾脸、有咾路"）一般不能独立使用，需要一定的上下文语境。"VP＋咾＋宾"格式使用频率较低，皖北地区习惯于将宾语提前，构成受事主语句，如"脸红咾、茶喝咾、路有咾"，此时可独立成句，句中"咾"视为"咾₁"和"咾₂"的混合体。

表属性、关系的非自主动词一般不能带"咾"，下面的句子不能说：

> *他姓咾张。　　*地来₍里₎是咾庄稼。　　*一加二等于咾三。

"咾"不受时态的限制，可用在表过去、现在、将来的事件中，如：

> 我昨天是吃咾饭走的。　　别急，我帮这碗饭吃咾就走。　　我明天吃咾饭再走。

句尾的"咾"用在感叹句、祈使句中,往往只是比较纯粹的语气词,表"确认"。如:

  这小孩太傻咾! 这个房子大多咾! 别去咾!

用在句尾且附着于动词性成分之后的"咾/喽"往往是"咾$_1$/喽$_1$"和"咾$_2$/喽$_2$"的混合体,既有时体表达功能,又有一定语气作用,这种情况下的"咾/喽"仍具有体标记的功能。从事件角度着眼,实现体标记"咾/喽"用在句子或分句的末尾,表示事件在某个参照时间已经实现或即将实现,实现后状态可持续也可不持续,以"咾"为例,如:

  老李哭咾。 水开咾。 菜吃完咾。 外面下雨咾。 我明天就走咾。

"老李哭咾"表示"哭"的行为已经发生,"老李哭"这件事情已经实现。"水开咾"表示"开"的状态已经出现,"水开"已经成为事实。"菜吃完咾"表示"吃"的动作已经发生,"菜吃完"这件事情已经实现。"外面下雨咾"表示原来没有下雨,现在开始下雨了,"下雨"的新情况已实现。"明天我就走咾"含义是相对于明天的某个时刻,我已经走了,"我走"是相对情况下实现了的事件。

普通话"了"用于动趋式时,有两种位置,可构成"动+了+趋"和"动+趋+了",如"请了来、请来了、拿了出去、拿出去了"等。皖北方言只有"动+趋+咾"结构,没有"动+咾+趋"结构,如"*拿咾来、*送咾走"均不能说。

有的"动+咾+宾+趋"结构中宾语后的趋向动词实义性较强,如"请咾三个人来""你别急,俺买咾一包烟去",其中"来"和"去"都是意义实在的趋向动词。

"咾"用在"动+趋+咾"结构中,表示动作行为已经实现,动作实现后状态是否持续与动词本身的语义特征有关。

老王摔下来咾。(非持续)　东西挂上去咾。(可持续)

"摔"的动作行为是不可持续的,不能带表持续的"子₍着₎",因此用在"动+趋+咾"结构中,动作实现后不可持续;"挂"所表示的动作是可持续的,可带"子₍着₎",用在"动+趋+咾"中,动作实现后仍可持续。

普通话"动+趋+了"结构有的可带宾语(趋向动词限于单音节的"来、去"),如"买来了鸡蛋""带去了香烟"等。皖北方言中的"动+趋+咾"结构不带宾语,普通话"动+趋+了+宾"在皖北方言中相近的形式是"动+咾+宾+趋",或者将宾语提前作受事主语,如:

普通话:拿来了钱。　带去了鸡蛋。
皖北方言:拿咾钱来。　带咾鸡蛋去。
皖北方言:钱拿来咾。　鸡蛋带去咾。

皖北方言的这两种说法并不能与普通话的"动+趋+了"结构对等,因为"动+咾+宾+趋"中的"去"有实义,而"主语+动+趋+咾"中"主语"是有定的(普通话"动+趋+了+宾"中的宾语是无定的)。

据王力(1957/1980),表示完成貌的(即"实现体")"了"字来源于表示"终了、了结"意义的"了"字。而表示"终了、了结"之意的"了"在汉代已经出现,如王褒《僮约》"晨起早扫,食了洗涤","了"的这种含义在晋代以后颇为常见,如《晋书·傅咸传》"官事未易了也"。在唐人的诗句中,在很多地方"了"字已经不作谓词使用,而逐渐虚化,"实际上它变了补语的性质,仅仅表示行为的完成"。"了"的"完成、终了"之意在皖北方言中仍在普遍使用,"了"读音与表实现体的"咾"读音不同,一般读[liɔ²⁴],两者可以在同一个句子中共现。如：

事做了咾吧？（"了"意为"完成"）
放了咾电影，他就睡觉咾。（"了"意为"终了"）
俺得写了咾作业才能吃饭。（"了"意为"完成"）

由于具有实义的"了"有"完成、终了"之意，而形容词、某些比较特殊的动词（如存现、心理、状态类动词）往往含有［+持续］之意，如果加"了"就会造成语意矛盾。另外，述补结构由于已经含有某种结果，也不能加"了"。例如：

*天都黑了，他还没回家。　*睡了，睡了！　*我想了一天。
*我数完了一百个。　　　　*他蒸熟了一锅馒头。

上述例句都不能用"了"，只能用"咾₁"。我们认为皖北中原官话的"咾₁"来源于"了［liɔ²⁴］"，"了［liɔ²⁴］"字语意虚化以后，读音也发生了相应的变化，介音［i］脱落，变成［lɔ²⁴］，然后转为轻声的"咾"［lɔ⁰］。

4.1.2 来

阜阳、淮南等地可在句末使用助词"来"，表示相对于某个时间来说新情况已经实现或者即将实现。这种"来"与普通话的句末语气词"了"相当。

"来"的用法主要有下述两点。

（1）表示新情况已经出现，出现后状态持续与否与句中谓词有关。"来"同时带有确认、强调的作用，如：

阜阳：老李走来。　俺回来两年来。　小张上他姐家去来。
她的脸红来。

上述句子分别表示"老李已经走了，不在这儿了""我回来已经有两年时间了""小张已经到他姐姐家去了""她的脸出现了'红'的状态"。这些句子表示"实现"的同时都有确认的意味。

（2）表示将来的情况、状态或某种假定的情况、状态将会出现，如：

淮南：小李要是走咾，就再也没人帮忙来。
给他一百钱，他肯定高兴毁来。
阜阳：等老师回来，斗_就不能玩来。
你把书给俺，俺就骑洋车子走来！

阜阳等地"来"具有实现体的功能，与普通话的"了₁"和皖北方言的"咾₁"相当。在老派和农村地区的方言中也可用在"V+来+宾"结构中，表示实现，如"吃来两碗饭、看来三天书"等。目前"来"的这种用法已经趋于衰落。

4.2　经历体

经历体属于完整体，它强调的是句子所表达事件的历时性（戴耀晶，1997：57）。经历体表示一个曾经发生的事件，该事件相对于参照时间已经发生，是一个完整事件。普通话经历体的标记是"过"，但"过"并非只表示经历体，还可表示完成体。完成体表达的含义是相对于参照时间，动作行为已经完成。

房玉清（1992）根据能不能与"曾经"共现，将"过"分为两个：不能与"曾经"共现的是"过₁"；可以跟"曾经"共现的是"过₂"。"过₁"

用在动词后表示动作完结，我们称之为"完成体"（有人称为"完结体"，如陈前瑞，2008）标记；"过₂"用在动词或形容词之后表示曾经发生某动作行为或存在某种状态，我们称之为"经历体"标记。例如：

> 我们吃过₁饭就去了机场。（完成）
> 你明天上过₁课，到我这里来一趟。（完成）
> 我痛苦过₂，战斗过₂。（曾经）
> 他去过₂北京，知道那里的环境怎么样。（曾经）

汉语方言经历体的一致性很强，绝大部分区域用"过"作为标记词，东南部有的汉语方言有少量特殊的经历体标记词，如福州话的"哦"。此外，湖北荆门的"哒"，云南昆明的"着"，湖南邵阳的"嘎"也可作为经历体的标记。值得一提的还有粤方言和部分闽方言，它们的经历体可用词头"有"表示，如"我有吃"。中原官话经历体几乎清一色的全部用"过"作经历体标记，皖北方言也不例外，但有特别之处，就是经历体和完成体虽然字形相同，但不少方言点语音有别。

皖北方言中的"过"有实义用法，如：

> A. 他没过关。　　B. 俺昨个坐车坐过咾一站路。
> C. 家来没钱咾，恐怕熬不过这个年咾。

A 句的"过"意为"通过"，B 句的"过"意为"超过目标点"，C 句中"过"意为"度过"之意。B 句的"过"笔者母语读 [kuɤ²¹³]，A、C 句读 [kuɤ⁵³]。

皖北中北部多数方言点，具有体标记作用的"过"有两个，一种是表示事件已完成，记作"过₁"，另一种表示曾经的已然事件，记作"过₂"。完成意味着事件的终结，事件本身也已成为已然之事，因此，我们把"过₁"

和"过₂"都看作经历体。

"过₁"和"过₂"在读音形式上有明显差异，以笔者母语为例："过₁"读 [kuɤ⁰]；"过₂"主要元音 [ɤ] 脱落，读 [ku⁰]。如：

过₁ [kuɤ⁰]：他去过北京咾。　俺想过这事咾。
　　　　　　小李当过兵咾。
过₂ [ku⁰]：他去过北京。　俺想过这事。　小李当过兵。

"过₁"和"过₂"书面形式相同，写出来有时会造成歧义，如"俺吃过苹果咾"可以既表示我吃苹果的动作已经完毕，又可以表示我曾经吃过苹果。但在皖北中北部方言口语中一般不会造成歧义，因为它们的读音不同：

俺吃过 [kuɤ⁰] 苹果咾。（完毕）
俺吃过 [ku⁰] 苹果咾。（经历）

经历体"过₂"的用法主要有下述方面。

（1）跟在动作行为动词、心理感受动词之后，构成"V+过+（宾）"结构。动词的宾语可提前作受事主语，如：

俺来过恁家。→恁家俺来过。
他逮过刺猬。→刺猬他逮过。
老李算计过这事。→这事老李算计过。

（2）具有动态属性的形容词可带"过₂"，表示曾经有过某种状态。如：

他俩红过脸。　小李傻过一段时间。　俺家来ₑ穷过。

（3）少数动结式可带"过₂"，表示动结式的结果曾经发生过。如：

　　这东西吃死过好几个人。　你逮到过贼吗？　他叫人抓住过。

（4）"过₂"表示曾经的经历或状态，它所涉及动态变化已经终结。表示属性的静态动词一般不能带"过₂"，下面说法不成立。

　　*俺认识过他。　*他知道过老张回家咾。

（5）经历体"过₂"表示先前的经历，因此不能再与表示持续的"子/住"和表示进行的"来"连用。下面的说法不成立。

　　*俺吃子（住）过柚子。　*小李吃过来。

（6）"过₂"可与表示实现态的"咾₂/喽₂"连用，"过"表示曾经发生或者已经完成，"咾₂/喽₂"表示事件已经实现，两者在语义上不矛盾。如：

　　老李吃过苹果喽。　俺去过北京咾。

（7）"过₁"和"过₂"一般只用在陈述句、疑问句、感叹句中，祈使句因为不具有过去相关性，不能用"过"作谓语，下列句子不成立。如：

　　他吃过 [kuɤ⁰] 药，立马_立刻_就好了。
　　我坐过 [ku⁰] 飞机，才稳当来。
　　屋来_里_的地可扫过 [kuɤ⁰] 来？
　　你可吃过 [ku⁰] 香蕉吗？
　　*快来过！　*把苹果吃过！

4.3 反复体

戴耀晶（1997）将动词重叠式称为"短时体"，这里我们采用"反复体"的说法。据黄伯荣（1996），汉语方言反复体（短时体）的表达手段主要有重叠（如普通话"尝尝"）、内部屈折（如广东信宜话延长动词时长）、加缀（如山西汾阳前缀"圪"，山东济南的后缀"巴"）、加助词（如湖北英山助词"下儿"）四种。其中，重叠和加助词是最主要、分布最广的表达手段。皖北方言反复体的表现形式主要是动词重叠。

皖北方言的动词重叠式有两种主要形式，一是"VV"式，二是"VVV"式。这两种形式都可表示动作行为的反复。

4.3.1 VV式

动词重叠是汉语的重要特点之一，然而学界对动词重叠式的语法意义历来看法不一，主要有以下几种：①短时体（貌），如王力（1943/1985）、戴耀晶（1997）、陈前瑞（2008）；②短时体（相）或尝试体（相），如吕叔湘（1942/2014）、赵元任（1979）；③叠动体（高名凯 1957/1986），表动作过程的起落重复；④动作的加强、削弱、加繁（何融，1962）；⑤表示不定量（李人鉴，1964）；⑥表示少量（范芳莲，1964）；⑦反复体，表示句子动作行为的反复，如钱乃荣（2000b）。

吕叔湘（1942/2014）认为动词重叠式可以表示尝试，例如：

(1) 你们俩白想想，我这话虑的是不是？

（《儿女英雄传》第四十回）

(2) 这是最好的两组，是常胜军，何不看一看呢？

（叶绍钧《篮球比赛》）

但"尝试相"限于未完成的动作,既成的动作就只能仍然并入"短时相",例如:"他想了想,说:好。"赵元任(1979)也认为动词重叠可以表示"尝试态",例如"看看、想想"。我们认同动词重叠式的主要语法意义是表示动作行为的反复,尝试义不是动词重叠式的基本语法意义,虽然有些情况下动词重叠也含有尝试色彩,但多为动词本身的含义或特殊语境下的语用含义,例如:

  小张,你来试试。 俺尝尝这个味道怎么样。

句中"试试、尝尝"的"尝试"之义都是动词本身所附带的,还原成原式(单个动词)之后句子仍有尝试之意,"尝试"跟重叠关系不大。此外,尝试义的有无往往受语境的影响,试比较:

  a. 你试着想想,肯定能找到答案的。
  b. 你好好想想,肯定能找到答案的。

a句有尝试之义,b句的尝试之义不明显,可见动词重叠式的尝试之义并非重叠式本身固定的语法意义。普通话表示尝试之义的典型体标记成分是"看",如果动词重叠式本身表示尝试之义,那么理论上再加尝试标记"看"会造成语义重复,但语言事实相反,重叠式之后加"看"是非常自然的,如"试试看、尝尝看、想想看、说说看、找找看"等。

我们认为动词重叠式主要表示同一动作在一定时间内的反复,如"你简单拾掇拾掇,我们马上要走了""你好好拾掇拾掇,今天就别出去了"。由于"反复"表明动作之间往往有间隔,不需要长时间保持同质的动作或状态,所以略显轻松,使得反复体附带轻松、随意之态,例如:

他平时就是唱唱歌、跳跳舞、打发打发时间。

皖北方言中的动词重叠式的用法与普通话一致，也表示动作行为的反复，有时伴有轻松、随意等特征。例如：

我看看，乖乖！有本事！　　你到外面遛遛，等一会再来。
你去说说他，看他脾气可能好点。　你没事不能去放放羊吗？
他天天就搁_在大门底下喝喝茶、看看报，舒坦得很。

上述句子之中，"看看、遛遛"表示动作行为的短时反复；"说说、放放"表示较长时间的动作行为的反复；"喝喝、看看"所需的时间则不固定，可以是长时反复，也可以是短时反复，同时伴有轻松、随意的语用色彩。

能够重叠构成动词重叠式的动词限于自主动词，即动作行为是主语能够控制的。非自主动词一般不能重叠，如"丢、病、懂、倒"等。

皖北方言中单个动词构成的句子也可以重复，带有嫌恶的主观语义色彩或者作为警告语使用，与下文"VVV"式的表达效果相似。如：

说！说！天都黑咾。（嫌恶、不耐烦）
噘！噘！可不想好喽？（警告）

"说！说！，噘！噘！"属于语句的重复，语速过快时，停顿接近消失。这种用法一般为言者直接对听者所说，正因为对方反复地实施某种行为，才引起说话人的嫌恶、不满，进而引出警告性的话语。

与普通话相比，皖北地区一般只有 VV 式重叠，很少用"V 咾 V"或"V 一 V"。如一般只说"你想想"，而很少说"你想一想"或"他想咾想"。从语言经济性原则来看，"VV"比"V 一 V、V 了 V"简洁，适合在口语中使用。

4.3.2　VVV 式

皖北方言有一种比较特殊的动词重叠式：VVV。皖北方言动词重叠式"VVV"表示动作多次反复。下列句子都可以表达同一动作的反复：

> 他搁那吃吃吃，肚子都撑毁咾！
> 小李写写写，一直写到半夜！
> 恁说说说，啥时候能说完。
> 天都快黑咾，你还搁那合玩玩玩，玩不够吗？
> 他妈哭哭哭，都哭半天咾。
> 老王搁家里找找找，最后也找不着。

上述句中的"VVV"含义是反复不断地重复某种动作，如"吃吃吃"的含义是"一直在反复不断地重复吃的动作"。"VVV"的"V"一般需具有[+可控]、[+持续]的特征，否则不能用此句式，不能说"*你病病病，病到啥时候"。有的"VVV"格式可表示不耐烦、厌恶之类的主观情感。

有一种情况下"VVV"不表示持续的状态，而纯粹是对对方话语中主要动词的重复。该式的语用含义是表示"警告"。这种"VVV"格式的后续成分一般是"就知道……"，例如：

> A：俺几个去抢点钱花吧？　　B：抢抢抢，就知道抢！
> A：俺看书咾。　　　　　　　B：看看看，就知道看！
> A：俺妈，俺去买点东西吃。　B：吃吃吃，就知道吃！
> A：我出去遛一会。　　　　　B：遛遛遛，看我不打断你的腿！

上述句子中的"VVV"均不表示动作行为的反复，而是言者对某种动作行为的强调，意在否定这种行为，表现出强烈的不满，有的甚至带有威胁的意味，如"遛遛遛，看我不打断你的腿"。与"V！V！"一致，"VVV"式实际上是"V！"两次重复的结构，属于话语的重复，但这种重复的间隔时间非常短，中间几乎没有停顿。

4.3.3　V子V子/V住V住

普通话可用"V着V着"表示动作的反复持续进行，例如"我们说着说着，天就亮了""走着走着，就到了目的地"。

皖北方言中类似的形式是"V子（住）V子（住）"。"V子（住）V子（住）"不单说，必须有后续分句，表示新情况的出现。与普通话相比，皖北方言的后续成分与"V子（住）V子（住）"结合得更加紧密，中间的停顿比较短。如（用"子、咾"的语例为笔者母语，用"住、喽"的语例为萧县话，下同）：

他看子看子笑起来咾。　　他看住看住笑起来喽。
说子说子天亮咾。　　　　说住说住天亮喽。
天亮子亮子就黑咾。　　　天亮住亮住就黑喽。

"V子（住）V子（住）"中的"V"有时也可以是具有可持续性特征的形容词，如：

渴子渴子就不渴咾。　　渴住渴住就不渴喽。
红子红子变黑咾。　　　疼住疼住不疼喽。

受音节韵律的制约，"V子（住）V子（住）"中"V"一般只能是单音节的，不能是双音节的，不能说"*跳舞子跳舞子不跳咾""*学习住学习住玩去喽"等。

皖北方言"V子（住）V子（住）"格式中的"子（住）"可以省略，构成"VV"结构，表达的意义与完整式相同。例如：

他讲讲哭起来咾。　他走走停下来咾。　她噘噘不噘咾。
他想想想起来咾。　俺找找找到喽。　那小麻雀飞飞掉下来咾。
他们商量商量打起来咾。　天阴阴下雨咾。　他的脸红红不红咾。

这种格式中"VV"和后续成分之间有短暂的语音停顿，"VV"格式中"V"在有的方言点有时还可以继续重叠，构成"VVV"和"VVVV"格式，起到突出强调的作用。如：

他讲讲讲哭起来咾。　　　　他讲讲讲讲哭起来咾。
他走走走停下来咾。　　　　他走走走走停下来咾。
她噘噘噘不噘喽。　　　　　她噘噘噘噘不噘喽。

广义的动词重叠式还包括"一V一V、$V_1V_1V_2V_2$、一个V_1一个V_2"等形式。陈前瑞（2008）将广义的反复体分为五种类型，它们与皖北方言对比见表4-1。

表4-1　　　　　　　皖北中原官话与普通话反复体比较

类型	普通话	皖北方言
同一动作的反复	忽闪忽闪、一闪一闪	说说、笑笑笑、商量商量、一动一动、说咾又说
不同动作的交替反复	说东道西、说说笑笑、翻来覆去、走走停停	嘻嘻哈哈、走来走去、做做玩玩、连走带跑
由不同主体交替进行的相对动作的反复	一唱一和、一问一答	一个唱一个和
不同动作的同时反复	进进出出、一走一探头	打打骂骂、一走一点头
不同动作的循环反复	吃了睡、睡了吃	吃咾睡、睡咾吃

4.4 持续体

持续体（Continuous）属于非完整体，Comrie（1976）将持续体分为非进行体（nonprogressive）和进行体（progressive），但他并没有明确列出非进行体的标记，可见进行体和持续体之间存在纠葛。关于普通话助词"着"的语法意义，汉语学界也一直存有争议，主要有三种意见。①"持续"说。认为"着"表示持续貌、持续体、状态持续，主张"持续"说的有太田辰夫（1957/2003）、徐丹（1992）、戴耀晶（1997）等。②"进行"说。认为"着"表示"动作行为的进行"，主张"进行"说的有王力（1943/1985）、赵元任（1979）、木村英树（1983）等。③"进行—持续"二分说。将"着"分为表示动作或状态持续的"着"和表示动作正在进行的"着"，主张"进行—持续"说的有高名凯（1957/1986）、赵金铭（1979）、木村英树（1983）、刘宁生（1985）、房玉清（1992）等。房玉清（1992）将"着"分为"着$_1$"和"着$_2$"，认为"着$_1$"不能跟"在、正、正在"共现，例如：

宝玉穿着家常衣服，靸着鞋，倚在床上，拿着本书。（曹雪芹）
除了李四爷的开着半扇，各院的门还全闭着。（老舍）

"着$_2$"则相反，可加副词"在、正、正在"，句末还可加表示进行的助词"呢"，如：

凤姐正数着钱，听了这话，忙又把钱穿上了。（曹雪芹）
他们生活中的小悲欢仍在细波回澜般地展开着。（刘心武）

此外，带"着$_2$"的动词前可加"早就、已经、永远、多少年来"等副词，如：

> 他早就盼望着、要求着、准备着这样一次大革命了。
> 他的脑子永远思索着科学上的问题。

马希文（1987）、钱乃荣（2000a）等认为，体助词"着"不表示"进行"意义。以钱乃荣（2000a）为例，他认为"着"含有"存续、伴随、持续"之义，本身并不表示"进行"。如"他正跳着舞呢"虽然有"进行"之义，但进行体的意义是"正"或"呢"等词表示的，并非"着"所体现。它们的区别在于，一是表现动作在时间上进行，一是描写动作在状态上的持续。此外，"他跳着舞"不具有新闻性，不能成句，而"进行体"的句子都是表示某事件正在进行，必然具有新闻性，因此"他正跳着舞""他跳着舞呢"才可成句。

我们同意钱乃荣的意见，认为上述句子中的"着"本身不表示"进行"的体貌意义。但在"着"的语法意义上，我们采用陆俭明（1999）的说法，即"着"主要"表示行为动作或状态的持续"。"行为动作的持续"是一种动态的持续，"状态的持续"是一种静态的持续。

进行体表示事件处于正在进行的状态，由于进行总是与动词性成分关联，所以进行体的意义也表述为动作行为处于进行之中。前人提出的普通话的进行体标记形式包括动词性成分之前的"在、正在"和句尾的语气词"呢"。关于"正"能否表示进行体，学界存有争议。吕叔湘（1999）《现代汉语八百词》认为"正"可以表示动作在进行中或状态在持续中，例如：

> 我正等着呢。　他正忙着呢。　现在正上着课呢。
> 我们正讨论呢。

杨平（2000）认为，"正"用在动词前强调某一动作状态与另一动作状态在时间上相契合，本身并不表示动作进行或状态持续。上述句子中往往都有表示进行的"在"或"呢"，去掉这些句子中的"正"，句子仍表示动作正在进行，显然其中表示进行的是"呢"。即使同意"正"表示进行体的学者也大多认为"正"与"在"存在不同之处。

关于语气词"呢"的时体功能，早期学者大都认为"呢"可以表示状态的持续，如朱德熙（1982）、吕叔湘（1999）等。目前也有的学者认为"呢"可作进行体标记，如陈前瑞（2008）。还有的认为"呢"本身不具有时体表达的功能，如胡明扬（1981）、方梅（2016）等。我们认同句末语气词"呢"的主要功能是表示"提醒、确认、申明"等。

鉴于持续体和进行体之间存在纠葛，且"进行"本身也包含［＋持续］之义，属于非完整体形式，本书对这两种体不作严格意义上的区分。

4.4.1 子

阜宿片的南部及金蚌片的持续体标记是"子［tsʅ⁰］"，与名词后缀"子"读音完全相同，但它们只能算作同音词，性质完全不同。

"子"表示状态的持续或动作实现后所形成的结果状态的持续。能够带"子"的动词是带有［＋持续］义的动词，句子表述的是持续性的事件。如：

　　老张讲子话来。　小孩还哭子来。　快抓子！

瞬间动词及动结式不具有［＋持续］义，大多不能带"子"，如：

　　*煤气罐爆炸子。　*东西丢子咾。
　　*俺看见子。　　　*小李回来子来！

有的瞬间动词带"子"不表示动作本身的持续，而是表示动作的反复，即重复进行的持续。如：

老李踢子门。　　　　小马砍子树。

含［+属性］义的非自主动词跟动作和状态无关，一般不能带"子"，如：

*俺担心子他！　　　*老李认识子老张。
*这东西属于子你。　*那是子书。

持续体"子"是非完整体的标记形式，与表达事件具体时间长度、标示动作计量以及表达动作结果的词语不相容，下面的句子不说：

*老李看子一会书。　*他走子一天路。
*俺叫门踢子几脚。　*他找到子他家的猫。

持续体标记"子"所构成的结构式主要有三种。

（1）V+子+（宾）。"V+子"的主要功能是作谓语，表示持续性的动作行为或状态，如：

老师搁在讲台上讲子，下面没一个学生听。
外头下子雨，他搁在屋来里看子电视。

"V+子"带不带宾语跟"V"是不是及物动词有关，"V"是不及物动词时，不能带宾语，"V"是及物动词时，多数要带宾语，可带可不带宾语的情况主要三种。

a."V+子"之后有后续句，且形成对比，如：他搁街上找子（人），我搁家来玩子（牌）。

b. "V＋子"后跟表示进行的语气词"来",如:我搁家来_里_等子(你)来。

c. "V＋子"所在的句子为祈使句。如:你拿子(书)!

(2) V_1＋子＋(宾)＋V_2。"V_1＋子"表示持续性的动作或状态,"V_1＋子＋(宾)"作状语时,可表示方式、目的、伴随状况等。

方式:老张走子回家咾。
目的:小孩张子嘴要吃的。
伴随状况:小李听子歌吃饭。

(3) A＋子＋来。

少数具有动词性特征的形容词能带持续体标记"子",但需要与语气词"来"(相当于普通话的"呢")配合使用。"A＋子＋来"表示事物仍处于某种持续的状态之中。如:

苹果还青子来,不管_可以_吃。　　饭热子来,快点吃吧!

赵金铭(1979)指出,汉语中表示进行貌(即持续体)的动词词尾"着"直接来源于介词用法的"着(著)",而介词"着(著)"又来源于表示"附着"之义的动词"着(著)"。梅祖麟(1988)进一步指出,六朝文献中方位介词"著"字有时相当于"在",有时相当于"到",语例引自太田辰夫(1957)和王力(1958),下面援引两例以见一斑:

在:其身坐著殿上。
　　　　　　　(吴·康僧会译《六度集经》,《大正藏》,Ⅲ,6下)
到:负米一斛,送著寺中。
　　　　　　　(《六度集经》,Ⅲ,23下)

梅祖麟指出，"著"字有"在、到"两义，一部分是因为"著"字前面的动词有的是静态，有的是动态，一部分是因为同一个动词有动、静两种用法。梅祖麟认为，含"在"义的方位介词"著"是北方话持续貌的来源，有兰州话和敦煌变文为证；含"到"义的介词"著"是吴语完成貌"著"字的来源，有青田话为证。梅祖麟指出，青田话的"著"同时用作介词和动词词尾，保存了从介词"著"到动词词尾"著"的演变过程。

皖北方言的"子"不仅可以作为持续体标记，同时也可以用作介词，且有"在、到"两种意义，如（以笔者母语为例）：

在：你坐子椅子上别动！<small>你坐在椅子上不要动。</small>
在：东西放子哪咾？<small>东西放在哪儿了？</small>
在：他帮钱装子书包来，谁来不知道。<small>他把钱放在书包里，谁也不知道。</small>
到：你坐子前边去！后边看不着。<small>你坐到前面去，后面看不到。</small>
到：俺帮牛拴子树上咾。<small>我把牛拴到树上了。</small>
到：我帮作业送子班长那去咾。<small>我把作业送到班长那儿去了。</small>

皖北方言的持续体"子"与苏州方言的持续体"仔"声韵相同，且都读轻声，但苏州方言的"仔"还有完成体的用法，皖北方言则只有"持续体"用法。李小凡（1998）指出，苏州方言完成体助词"仔"和完成持续体助词"仔"可能都是从表"附着"的动词"著"虚化而来。皖北方言表持续的"子"与苏州方言表持续的"仔"的来源应当是一致的，即直接来源于"著"的介词用法，间接来源于"著"的"附着"义。

汉语方言的持续体类型比较复杂，罗自群（2004）概括了持续体标记的类型，包括"着、之/子/仔、倒/到"等。中原官话的持续体标记一般为"着"，从语音形式上看，中原官话中西部多为［tʂɤ］（万荣）、［tʂuə］（西安）等，中原官话东部多为［tʂə］（郯城）、［tsɿ］（金乡）等。"之/子/

仔"主要分布在皖苏境内的江淮官话、中原官话、山东南部官话区以及吴语区的苏州、上海等地。

皖北地区中南部方言的持续体标记绝大部分地区是"子 [tsʅ⁰]",与南部江淮官话一致。皖北北端的(亳州、宿州北部)持续体标记则为"着"[tʂəu⁰],读音与邻近的徐州方言一致,这些地区的"着"有时也读作 [tʂu⁰],是 [tʂəu⁰] 的音变形式。皖西地区的金寨县西南部地区与湖北接壤,持续体标记与邻接的湖北地区方言比较一致,为"倒",但这些地区的方言一般不算在皖北中原官话内。从语音形式上来看,皖北方言的持续体主要是 [tsʅ⁰] 和 [tʂəu⁰]／[tʂu⁰] 两种。乔全生(2000)分析了中原官话汾河片的"VX着"格式,并认为它与普通话"VX着"对应,"着"是动态助词,如"我等你着"。这种格式与晋语比较一致,应当是晋语的延伸,皖北方言中没有这种格式。

4.4.2 住(着)

阜宿片北部(如亳州、宿州)、萧砀片部分方言点持续体的标记用"住",也有写作"着"的,我们暂统一写作"住"。持续体标记词"住"的用法和功能与"子"基本一致,可用在持续性动词和少数具有持续性特征的形容词之后,表示状态的持续或动作实现后所产生结果、状态的持续。"住"主要有以下几种用法(语例为亳州话)。

(1) V+住+(宾语)。"V+住+(宾语)"在句中主要作谓语,式中"V+住"带不带宾语的限制条件与"子"基本一致,不赘述。如:

他吃住饭,学生来喽。　　外头下住雨,他在屋里看住电视。
俺想住你来呢,放心吧。　　雨下住来,没法出去。
你守住,谁来都不管不行。　　你吃住,他说住。

(2) V₁+住+(宾)+V₂。"V+住"也可表示方式、目的、伴随状况等，如：

方式：他骑住车子走喽。
目的：老张躺住路上拦车。
伴随状况：他戴住帽子出去喽。

(3) A + 住 + 来。

与"子"相同，少数形容词能带持续体标记"住"，也需要与句末助词"来"配合使用。"A + 住 + 来"表示事物仍处于某种状态之中，状态是持续的，如：

柿子还生住来，不管_不能_吃。 他的脸还红住来！

"住"也能表达"到、进"之义，如：

买住喽吗？ 他找住他家哩_的_猫喽。

罗自群（2006）认为，汉语方言中持续体助词"住"来源于"著"。"住"在皖北方言中多读［tʂu］，音同"著"。江苏北部属于江淮官话的一些方言也用"住"作为持续体标记，其读音形式为［tʂu］（高邮）或［tsu］（扬州）。"住"的语音形式在皖北北部方言中并不十分稳固，有的念成［tʂəu］，有的念成［tʂu］，调查发现同一发音人有时也有两读。

4.5 尝试体

尝试体表示"尝试"之义，前人大多认为普通话的动词重叠式"VV"是表达尝试体的语法手段，我们将其看作反复体的标记形式。普通话表示尝试体的方式是在动词性成分之后加"看",如"尝尝看、走走看、说一下看"等。汉语方言中的尝试体标记也以"看"为主,分布区域较广,类似普通"看"的尝试体标记成分有"瞧"(如合肥)、"望"(浙江遂昌、武义等)、"眙"(浙江温州)。皖北方言中表示尝试体的标记成分比较多样,主要有"看、瞧、看看、试试、瞧瞧"。

从语用效果上看,皖北方言的"看、瞧、看看、瞧瞧、试试"有两种语用含义,一种是表示建议,意在建议对方或提议己方做某种"尝试",如上文例句;另一种是表示警告,意在告诫对方或第三方不要试图做出某种举动(主语只能是第二人称或第三人称)。下面的句子是有歧义的。

那屋子不能住人,不信你住住看(瞧/看看/瞧瞧/试试)。(建议对方去住住)

那屋子不让住人,不信你住住看(瞧/看看/瞧瞧/试试)!(警告对方别去住)

表警告的"看、瞧、看看、瞧瞧、试试"使用范围要广泛得多,不限于动词重叠式之后。例如:

你走走看(瞧/看看/瞧瞧/试试),看我不打死你!(VV+看/瞧/看看/瞧瞧/试试,警告对方不要走动)

你敢碰一下看(瞧/看看/瞧瞧/试试),我不把你手爪子剁下来!(V+O+看/瞧/看看/瞧瞧/试试,警告对方不要碰触)

你到外头看(瞧/看看/瞧瞧/试试),太阳不帮你晒毁咾!(V+看/瞧/看看/瞧瞧/试试,警告对方不要出去)

上述句子中,以用双音节的"看看、瞧瞧、试试"为常。动词重叠式带"看看、瞧瞧、试试"表示警告的用法最为常见,甚至有些一般情况不能重叠的动词，也可临时用为重叠式再加上"看看、瞧瞧、试试"。如：

  A：我就要回家！ B：你回回看，看我不甩_打你！

多数方言点，表"建议"的"看、瞧"与表示"警告"的"看、瞧"读音明显不同，前者轻读，后者读本调。重叠式"看看、瞧瞧、试试"表"建议"时轻读，表"警告"时重读，且重叠式后字音调延长。

4.5.1 看/看看

  皖北方言"看"的尝试体用法与普通话基本一致，大都附加在动词重叠式、动宾结构（宾语多为数量宾语、指量宾语）之后。尝试体所在句子的主语多为第二人称或第一人称。主语是第二人称时，含义是建议对方做某种尝试；主语为第一人称时，含义是提议己方尝试做某事。以"看"为例，如：

  你去问问看，说不定是好事。（VV+看，建议对方问问）
  恁几个再等一下看，别急！（V+O+看，建议对方再等一下）
  我去说一下看，他可能会听我的。（V+O+看，提议己方去说一下）
  俺几个喝喝看，看谁喝得多！（VV+看，提议己方喝一喝）

  尝试体"看"用于第三人称的情况比较少见，因为"尝试"多为近距离的行为，而第三人称与话者距离较远，无法直接实施建议性的尝试行为。但在反问句中表示尝试体意义的"看"可用于第三人称。如：

  他咋不想想看，老李有啥好的？
  好吃不好吃，他几个不能尝尝看吗？

用于反问句中且主语为第三人称的尝试体"看",不表示直接性的建议,建议性的行为可由听者向第三方传达。

能带"看、看看"的动词不能是光杆动词,也不能是含完结义的动词性结构,下面说法不成立:

*让俺尝看。　　*你吃看,甜不甜?　　*你打看看。
*你吃饱看。　　*你打死看看。

值得注意的是,"看"后跟降级的疑问句(不表疑问的短语)时,"VV看"中的"看"有的是实义动词,实际结构层次为"VV+(看+O)",不表示"尝试",例如:

他试试看可照。　　　　　他尝尝看可酸。

第一句的意思是"他试了试,看行不行",第二句的意思是"他尝了尝,看酸不酸",这两句中的"看"都不是"VV"的附着成分。

重叠式"看看"也可以作为尝试体的标记用于动词重叠式、少数动宾结构之后。上述例句中的"看"一般能用"看看"替换。再如:

恁去查查看看,找找头绪。(VV+看看,建议对方查查)
恁再等两天看看,他快回来咾!(V+O+看看,建议对方等两天)
俺尝两口看看,瞧瞧可好吃。(V+O+看看,提议己方尝两口)
俺几个挖挖看看,兴许_{也许}能挖着!(VV+看看,提议己方挖一挖)

与"看"相比,"看看"的语气显得比较缓和,有轻松、随意的色彩。动词重叠式之后倾向于用"看",而数量宾语、指量宾语之后倾向于用"看看"。

4.5.2 试试

"试"本身不能作为尝试体的标记成分，不能说"问问试、看看试、想想试"之类。"试"的重叠形式"试试"在皖北方言中能够作为尝试体标记。"试试"本身就含有尝试之义，语义没有完全虚化，但可看作体标记成分，因为它还可以用在本身含有尝试之义的动词重叠式之后而不至于造成语义重复。如：

你尝尝试试，看看这蜜可甜。

"试试"的用法与"看、看看"基本相同，可用于动词重叠式、少数动宾结构之后，含有"尝试"之意，所在句子或分句的含义是建议对方或提议己方做某种尝试。如：

你刨刨试试，看土来_里可有红芋咾。（VV＋试试，建议对方刨一刨）
恁喝一口试试，味道还可以。（V＋O＋试试，建议对方喝一口）
俺再去说说试试，兴许能说通。（VV＋试试，提议己方再去说说）
咱几个玩两把试试，看谁过劲_{厉害}。（V＋O＋试试，提议己方玩两把）

"试试"用于第三人称的情况，一般限于反问句。带有疑问格式却不表疑问的句子一般不能直接用"试试"。如：

能干不能干，他不能干两天试试吗？
他咋不去找找试试，不找咋知道可能找着？
＊他吃吃试试可甜。
＊他几个等等试试老李可来。

"试试"在皖北地区分布较广,萧砀片、阜宿片、金蚌片均有分布。作尝试体标记的"试试"源于动词"试试",具有一定的实义性。

4.5.3 瞧/瞧瞧

皖北方言中,"瞧、瞧瞧"也可以作为尝试体标记,主要分布在阜宿片南部、金蚌片西部的一些方言点。

"瞧、瞧瞧"用在动词重叠式和少数动宾结构(宾语为数量、指量结构)之后,所在句子或分句表示建议对方或提议己方做某种尝试。例如:

恁试试瞧/瞧瞧,看这个可管使。(VV+瞧/瞧瞧,建议对方试试)
这个好吃,你吃这个瞧瞧。(V+O+瞧瞧,建议对方吃这个)
我问问瞧/瞧瞧,说不定有合适的来。(VV+瞧/瞧瞧,提议己方问问)
俺几个再等一会瞧瞧。(V+O+瞧瞧,提议己方再等一会)

与"瞧"相比,"瞧瞧"适用度要广,单音节动词或者动宾结构之后通常不能带"瞧",但有时可以带"瞧瞧"。"瞧瞧"的语气略显缓和,带有轻松、随意的口语色彩。如:

*你抓瞧!　你抓瞧瞧!　*你吃一口瞧!　你吃一口瞧瞧!

"瞧、瞧瞧"后如果带宾语,虚化程度不高,尚有实义,不宜看作尝试体标记,如:

你问问瞧可照 _{你问问看行不行。}
你等等瞧瞧他可来 _{你等等看他来不来。}

以上两句中"瞧、瞧瞧"有"观察"之义,句中停顿应在重叠式和"瞧、瞧瞧"中间,即"瞧、瞧瞧"不是附着在"VV"上,而是连谓结构的谓语部分。这种句法结构可能是"瞧、瞧瞧"虚化为尝试标记的路径,当宾语省略或不需要说出宾语时,"瞧、瞧瞧"单独处于句末,就成为尝试体标记。

皖中江淮官话多数方言点也可用"瞧"作为尝试体标记,如合肥话(黄伯荣,1996):

你试试瞧! 你看看瞧! 你干干瞧!

关于尝试体"看"的发展演变,学界已有专文讨论,如吴福祥(1995)《尝试态助词"看"的历史考察》和蒋冀骋、龙国富(2005)《中古译经中表尝试态语气的"看"及其历史考察》。"瞧"虚化为尝试体标记,应源于"查看"之意。"瞧"在皖北方言中的实义用法与"看"接近,如:

瞧病=看病 瞧见=看见 往哪儿瞧=往哪儿看
你去他家瞧瞧=你去他家看看

但多数词语中的"看"不能用"瞧"替换,如:看书≠*瞧书,看烟花≠*瞧烟花。

"瞧"作为尝试体使用的例子文献中少见,均为"瞧"后不带宾语的用法,我们检索到的用例有:

你出去站一站瞧,把皮不冻破了你。 (《红楼梦》第51回)
于冰大笑道:"他若驾不起云,仙骨也不值钱了,我还度他怎么!你刻下试试瞧。"

(《绿野仙踪》第51回)

清代陈森的《品花宝鉴》第六回中有一例"瞧瞧"处于虚化过程中：

那人道："这出惊梦有个新来的琴官儿比宝珠还好，大人不信叫他先唱一出瞧瞧，如果不中大人的意，再赶着去叫宝珠来包管不误。"

此例中的"瞧瞧"，可理解为实意的"观看"，也可理解为虚化的"尝试"（表现为"瞧瞧"可省略），处于由实到虚的过渡阶段。"瞧、看"语法化为尝试体标记成分，与其"查看"之义是分不开的。

下列句中的"瞧"已经虚化为尝试体标记：

贾政道："你试试瞧。"　　　　　　　　　（《红楼梦》第92回）
（丑）透过来了！你摸摸瞧。　（《缀白裘·红梅记·算命》）
（净）入娘！三尺布做双鞋子，还要衬高底，亏你！拿来，我看看瞧！

（《缀白裘·红梅记·算命》）

上述三句中的"瞧"附着在动词重叠式之后，语义虚化，成为尝试体标记。

4.6 起始体

起始体侧重于表现动作行为的起始或情状变化的开始。普通话在动词或形容词后加"起来"表示起始。中原官话西部可用"起"（如万荣、西安）、"开"（如西安），东部多用"起来"（如赣榆）[①]。

皖北方言的起始体也可用词汇手段表达，即在动词或形容词前加"开

[①] 见吴云霞（2009），兰宾汉（2011），苏晓青、万连增（2011）。

始",如:"开始吃吧""俺们开始干活吧"等。

皖北方言中起始体的标记成分有"起来、开、上"三个,它们的分布区域不同,"起来"通用,"开、上"一般只在皖北南部的一些方言点使用。

4.6.1 起来

起始体标记"起来"是由趋向补语虚化而来的。如"提起来→藏起来→笑起来"。"提起来"中的"起来"有实义,表示事物由下向上的运动;"藏起来"中的"起来"语义已经开始虚化,只表示一种模糊的结果;"笑起来"中的"起来"语义已完全虚化,表动作行为的起始。

皖北方言中,"V+起来"一般在陈述句中作谓语,此时句末一般有表"确认"兼实现体标记"咾/喽",例如:

两个人噘起来咾。　说住说住打起来喽。(亳州)

"V+起来"有时也可作主语或定语,从语用的角度看,作主语时是话题部分。如:

主语(话题):甲:小孩笑起来咾。
　　　　　　乙:笑起来是好事,哭才难伺候来。
定语:他几个尥起来的时候,俺没搁跟前。

"V+起来"可用于祈使句中,此时一般要与"先"配合使用,表示动作行为或者状态的起始。如:

你先帮事做起来,后面就好弄咾。　来!俺几个先干起来吧!

"起来"表示动作行为或状态的起始,因此只有能够分出起点并在理论上具有终结点的动词能够带"起来",如"哭、笑、疼、打、走、跳"等。关系动词表示持久的关系(如"属于、是、姓"等),结果动词(如"看见、抓住、学会"等)表示动作行为已有结果,瞬间动词(如"咳嗽、爆炸"等)不具有持续性,它们都很难找到起始点,因此不能带"起来"。动词性结构(如动补式、动结式、动趋式)已经含有补充说明的成分,也不能带"起来",如"提高、打死、进去"等。下面的说法不成立:

*这本书属于你起来。*他看见老张起来。*那个工厂爆炸起来。

与普通话不同的是,普通话的"V+起来"带宾语时,宾语可以插在"V"和"起来"中间,而皖北方言中,宾语只放在"V+起来"之后。如:

普通话	皖北方言
他们几个说起话来了。	他几个说起来话咾。
只要吵起架来,就没完没了。	只要吵起来架,就没完没了。

据孟庆惠《安徽省志·方言志》(1997)和胡习之、高群(2004)调查,皖北沿淮部分县市有"V(单音节)+将+起来"的结构形式,例如:

这个丫头哭将起来,谁都劝不好。　她朝门口一站就嚒将起来。
他们打将起来了,快去拉架呀!　她溜地一坐就哭将起来。

我们认为这种句式中的趋向动词"起来"语义已经虚化,仅表示起始之意,也可看作起始体的标记成分,目前这种句式基本上已被"V+咾+起来"和"V+起来+咾"取代。

胡习之、高群(2004)指出,处于皖中江淮官话区的无为、巢湖、池州、六安等地也存有这种句式。另据他们的论文，皖北凤台县、寿县、宿州市、霍邱县、颍上县等残留"动词+将+趋向动词"的句法结构，我们在调查中基本未发现此类句式，至少我们的发音人对此类句式感到陌生。皖北地区这种句式明显是古代汉语的遗留，而且多处于与江淮官话交界的地区，并不具有普遍性。

4.6.2 开

除了"起来"，皖北方言中，金蚌片以及与金蚌片接壤的阜宿片部分地区（如利辛、蒙城等地）可用"开"作起始体的标记成分，但阜宿片北部及萧砀片基本上不用"开"作起始体标记。例如：

他俩噘开咾。　　几个孩羔子玩开咾。
你还没走多远，他就笑开咾。

与"起来"相似，不能带"起来"的动词或动词性结构也不能带"开"，如"属于、是、抓住、打死、进去"等。"V+开"作谓语，句末一般也要带语气词"咾"。"开"位于动词后读轻声。例如：

老师才走，学生就闹开咾。
人家都吃开咾，你还饿着肚子来。

"V+开"可作定语，如"学生闹开的时候，班主任不在"。
"V+开"可带宾语，宾语需置于"V+开"之后，如"我去的时候，恁几个就说开话咾"。

4.6.3 上

皖北中原官话阜宿片南部的一些方言点还可以用"上"表示动作行

为或变化的起始。"上"作起始体标记的句子一般需要带语助词"咾"。例如：

我还没来他就吃上咾。　　你咋还哭上咾呢？
他两个说子说子嚓上咾。

与"起来、开"一致，能带"上"作起始体标记的动词不能是关系动词、结果动词、瞬间动词以及动词性结构。

"V+上"主要作谓语，有时也可作定语，如"他吃上的时候，俺才走的"。"V+上"所带宾语也只能置于"V+上"之后，如"恁几个都说上话咾，咋不叫俺"。

"上"作动词使用时，有多个义项，可作谓语、补语。表起始体的"上"应由结果补语虚化而来。如"能吃上饭就照咾，俺不要求别的"中的"上"意思为"到"，"上"是结果补语。但在句子"俺吃上饭的时候，他来咾"中的"上"意义虚化，只表示动作的起始。

"起来、开、上"都可作起始体标记，相对而言，"起来"在皖北方言中分布区域最广，使用频率最高，"开、上"使用频率较低。"起来、开、上"都可用于描述事态已经开始，有时可以互相替换，但"起来、开"有时还带有主观色彩，强调事态的突然变化，"上"一般只用于客观描述。如"老师一走，学生反起来咾""老师一走，学生反开咾"，这两句强调老师刚走开，学生就开始吵闹，说话时略带生气、不满的情感；"老师一走，学生反上咾"强调"老师走后，学生开始吵闹"的客观事实。

4.7　继续体

继续体表示动作行为或状态将继续进行下去。普通话继续体的标记是

"下去",皖北方言使用"下去"作持续体标记的频率较低。"V+下去"结构在皖北方言中具有较浓的书面语色彩,口语中少用。例如:

  恁接子讲下去,我听子来。
  恁可能_{能不能}干下去喽?
  你就这样跑下去吧,肯定能跑到头。

  皖北方言中的继续体没有明显的标记成分,多采用词汇手段。普通话可用"继续"一词表示,如"我们继续往下说",皖北方言不用"继续",而用"接子_{接着}、往下"。

  "接子+V"的使用频率最高。例如:

  咱们接子干吧,都快晌午咾。 你接子写,俺出去玩一会。
  还接子下两天雨,庄稼就管咾! 停咾一会,他又接子往前走咾。

  表继续义的"往下"在语义上是半虚化的,由表趋向的"往下"虚化而来。如"从这合往下走,一会就到咾"中的"往下"具有明显的方向性,表示前往下方;"俺几个往下干吧,要不然干不完"中的"往下"的方向性已经减弱,语义虚化,表示继续。
  "往下"带有一定趋向性,使用范围很窄,只能表示具体的动态的动作行为的继续,不能表示静态的继续或抽象意义上的继续,因此静态动词不能在"往下+V"结构中。如:

  你接子坐,我去买点菜。→*你往下坐,我去买点菜。
  把红旗接子挂几天!→*把红旗往下挂几天!

  "接子"和"往下"可以连用,此时,"接子"表继续,"往下"表趋向，如：

你接子往下学，不到一个月肯定能学好。

小　结

本章探讨了皖北方言的体表达系统，重点分析了与普通话有差异的体标记形式以及体标记成分的语法意义、语法特点，部分小节还涉及体标记的语用效果。皖北方言的体系既有与普通话一致之处，又有特殊之处，体系统的形式及意义见表4-2。

表4-2　　　　　　　　　皖北中原官话体系统概况

	标记形式	语法意义
实现体	咾、喽、来	指明事件已成为现实
经历体	过	指明事件是曾经经历的事件
反复体	VV、VVV、V子V子、V住V住、一V一V、V来V去、连V_1带V_2……	指明事件关联的动作处于反复进行中
持续体	子、住	指明事件在持续之中
尝试体	看、看看、试试　瞧、瞧瞧	指明要做某种尝试的事件
起始体	开始、起来、开、上	指明事件起始并将持续
继续体	下去、接子、往下	指明事件还将继续

从体系统标记形式来看，皖北中原官话内部是有差别的，主要表现在四个方面：①北端的实现体标记多用"喽"，中南部多用"咾"，淮南、阜阳等地还可用"来"；②北端的持续体用"住（着）"，中南部用"子"；③西南部的金寨、霍邱（西南部）有跟江淮官话一致的句末进行体标记"在"，其他地区则只在谓语加"在"或在句末加"来"；④尝试体标记"瞧、瞧瞧"只在皖北南部使用，与皖中江淮官话一致。就体系统而言，皖北方言与整个中原官话有一些共同点，如谓语前的进行体标记"在"，

尝试体标记"看、看看"等，相比之下，与东部中原官话的一致性更强，如持续体标记"子"在中原官话东部也比较常用。皖北方言也有一些体貌表达手段为中原官话其他区域少见，如句末助词"来"可表示实现，金蚌片西部用句末助词"在"表示进行，皖北南部用"瞧、瞧瞧"表示尝试等。就体貌表达而言，皖北南部尤其是西南部显然有江淮官话的影子。

第五章 皖北中原官话的疑问系统

疑问是人类认知领域不可或缺的知识范畴，不管对句子功能作何种归类，都必然要分出疑问句一类。虽然疑问范畴是人类共同的，但各民族表达疑问的方式却各有特色。汉语的疑问范畴涉及结构、语义、功能、语用等多个层面，而语气词、疑问代词、疑问语调、问答模式等都可以成为疑问表达的关键点。汉语方言在这些方面与普通话既有联系又有区别，呈现出很大的复杂性。

汉语疑问范畴的研究起初并未受到足够的重视，直到 20 世纪 80 年代以后才有了重要发展，表现在：①从宏观的分类转向具体的描写。如《由"非疑问形式＋呢"造成的疑问句》（陆俭明，1982）、《是非问句的句法形式》（范继淹，1982）、《关于现代汉语里的疑问语气词》（陆俭明，1984）等。②疑问句的系统归纳和理论方法的研究有了新进展。如《谈疑问句》（林裕文，1985）、《疑问·否定·肯定》（吕叔湘，1985）等。③进行了汉语方言反复问句的专题讨论，促进了汉语方言疑问句的类型学研究。如《汉语方言里的两种反复问句》（朱德熙，1985）、《扬州话里两种反复问句共存》（王世华，1985）、《汕头方言的反复问句》（施其生，1990）、《也谈"反复问句"》（李小凡，1990）、《苏州方言的发问词与"可 VP"句式》（刘丹青，1991）、《"V-Neg-VO"与"VO-Neg-V"两种反复问句在汉语方言里的分布》（朱德熙，1991）、《获嘉方言的疑问句——兼论反复问两种句型的关系》（贺巍，1991）、《吴语里的反复问句》（游汝杰，1993）、

《正反问句及相关的类型学参项》（袁毓林，1993）等。④从语气词等多个角度或从句法、语义、语用多个平面研究汉语疑问句的特点。如《"呢"在疑问句中的意义》（熊仲儒，1999）、《山西武乡方言的选择问句》（史素芬，2002）、《疑问句的语义、语用考察》（徐阳春，2003）、《上海话疑问成分"哦"的语义及句法地位》（石定栩，2007）等。⑤出版了系统研究汉语疑问句和汉语方言疑问句的论文集和专著。如《现代汉语疑问句研究》（邵敬敏，1996）和《汉语方言疑问范畴比较研究》（邵敬敏等，2010）。除上述五点，还有大量散见于方言志和方言通论中的关于汉语疑问句研究的文献资料以及一些关于普通话和汉语方言疑问范畴研究的博士硕士论文。总体而言，现代汉语疑问范畴的研究已经取得了不小的成就。

有关皖北中原官话疑问范畴的研究，主要集中在反复问句方面，其中研究得比较深入的是王琴（2008）的硕士学位论文《阜阳方言"可 VP"疑问句研究》。该文对"可 VP"句式的结构特征、表义特征、特殊用法等作了比较深入的分析，此外，还从共时角度将"可 VP"句式与普通话、吴语等相关范畴作了一些比较，并从历时角度对"可 VP"句式的来源作了探讨。此外，已发表的个别单篇论文、《安徽省志·方言志》和各地市志的方言部分也有谈到皖北方言疑问句的内容，但多为举例性质。涉及皖北方言疑问句问题的还有吴晓红（2006）的硕士学位论文《安徽颍上方言语法研究》，该文描写了颍上方言的反复问和"好"问句。从总体上来看，皖北中原官话疑问句的研究还缺乏系统性，个别问题的探讨尚存有异议。本章拟系统描写皖北方言的疑问范畴，并对相关问题作出解释分析。

传统语言学根据句子的结构类型，将疑问句分为是非问、特指问、选择问和正反问，"正反问"通常也被称为"反复问"，如果从语义功能的角度看，"正反问"是选择问的一种特殊形式。我们综合形式、语义、语用特点将皖北方言的疑问句分为是非问（包括语调是非问句、偏向"吗"问句、"可是"问句）、特指问、选择问（包括正反问）和反复问（包括

"可"问句、中性"吗"问句、VP 吗、VP 不）四种类型。

5.1 反复问[①]

汉语反复问句的类型主要有三种：一是由疑问副词构成，可概括为 FVP；二是由正反项构成，可概括为 VP-neg-VP；三是由疑问语气词构成，可概括为 VP + 语气词（如"吗、不、没有"）。这三种类型虽然表面形式不同，但语义和语用效果基本一致。张敏（1990）对不同类型的反复问句在汉语方言中的分布、共存现象作了全面考察，探讨了不同类型反复问句的历史来源和历史层次。皖北中原官话（萧砀片除外）的反复问句类型与中原官话其他区域不同，采用"FVP"格式，这种类型与南部的江淮官话和江苏、上海境内的吴语一致。中原官话的"FVP"疑问句以皖北地区为腹地，向西延伸到河南南部，经固始一线往西到信阳一带；往东延伸到江苏北部，经泗洪一线北上至睢宁、宿迁一带。本节重点讨论皖北方言的"可 VP"问句（语例为笔者母语）。

5.1.1 "可"类问句

"可 VP"问句是由疑问副词"可"构成的疑问句式，朱德熙（1985）归为反复问句。由于这种问句在汉语方言中分布较广，且类型独特、性质复杂，引起学界广泛关注，至今有关此类问句的讨论仍在持续，其性质、归属仍然难有定论。汉语"FVP"（"F"代表"可、克、阿"一类的疑问副词）句式的讨论源于朱德熙 1985 年发表的一篇文章《汉语方言里的两种反复问句》，该文就此类问句的特点、归属、分布、来源等问题进行了详细的讨论。文章指出，"可 VP"与"VP 不 VP"两种反复问句不在同一方言里共存。该文随即引发了广泛讨论。王世华（1985）首先指出，两种

---

① 为行文方便，本节疑问句语例一般不在句末加"?"。

反复问句在扬州方言里可以共存。稍后，施其生（1990）指出汕头方言不仅"可 VP"和"VP 不 VP"共存，而且还有两者的混合形态。朱德熙（1991）发文坚持"可 VP"与"VP-neg-VP"不在同一层次上共存。李小凡（1990）指出，苏州话"阿 VP"对应于普通话的是非问句，而非反复问。刘丹青（1991）、游汝杰（1993）与李小凡观点类似，认为吴语的"阿 VP"应看作是非问。袁毓林（1993）则认为，"阿 VP"问句不能简单归入是非问或反复问，他与北京话"VP 不 VP"和"VP 吗"存在双重对应关系。

关于皖北方言"可 VP"疑问句的讨论主要是两篇硕士学位论文：其一是吴晓红（2006）《安徽颖上方言语法研究》，该文描写了颖上方言"克 VP"句式的形式特点；其二是王琴（2008）《阜阳方言"可 VP"疑问句研究》，该文是一篇专门研究阜阳方言"可 VP"句式的论文。就现有研究成果来看，对皖北方言反复问句的讨论主要集中于"可 VP"问句，但这类问句的研究仍有很多不足之处，关于"可"类问句性质、语义特点、语法特征、语用效果的研究仍有很多地方不甚明晰，本节将就这些焦点问题再作一些探讨。

5.1.1.1 "可"问句的性质和归属[①]

前人对"可 VP"问句的性质认识不清，归根到底是没有厘清"可"类问句的内部分类，将不同性质的"可"类问句混为一谈。本节以皖北方言的"可"类问句为基础，尝试厘清与"可 VP"问句分类、归属有关的问题。"可 VP"问句属于"FVP"句式的一种，关于这种问句的性质和归属，历来争议颇多，主要有四种观点。

（1）属于反复问（正反问）。朱德熙（1985）首先提出，王世华（1985）、张敏（1990）、施其生（1990）、贺巍（1991）等人持此观点。

（2）属于是非问句。赵元任（1928）首先提出，刘丹青（1991）、李

[①] 本小节主要内容已在《方言》2015 年第 4 期发表。

小凡（1991）、游汝杰（1993）等人持此观点。

（3）属于中性问。徐烈炯、邵敬敏（1999）认为上海话的"阿 V？"形式上接近是非问，功能上接近正反问。

（4）双重问句。袁毓林（1993）指出，在共时平面上，苏州话的"阿 VP"问句与北京话的"VP 不 VP"问句和"VP 吗"问句双重对应。

实际上，单纯从形式上来看，"可 VP"疑问句不能与普通话的任何疑问句相对应，普通话的是非问靠语调或疑问语气词表达，而正反问的形式是"VP-neg-VP"，选择问、特指问的形式与"可 VP"更是相去甚远。"可 VP"在形式上只能是不同于普通话疑问句的另外一种形式，因此，如果要寻找它们之间的对应关系，就只能从语义功能上着手，得出的结论也只能是"可 VP"在语义功能上的分类。

5.1.1.1.1　"可 VP"问句与"可是 VP"问句的区别

陶炼（1998）指出普通话的"是不是"问句有两种：

A：你是不是英语教师　　　B：你是不是去过北京

陶炼认为，A 类句是正反问句，B 类句则是独立于正反问的一类特殊问句。从构成成分上来看，这两类问句比较容易区别，A 类句"是不是"后只带名词性词语或名物化的动词性词语，可称作"是不是 NP"问句。B 类"是不是"后带动词性词语，可称作"是不是 VP"问句。皖北方言的"可是 VP"与普通话的 B 类"是不是 VP"问句对应；"可是 NP"则对应于 A 类"是不是 NP"。皖北方言的"可是 NP"问句中的"是"可以省略。如：

那可蛋糕 那是不是蛋糕　　今个可星期三 今天是不是星期三
你拿的可坏鸡蛋 你拿的是不是坏鸡蛋　　他可王强的小孩 他是不是王强的孩子

上述句子在"可"后加"是"意思完全不变，而且不论"可"后的字是什么调类，"可"都读高平调①，显然"可NP"是口语中为了交际的便利在不影响句意情况下的"可是NP"的省略式。此外，皖北方言口语中经常用作附加问的"可的"也属于该类型的省略。如：

甲：苹果叫_被他吃咾。　　乙：可的_{是不是的}。

答句"可的"也可替换成"可是的"，这里"可的"是"可是的"的省略式，句子的含义是"苹果被他吃了"这件事是真的吗？这种附加问实际上是一种偏向问，意在求证，信大于疑。"可是真的"是由"可是"加名词性结构"真的"构成，是"可是NP"形式的疑问句。

"可是NP"中的"是"是动词，"可NP"实际上就是"可"对省略"是"的动宾结构"是NP"的提问。"可+是NP"与"可VP"性质相同，而与"可是+VP"性质不同。试比较：

A. 可是你　　B. 可吃饭　　C. 可是吃饭

A句的结构是"可+是你"，B句的结构是"可+吃饭"，"是你"和"吃饭"都是动宾结构，两句都是信疑相当的中性问。C句的结构则是"可是+吃饭"，其中的"是"不是一个独立的动词，而是黏附在"可"的后面一起构成疑问副词，该句是一个信大于疑的偏向问。

除了结构形式上的差异，"可是VP"与"可VP"的区别还有三点。

（1）疑问倾向不同。"可VP"问句是一种中性问，即说话人对问题的答案没有倾向性，肯定和否定性的答案各占50%；"可是"问句则是一种偏向问，即问话人在问话之前已经从语境中获得一定的信息，对问题的

---

① 皖北方言中，"可"在去声前读高平调，在其他调类前读低降调。

答案有了一定的推测,答案倾向于"真"。"可 VP"问句在皖北方言中主要有五种具体形式:"可 VP、可 VP 来①、可 VP 咾、可 VP 哖 [xã⁰]②、可 VP 吗"。"可是 VP"有四种具体形式:"可是 VP、可是 VP 来、可是 VP 咾、可是 VP 哖"。试比较:

可 VP	可是 VP
可回家_{回不回家}	可是回家_{是不是回家}
可吃饭来_{吃没吃饭/吃不吃饭}	可是吃饭来_{是不是正在吃饭}
可走咾_{还走不走}	可是走咾_{是不是走了}
可来哖_{(究竟)来不来}	可是来哖_{(究竟)是不是来}
可拿走吗_{拿没拿走}	*可是拿走吗

上述问句中,当问"可回家"时,问话人并不知道对方"回家"还是"不回家",答案不明确;而问"可是回家"时,问话人可能已经看到对方在赶往回家的路上或者正在收拾回家的东西,答案倾向于肯定。当问"可吃饭来"时,问话人并不知道对方吃没吃饭或吃不吃饭;当问"可是吃饭来"时,则是猜测对方正在吃着饭,意在求证,答案倾向于肯定。当问"可走咾"时,显然尚未发出走的动作,不知道是否会"走";而问"可是走咾"时,说话人推测"走"的行为已经实现,意在跟听话人进行确认。两句中"咾"的性质也不同,前者附着于整个问句,意在催促;后者附着于动词之后,表示"实现"。当问"可来哖"时,问话人并不知道来还是不来;而问"可是来哖"时,说话人猜测或知道对方打算来。"可拿走吗"可以问,因为"吗"不表示疑问,而表示已然;"*可是拿走吗"不能问,因为"吗"表示疑问,一句中不能有两个疑问词,且"可是

---

① "来"用于"可 VP"问句中可分别作为已然和未然事件的标记,"可 VP 来"有"VP 不 VP"和"VP 没 VP"两种含义。

② "可 VP 哖"在有的方言点也说成"可 VP 呢",性质相同。

VP"是偏向问,"VP 吗"是中性问,两者难以融合。

(2)疑问点不同。"可 VP"问句的疑问点在紧邻"可"后的"VP"上,要求针对"VP"回答,而"可是 VP"问句的疑问点在"可是"本身,要求针对"可是"回答。因此,两者的回答方式有所不同:"可 VP"问句一般要求选择"VP"的肯定或否定式作答,而"可是 VP"问句通常用"是(的)/不(是)的"。例如:

	可 VP	可是 VP
问句	你可喝茶	你可是喝茶
答句	喝(茶)/不喝(茶)	是(的)/不(是)的

(3)语用目的不同。"可 VP"问句的问话者不知道问题的答案,问话目的在于提出疑问,寻求答案;"可是 VP"问句的问话者本身对所问问题已有所推测,问话目的在于"求证"自己的推测。邵敬敏、朱彦(2002)指出,"是不是"疑问句有强烈的肯定倾向(占 92%),并总结了"是不是 VP"的四条语用类型。"可是 VP"问句与之基本一致。如:

a. 已知事实,要求认定。如:你说说,你将不才可是打麻将来?现在又不承认了。

b. 合理推论,企求证明。如:(看看抽屉里的钱没了)钱可是叫你拿走了?

c. 既定主张,追求认同。如:俺认为这不是啥好事,可(是)的?

d. 提出建议,征求同意。如:该回家咾,可(是)的?

以上四条,语用目的都跟征询有关,a、b 是求证是否为事实,c、d 是征求认同或同意。从广义上来说,可将其语用目的概括为"求证"。

上述分析说明,皖北方言的"可是 VP"问句与普通话的"是不是 VP"问句存在整齐的对应关系,而"可是 VP"问句与"可 VP"问句存在较大差异。"可是 VP"问句中的"可是"已经凝固成一个独立的疑问副词，与疑问副词"可"处在同一层次。

5.1.1.1.2 "可VP"问句与"可是VP"问句的鉴别

形式上，"可VP"与"可是VP"可通过有无"是"字加以区别，但皖北地区有的方言点"是"字经常省略，此时要辨别"可VP"疑问句的类型，就得另寻办法。鉴别方法有以下几种。

（1）"可"类问句不能直接对否定形式的"VP"进行提问，凡是"可"后直接跟着否定词的疑问句都是"可是"疑问句的省略式。例如：

你可不去_{你是不是不去}　他可不相信你咾_{他是不是不相信你咾}
你可没吃_{你是不是没吃}　他可没告诉你这事_{他是不是没告诉你这件事}
可说不清_{是不是说不清}

（2）凡是不能用"可"提问的非否定形式的"VP"前用了"可"，一般是"可是"问句的省略。例如：

a. 非自主动词：可丢咾_{是不是丢了}　可病咾_{是不是病了}
b. 非自主动词结构：可生锈咾_{是不是生锈了}　可买贵咾_{是不是买贵了}
　　　　　　　　　可吓傻咾_{是不是吓傻了}
c. 形容词：可熟咾_{是不是熟了}　马路可宽咾_{马路是不是宽了}
d. 状中结构：可就你去_{是不是就你去}

（3）"可是VP来"可用于对持续进行的事件提问，"可VP来"用于对已然事件和未然事件的提问，凡是表示持续进行体的"VP"用在"可VP来"中都是"可是VP来"的省略式。如：

可吃子来_{是不是正在吃着呢}　可正玩来_{是不是正在玩着呢}　可走子来_{是不是正在走着呢}

(4) 凡是不表持续进行的"VP"用于"可 VP 来"格式，只能是"可 VP"问句，不会是"可是"问句的省略式。如：

  a. 一般动词：可走来 _{走没走/走不走}
  b. 变化动词：可好来 _{好没好}
  c. 属性动词：可有来 _{有没有}
  d. 形容词：可红来 _{红没红}
  e. 述补结构：可洗净来 _{洗没洗净} 可吃完来 _{吃没吃完} 可听懂来 _{听没听懂}
       可能拿动来 _{能不能拿动} 可爬上去来 _{爬没爬上去}
 f. 经历体：可去过来 _{去没去过}
  g. 完成体：可喝过来 _{喝没喝过} 可看完来 _{看没看完} 可吃罢来 _{吃没吃罢}
     可做了来 _{做没做完}

(5) "可 VP 吗"问句只能是"可 VP"问句，不会是"可是 VP"问句，因为"可是"问句不与疑问语气词"吗"共现。如：

  可吃吗 _{吃没吃} ≠ *可是吃吗 可回家吗 _{回没回家} ≠ *可是回家吗

(6) 除上述方法，口语中还可利用"可"的声调形式鉴别"可"问句和"可是"问句。皖北方言中，"可"在去声前读高平调，在其他调类前读低降调，因此"可是"前的"可"一定读高平调，如果"可"在非去声前读了高平调，那么一定是省略了"是"的"可是 VP"问句。利用这种方法可以区别大部分"可 VP"问句和"可是 VP"问句同形的格式。如：

  你可走 _{你走不走/你是不是走} 你可吃咾 _{你还吃不吃/你是不是吃了}
  他可玩来 _{他玩没玩/他是不是正在玩} 你可来哗 _{你来不来/你是不是要来}

上述问句中的"可"如果调值为高平调，就是"可是"问句的省略式，如果调值为低降调，则是普通的"可"类问句。

如果"可"处在去声之前，无论是"可 VP"问句中，还是"可是 VP"问句的省略式，其中的"可"都读高平调，此时要鉴别究竟是"可 VP"问句还是"可是 VP"问句的省略式，就只能靠语境了。例如：

你可去 你去不去/你是不是去　　　他可会写 他会不会写/他是不是会写

第一例如果是单纯的询问你去还是不去，没有疑问倾向，那么问句的意思是"你去不去"，如果有疑问倾向，说话人倾向于认为对方已经决定要去，只是出于征询的目的进行询问，那意思就是"你是不是去"。第二例情况类似，如果不知道对方会不会写，那么只是单纯的询问，如果事先倾向于认为会写，那么就是"可是 VP"问句。

5.1.1.1.3 "可"问句的归属

关于"可"类问句的争论，主要是归入是非问还是归入反复问的问题。要解决这个问题，首先要弄清是非问、反复问、"可"类问句的内部情况。上文指出，"可"问句与"可是"问句是性质不同的两类问句，相应地，普通话"是不是"问句与"VP-neg-VP"型的反复问句的性质也不相同。"可是"问句和"是不是"问句语义功能上对应是非问。下面将进一步证明这个观点。

通常认为普通话的是非问主要有两种形式：语调是非问和"吗"问句。袁毓林（1993）认为，北京话的是非问句内部并不一致，这种不一致主要源于"吗"类问句的复杂性。袁文将"吗"问句分成无标记的肯定式"吗"问句（记作"VP 吗"）和有标记的强调式和否定式"吗"问句（记作"±VP 吗"）。结合袁文，我们将语调是非问句和两类"吗"问句的异同列于表 5-1。

表 5-1　　　　　　　　语调是非问与"吗"类问句比较

	语调是非问	VP 吗	± VP 吗	
例句	老李走了↗ 老李没走↗	老李走了吗	老李没走吗	就老李走了吗
倾向性	有倾向	无倾向	有倾向	有倾向
疑问程度	信大于疑	信疑相当	信大于疑	信大于疑
回答方式	+对	-对	+对	+对
语用目的	求证	询问	求证	求证

表 5-1 中，问句"老李走了"和"老李没走吗"表明问话人在问话之前对"老李走没走"已经有所猜测，前句"走了"为真的可能性大，后句"没走"为真的可能性大，但还不太确定，问话的目的在于向对方求证。"就老李走了吗"表明问话人在问话之前对"是不是就老李一个人走了"已经有所猜测，"就老李一个人走了"为真的可能性大，但还不太确定，问话目的也在于求证。"老李走了吗"则反映问话人对"老李走没走"是不清楚的，"走了"和"没走"的可能性各占 50%，问话的目的在于寻找问题的答案。分析表明，"吗"问句可分为两类：无疑问倾向的，可称为"中性'吗'问句"；有疑问倾向的，可称为"偏向'吗'问句"。

如果不管表面形式的异同，单从语义功能上看，偏向"吗"问句与语调是非问句非常一致，它们都有倾向性，疑问程度上都是信大于疑，回答时都可以用"对"，语用目的都在于求证。而中性"吗"问句与语调是非问句在语义功能上存在明显对立。语调是非问、是不是 VP、可是 VP 和偏向"吗"问句的关系见表 5-2。

表 5-2　语调是非问、是不是 VP、可是 VP、偏向"吗"问句比较

	语调是非问	可是 VP/是不是 VP	偏向"吗"问句	
			否定标记	其他标记
例句	他来了↗	他可（是）来咋 他是不是来了	他没来吗 他不来吗	就他来了吗

续表

	语调是非问	可是 VP/是不是 VP	偏向"吗"问句	
			否定标记	其他标记
倾向性	有倾向	有倾向	有倾向	有倾向
疑问程度	信大于疑	信大于疑	信大于疑	信大于疑
回答方式	+对	+对	+对	+对
语用目的	求证	求证	求证	求证

表5-2显示，语调是非问、"可是 VP"问句、"是不是 VP"问句和偏向"吗"问句存在很强的一致性，应当归为一类。将"可是 VP"问句归入是非问，不仅在于上述一致性，还在于"可是"已经凝固成一个固定的疑问副词，作为一个整体使用，中间不能插入其他成分，"可是"形式上的否定形式是"可是不……"，而非"可不是……"，如能说"可是不去"，不能说"*可不是去"。只有当"是"为判断动词时，才能用"可不是"，此时"可是"与"可 VP"性质相同，如"可不是你的"，此时不能用"可是不……"提问，如不能说"*可是不你的"。

"可 VP"问句在语义功能上与反复问"VP-neg-VP"和中性"吗"类问句相当，三者之间的关系见表5-3。

表5-3 "可 VP"问句、中性"吗"问句、"VP-neg-VP"问句比较

	中性"吗"问句	反复问			"可 VP"问
例句	他去了吗	他去没去	他去了没有	他去不去	他可去
倾向性	无倾向	无倾向	无倾向	无倾向	无倾向
疑问程度	信疑相当	信疑相当	信疑相当	信疑相当	信疑相当
回答方式	-对	-对	-对	-对	-对
语用目的	询问	询问	询问	询问	询问

表5-3显示，"可 VP"与"VP-neg-VP"、中性"吗"问句具有很强的一致性。我们将这三类问句都看作反复问[①]。普通话反复问句还有一种

[①] 这类问句也可称为中性问或者正反问，至于叫什么只是名称的问题，其实质是一致的。

省略式"VP 没（有）"，用于对经历体的提问，如"你去了没有"。皖北地区与徐州交界的砀山、萧县地区存在两种反复问的省略式"VP 不""VP 吗"，如"你去不_{你去不去}""你去吗_{你去没去}"。皖北地区有的方言点还能说"VP 没""VP-neg-VP"，这应是受普通话影响而产生的，如"你去没_{你去没去}""你去不去""你去没去"，这两类反复问句与普通话无明显差异。

综上所述，我们认为皖北方言的"可 VP"类疑问句为反复问（中性问），"可是"疑问句为是非问（偏向问）。皖北方言反复问（中性问）的具体类型包括"可 VP、中性'吗'问句、VP 不_{萧县、砀山}、VP 吗_{萧县、砀山}、VP 没、VP-neg-VP"六种①；而皖北方言的偏向问（是非问）则包括"语调是非问、'可是'问句和偏向'吗'问句"三种。

皖北方言是非问（偏向问）、反复问（中性问）与普通话相关疑问句的对应关系见表 5–4。

表 5–4　　皖北中原官话和普通话是非问和反复问的对应关系

		普通话形式	普通话例	皖北方言例	皖北方言形式
是非问	语调是非问	S + ↗	你吃	你吃	S + ↗
	偏向"吗"问句	否定标记	不吃吗	不吃吗	否定标记
		其他标记	就你吃吗	就你吃吗	其他标记
反复问	"是不是"问句	是不是 VP	是不是吃饭	可（是）吃饭	可（是）VP
		是不是 NP	是不是你	可（是）你	可（是）NP
	中性"吗"问句	S + 吗	吃吗	吃吗	S + 吗
	VP-neg-VP	VP 不 VP	吃不吃	可吃 吃不吃	可 VP VP 不 VP
		VP 没 VP	去没去	可去吗 去没去	可 VP 吗 VP 没 VP
	VP-neg	VP 不	去不	去不	VP 不_{萧/砀}
		VP 没（有）	去了没（有）	去吗	VP 吗_{萧/砀}

---

① 从广义上来说，选择问也是一种中性问，只是形式上不同，可归入反复问（正反问）。这六种形式不在同一地区、同一层次上共存。

需要指出的是，皖北方言（萧砀片除外）中"可VP吗"问句与一般的"VP吗"问句中的"吗"性质不同，前者是表示已然体的语气词，而后者是表示疑问的语气词。萧砀片的"VP吗"只用于已然事件的提问，未然事件的提问用"VP不"，这一点与普通话和皖北其他地区的"VP吗"性质不同，而与徐州地区的方言接近。

5.1.1.1.4　"可"类问句与苏州方言"阿"类问句

上文将"吗"类问句分为两类：偏向"吗"问句有倾向，信大于疑，目的在于求证；中性"吗"问句无倾向性，信疑相当，目的在于寻求答案。偏向"吗"问句往往用于有标记"VP"的提问，也可看作有标记"吗"类问句；中性"吗"问句则用于对无标记"VP"的提问，也可看作无标记"吗"问句。这里顺便讨论一下苏州方言的"阿"问句，以验证上文结论的解释力。

李小凡（1998）曾指出，"吗"类问句与"VP不VP"问句不对等。如：

那个人难道是他吗？≠那个人难道是不是他？
屋里就剩一个人了吗？≠屋里就剩一个人不就剩一个人了？
你今天不上班吗？≠你今天上班不上班？

其实上述三例都是特殊用例，第一句属于反问句，反问句是一种典型的偏向问，自然不能与中性问"VP不VP"对等，如不能说"*你难道去不去"等。此句可与语调是非问对等，如"那个人难道是他？"其余两例都是有标记"吗"类问句，标记形式分别为副词"就"和"不"，此类问句也是偏向问，与是非问对等，可换成语调是非问和"是不是"构成的是非问。如：

屋里就剩一个人了吗？＝屋里是不是就剩一个人了？＝屋里就剩一个人了？

你今天不上班吗？=你今天是不是不上班？=你今天不上班？

有标记的偏向"吗"问句属于是非问，自然不能与中性问"VP 不 VP"对等。李小凡指出它们还有另外一种表达式，即在陈述句后面追加一个"VP 吗"。如：

屋里就剩你一个人了，对吗？
你今天不上班，对吗？

我们认为这种对有标记形式进行提问的追加式的"吗"问句也是一种偏向问。这种"VP 吗"也对应于"是不是"问句，而与中性的"VP 不 VP"问句不对等。如：

你今天不上班，对吗？=你今天不上班，是不是？
屋里就剩你一个人了，对吗？=屋里就剩你一个人了，是不是？

李小凡还指出，如果"吗"类问句取正常语调，疑问点一般落在谓词性成分"VP 不 VP"上，这样的"吗"尾问句都可以变换成"VP 不 VP"；"吗"类问句若带对比重音，其疑问点就可以落在由对比重音标记的任何一个句法成分上，其中也包括体词性成分，这类"VP（吗）"问句不大能变化成"VP 不 VP"问句。如：

问：你明天去吗？=你明天去不去？ 答：去。/不去。
问：你明天去（吗）？≠你明天去不去？
答：明天去。/明天不去，后天去。
问：你明天去（吗）？≠你明天去不去？
答：我去。/我不去，他去。

从李文所拟答语来看，第二问首句的重音位置在"明天"上，第三问首句的重音位置在"你"上。我们认为重音标记也是一种有标记形式，同副词标记一样。此类"吗"问句也应该看作是有标记的偏向"吗"类问句，这类问句与中性"VP 不 VP"问句自然也不对等。

综上所述，我们认为，无标记的中性"吗"问句与"VP 不 VP"问句对等，可以互相变换。有标记偏向"吗"问句（包括副词标记、重音标记等）与"VP 不 VP"问句不对等，不能互相变换。偏向"吗"问句与是非问（语调是非问、"是不是 VP"问句）对等，可以互相变换。再如：

你不去了吗？＝你是不是不去了？≠你去不去？
就你一个人吗？＝是不是就你一个人？≠就你一个人不就你一个人？
你′今天来吗？＝你是不是今天来？≠你今天来不来？

皖北方言的"可 VP"问句与"VP-neg-VP"问句存在对应关系，而"可是 VP"则与"是不是 VP"存在对应关系。因为"VP-neg-VP"又与无标记中性"吗"问句存在对应关系，"是不是 VP"又与语调是非问和有标记偏向"吗"问句语义功能相似，根据数学公式：若 A = B，B = C，那么 A = C。因此，"可 VP"又对应于无标记中性"吗"问句，"可是 VP"又可以对应语调是非问和有标记偏向"吗"问句。对应公式如下（"="表示对应关系）：

可 VP（不含"可是 VP"）＝VP-neg-VP（不含"是不是 VP"）＝无标记"吗"问句

可是 NP（含省略"是"的情况）＝是不是 NP

可是 VP（含省略"是"的情况）＝是不是 VP＝有标记"吗"问句/语调是非问

正是这种复杂的对应关系，才导致了人们在"可 VP"问句是归是非问还是归反复问的问题上争议不断，陷入窘境。

再来看苏州方言的情况。李小凡认为，苏州方言的"阿 VP"与普通话的"VP 吗"相近，不仅适用于询问语气，而且适用于表示揣测的情态语气。"阿 VP"式问句可以对译成普通话的"VP 吗"，而不能对译成"VP 不 VP"，因此不存在双重对应问题。例如：

　　阿是倷今朝勿上班啊？_{你今天不上班吗？}≠你今天上班不上班？
　　阿是屋里就剩倷一干子喳？_{屋里只剩你一个人了吗？}≠屋里只剩你一个人不只剩你一个人？
　　王师傅阿是蹭来啊？_{王师傅没来吗？}≠王师傅来了没有？

上述例子都是由"阿是"提问的句子。我们认为"阿是"与皖北方言的"可是"是同类性质的疑问词，它与普通话的"是不是"对应。因为"是不是 VP"问句又与偏向"吗"问句存在对应关系，因此上述问句都可以转换成普通话的偏向"吗"问句。此类问句之所以不能转换成"VP 不 VP"，是因为两者不在同一个层次上："阿是"是偏向问，而"VP 不 VP"是中性问。"阿是 VP"与"VP 不 VP"不对应，因此不能转换。但与"是不是 VP"对应，可以互相转换。例如：

　　阿是倷今朝勿上班啊？＝你今天是不是不上班？
　　阿是屋里就剩倷一干子喳？＝屋里是不是只剩你一个人了？
　　王师傅阿是蹭来啊？＝王师傅是不是没来？

李小凡进一步指出，"阿 VP"问句的句法功能与"VP 吗"式相近，虽然"阿"只能标记谓词性疑问点，但"阿是"则可以自由地标记体词性疑问点。例如：

　　问：倷明朝阿去？你明天去吗？＝你明天去不去？

答：去。/勿去。
问：倷阿是明朝去？你明天去吗？≠你明天去不去？
答：嗳，明朝去。/明朝勿去，后日去。
问：阿是倷明朝去？你明天去吗？≠你明天去不去？
答：嗳，我去。/我勿去，俚去。

我们认为，第一问可以作两种变换，说明"阿VP"问句与中性"吗"问句和"VP不VP"问句对应。而后面两问的"吗"问句都是有标记的，标记形式是重音位置，第二问的重音位置在"明天"上，第三问的重音位置在"你"上，也就是说上述"阿是"问句实际上对应的是有标记的"吗"问句，而有标记的"吗"问句又与普通话"是不是"问句对应，不与"VP不VP"对应，即"阿是VP"问句与"阿VP"问句不在同一个层次上，而与"是不是VP"问句性质相同，正因为如此，后两问句都能转换成"是不是"问句，如：

问：倷阿是明朝去？＝你是不是明天去？
答：嗳，明朝去。/明朝勿去，后日去。
问：阿是倷明朝去？＝是不是你明天去？
答：嗳，我去。/我勿去，俚去。

李小凡提到，近年来，在青少年中已开始出现"阿"直接标记体词性疑问点的用法，如老年人一般难以接受"阿真嘎"的说法，青少年常这样说。我们认为青少年所说的"阿真嘎"应是"阿是真嘎"的省略式，这只是语言经济性原则的表现，并非真的出现了"阿"标记体词性疑问点的情况。"阿是"问句省略"是"的情况很可能是苏州方言的新发展，同类现象在皖北地区的有些方言点已比较普遍，例如：

这可你的？

那可桌子？

那可唱戏的？

…………

　　李小凡认为，"阿VP"与普通话"VP吗"具有类同性，且与苏州人的语感吻合。调查显示：请苏州人将若干"阿VP"问句翻译成普通话，结果译成"VP吗"问句的多，译成"VP不VP"式问句的少。我们认为，苏州人倾向于将"阿VP"译成"VP吗"有两方面的原因，一是"VP吗"有偏向问和中性问两种，"阿VP"（包括"阿是VP"）包括偏向问，"阿是VP"和一般中性问"阿VP"，两者能够对应，而"VP不VP"只能是中性问，不能跟"阿VP"完全对应。二是"FVP"句式优先翻译成哪一种句式可能跟当地人的语言习惯、语言认同以及对某种句式熟悉度有关，苏州人可能适应"VP吗"，而皖北地区居民更适应"VP不VP"，所以有不同的语感。且苏州方言也有在官话影响下表达反复问的"VP勒勿VP"句式，但使用频率很低，进一步说明苏州人不太适应这种句式。

　　经过上文讨论，我们将皖北方言的"可"类问句分为"可VP"问句和"可是VP"问句（"是"可以省略）两类，前者是无疑问倾向的中立性问句，后者属于有疑问倾向的偏向性问句。皖北方言"可"类问句与普通话相关疑问句存在如下对应关系：①"可VP"（不含"可是VP"）句式与普通话的"VP-neg-VP"（不含"是不是VP"）和无标记中性"吗"问句双重对应；②"可是NP"属于正反问句，其中"是"为动词，对应于普通话的"是不是NP"；"可是VP"（"是"可以省略）不属于反复问句，"可是"已经凝固成一个疑问词，这种句式对应于普通话的"是不是VP"（"是不是"也已凝固成一个疑问词），和普通话的有标记偏向"吗"问句。

　　从语义功能上对皖北方言"可"类问句的分类对汉语方言"F"类问

句具有一定的解释力。①汉语方言"FVP"（不含"F是VP"）句式与普通话的"VP不VP"（不含"是不是VP"）和无标记的偏向"吗"问句存在双重对应关系，可看作反复问（中性问）的一种形式；②"F是NP"仍是反复问（中性问）的一种，其中的"是"为判断动词，这种句式对应于普通话的"是不是NP"；③"F是VP"（"是"可以省略）不是反复问（中性问），而是是非问（偏向问），"F是"已经凝固成一个疑问副词，这种句式对应于普通话的"是不是VP"（"是不是"也已凝固成一个疑问词）和有标记"吗"问句，同时又与语调是非问句一致。

结合前文论述，汉语是非问和反复问按语义功能归类如下：

是非问（偏向问） { 语调是非问
有标记偏向"吗"问句
"是不是VP"问句／"F是VP"问句

反复问（中性问） { "VP-neg-VP"（含各种省略形式）问句
"VP-neg"问句
无标记中性"吗"问句
"FVP"问句

5.1.1.2 "可"问句的形式特征

5.1.1.2.1 "可"的读音

皖北方言"FVP"问句中的"F"，吴晓红（2006）记作"克"，王琴（2008）记作"可"。这个疑问词在皖北中原官话区有两种读音形式，阜宿片东部、金蚌片东部、萧砀片多读［kʰɤ］，阜宿片西部、金蚌片西部（金寨、霍邱）多读［kʰei］。疑问词"F"单念时有的方言点调值为［24］，有的方言点调值为［213］，作为疑问词使用时在语流中有两种音变形式，去声前读高平调［55］或［44］，在非去声前，颍上话（吴晓红，2006）读［213］，阜阳（王琴，2008）读［53］，笔者母语（利辛）则读低降调［21］。"可"为果摄开口一等歌韵溪母上声字，笔者母语今读［kʰɤ²⁴］，"克"为曾摄一等德韵溪母入声字，笔者母语今有［kʰɤ²¹³］、 [kʰɤ⁵⁵]两读,前者如"克服"的"克",后者如"千克"的"克",分归阴平和阳平。"克"在皖北方言金蚌片西部一般读[kʰei²¹³]。

从连读变调的角度来看(以笔者母语为例),上声字作双字组前字时不变调,阴平字作双字组前字时调值变[21],这两个字均不完全符合变调规律,但从单念和连调的接近度上来看,"F"的本字更倾向于"克"。另据李慧敏(2008),合肥方言"克 VP"句式中的"克"也有两种变调形式,变调规律跟皖北中原官话几乎一样:去声前读[44],在其他调类前读[21]。合肥方言调值与皖北中原官话的调值非常接近,以阜阳方言为例,两者的声调格局对比见表5–5。

表5–5　　　　　　　　　　合肥、阜阳方言的声调系统

	阴平	阳平	上声	去声	入声
合肥	212	55	24	53	4
阜阳	213	55	24	53	派入其他

除了入声字以外,合肥话与阜阳话的声调系统几乎一致,这也从一个侧面说明合肥方言与皖北方言有着某种不可分割的联系。朱德熙(1985)指出,苏州话的"阿",合肥话的"克"都是入声,疑问副词"F"有可能本来是入声字,白话小说写作"可",只是借用字形。我们同意朱先生的观点,据此我们认为皖北方言的"F"本来应该是入声字,符合入声的变调规律,舒声化以后又受舒声变调规律的影响。此外,"可"在皖北西部地区读作[kʰei],东部地区读[kʰɤ],应属地域差异。皖北不少方言点德韵大部分字白读时韵母为[ei],文读时韵母为[ɤ],如墨[mei]/[mɤ]、德[tei]/[tɤ]、肋[lei]/[lɤ]、刻[kʰei]/[kʰɤ]等。梗韵部分字也存在类似文白异读现象,如伯[pei]/[pɤ]、客[kʰei]/[kʰɤ]、格[kei]/[kɤ]等。皖北南部本来就是江淮官话和中原官话交接地带,加上这些文白异读现象,更加说明"F"原来是入声字,与合肥话的"克"同源。为讨论方便,我们仍沿用借形字"可"。本节讨论"可

VP"问句均为反复问,一般不包括"可是 VP"及其省略式构成的是非问句。

5.1.1.2.2 "可"问句的分类

从表面上看,"可 VP"有句末带语气词和不带语气词两种形式。不带语气词的如:

你可知道_{你知道不知道}　她长得可漂亮_{她长得漂不漂亮}

句末带语气词的又分为四种情况,分别是"可 VP 来、可 VP 吗、可 VP 咾①、可 VP 哩"。

上述四种"可"类问句中的语气词本身都不表示疑问,主要功能是标示不同的体貌。皖北方言"可 VP"问句的分类见表 5-6。

表 5-6　　　　皖北中原官话"可 VP"问句分类

形式	可 VP	可 VP 来	可 VP 吗	可 VP 咾	可 VP 哩
皖北话	可走?	可走来?	可走吗?	可走咾?	可走哩?
普通话	走不走?	(现在)走不走?/走没走?	走没走?	还走不走?	(究竟)走不走?

5.1.1.3 "可"问句的语义特征

上节列出了"可"问句的五种主要形式,下面讨论其语义特点。

(1)"可 VP"与普通话的"VP 不 VP"对应,属于中性问,问话人对所问问题的答案既不确知,也无预期,要求听话人从肯定和否定的答案中选择一个,肯定性和否定性的答案各占 50%。

"VP"为光杆自主动词时,"可 VP"的主要含义是"实不实施某种行为"。如"可走"意为"实不实施'走'的行为","可要"意为"实施不实施'要'的行为"。"VP"为自主动词构成的短语时,"可 VP"的含义跟动词性短语有关,表示"实不实施某种行为,并且该行为作用于某个

---

① 有的方言点是"可 VP 喽",本节以"可 VP 咾"为例进行分析。

对象或产生某种结果等"。如"可喝水"含义是"实施不实施'喝'的行为,'喝'的对象是水","可吃大碗"含义是"实施不实施'吃'的行为,'吃'的工具是大碗","可存定期"含义是"实施不实施'存'的行为,'存'的方式是定期","可玩到天黑"的含义是"实施不实施'玩'的行为,'玩'的时限是天黑"。

"可 VP"一般只用于对未然事件的提问,已经开始实施或者已经完成的行为不能用"可 VP"提问,如"*他可笑起来""*学生可写完作业""*恁咋个可吃饭"。

"VP"为表[+属性]义的光杆非自主动词①和具有[+可变]义的形容词时,"可 VP"的含义是"具不具有某种属性"。如"可像"意为"具不具有'像'的属性","可有"意为"具不具有'有'的属性","可管_行不行_"意为"具不具有'管'的属性","可急"意为"具不具有'急'的属性","可红"意为"局部具有'红'的属性"。"VP"为非自主动词或形容词构成的短语时,"可 VP"表示"具不具有某种属性,并且该属性作用于一定的对象或者表现为一定的程度等",如"可有意见"意为"具不具有'有'的属性,'有'的对象为'意见'","脸可红得很"意思是"脸具不具有'红'的属性,'红'的程度为'很'"。动词"是"也是含[+属性]义的动词,用在"可是 NP"问句中,含义是"具不具有'是'的属性",如"可(是)飞机_是不是飞机_"的含义是"具不具有'是'的属性,且'是'关联的对象为'飞机'"。

不具有[+属性]义的非自主动词一般不能用于"可 VP"问句,如不说"*可病、*可丢、*可摔倒"等。

(2)"可 VP 吗"用于对已然事件的提问,被询问人需要从肯定和否定的选项中选出一个来回答问话人的问题。"可 VP 吗"中的"吗"是已

---

① 本节的[+属性]义是广义的,主要包括能力、习惯、嗜好;判断、同一、归属、存在;可能、估价、多余、不足;心理状况、感知状况;事物的某种特点。参看洪波(1996)《含[+属性]义动词和属性句》,《语文研究》1996 年第 3 期。

然事件的标志成分，与"VP 吗"中的疑问语气词"吗"性质不同。

"VP"为光杆自主动词时，"可 VP 吗"的含义是"有没有实施某种行为"，如"可噘吗"意为"有没有实施'噘骂'的行为"。"VP"为自主动词构成的短语时，"可 VP"的意义表示"有没有实施某种行为，并且该行为作用于一定的对象或产生一定的结果等"。如"可洗脸吗"意为"有没有实施'洗'的行为，'洗'的对象是'脸'"；"可打死吗"意为"有没有实施'打'的行为，'打'的结果是'死'"；"可跑到街上吗"意为"有没有实施'跑'的行为，'跑'的处所是'街上'"。

"VP"为光杆非自主动词和具有[+可变]义的形容词时，"可 VP 吗"的含义是"有没有出现某种新的情况"，如"可丢吗"意为"有没有出现'丢'的新情况"；"可病吗"意为"有没有出现'病'的新情况"；"可黑吗"意为"有没有出现'黑'的新情况"。"VP"为非自主动词构成的短语时，"可 VP 吗"的含义是"有没有出现某种新情况，并且该情况发生在某个对象身上或表现为一定的程度等"，例如"可认得他吗"意为"有没有出现'认得'的新情况，并且'认得'的对象为'他'"；"可黑透吗"意为"有没有出现'黑'的新情况，并且'黑'的程度是'透'"。

（3）"可 VP 来"相当于普通话的"VP 不 VP"和"VP 没 VP"，前者记为"可 VP 来$_1$"，后者记作"可 VP 来$_2$"。"可 VP 来"的语义特征跟"VP"有关。

A."VP"为光杆自主动词。"可 VP 来$_1$"式的含义是"是否开始实施事先确知的行为"，这种"确知"的行为可以是事先约定的，也可以是根据常识或语境的一种推测。该问句的语义背景是事先确知的行为一直处于未实施的状态，说话人估计可以实施该行为了，此时向对方询问是否开始实施，相当于"（现在）VP 不 VP"。如"可走来$_1$"的含义为"事先确知要走，现在问对方是否开始实施'走'的行为"。"可 VP 来$_2$"用来询问"事先确知的行为是否已经发生"，如"可走来$_2$走没走"的含义为"事先确知要走，问现在'走'的行为是否已经发生"。

B. "VP"为自主动词构成的动词性短语。"可VP来₁"的含义是"是否开始实施事先确知的行为，并且该行为作用于一定的对象或者产生一定的结果等"，如"可吃饭来₁"意为"事先约定要吃饭，现在询问是否开始实施'吃'的行为，并且'吃'对象是'饭'"；"可拿出去来₁"意为"事先约定要拿出去，现在询问是否开始实施'拿'的行为，并且'拿'的结果是'出去'"。"可VP来₂"的含义是"事先确知的行为是否已经发生，并且该行为作用于一定的对象或者产生一定的结果等"，如"可吃饭来₂吃没吃饭"意为事先确知要吃饭，问现在"吃"的行为是否已经发生，且"吃"的对象是"饭"。

C. "可VP来₂"的"VP"可以是表［＋属性］义的非自主动词和具有［＋可变］义的形容词及其构成的短语，此时"可VP来₂"的含义是"事先确知的变化或属性是否已经出现"，如"可好来"的含义是"事先确知病会好，问现在'好'的变化是否已经出现"，"可红来"的含义是"事先确知会'红'，问现在'红'的变化是否已经出现"。

"可VP来₁"式与"可VP"式虽然都对应于普通话的"VP不VP"，但适用性和语义有别。试比较：

	可VP	可VP来₁
自主动词：	可回家 回不回家	可回家来 (现在)回不回家
非自主动词：	*可病	*可病来
形容词：	可红 红不红	*可红来 (现在)红不红

"可VP来₁"与"可VP"的区别在于：①"可VP来₁"的行为是事先确知的，而"可VP"的行为是未知的。如"可回家来(现在)回不回家"中"回家"的行为是事先约定的，问话人知道会发生"回家"的行为，现在问是否开始实施"回家"的行为，问题的焦点在"实施的时间是否到了"；"可回家回不回家"中"回家"的行为是未知的，问话人事先不知道对方"回

家"还是"不回家",问题的焦点在"回"还是"不回"。②形容词大都适用于"可 VP"式,意为"具不具有某种属性",但不能用于"可 VP 来₁",如可以说"可红₁红不红",但一般不能说"*可红来₁(现在)红不红",因为"红"的属性也是不能事先约定的,也不是人能控制的行为。①

"可 VP 来₂"与"可 VP 吗"都对应于普通话的"VP 没 VP",但有分别。试比较:

	可 VP 吗	可 VP 来₂
自主动词:	可个吗_{吃没吃(淮南)}	可个来_{吃没吃(淮南)}
非自主动词:	可丢吗_{丢没丢}	?可丢来_{丢没丢}
非自主动词:	可懂吗_{懂没懂}	可懂来_{懂没懂}
形容词:	可黑吗_{黑没黑}	可黑来_{黑没黑}

"可 VP 来₂"与"可 VP 吗"的区别在于:①"可 VP 来₂"所述的行为或属性等是事先确知的,而"可 VP 吗"所述的行为或属性等则是未知的。如"可吃来₂吃没吃"中"吃"的行为是事先确知的,问话人事先知道会有"吃"的行为,问现在是否已经出现该行为;"可吃吗_{吃没吃}"中"吃"的行为是未知的,问话人事先不知道"吃"还是"没吃",因而有此询问。②"可 VP 来₂"多数含有[＋正向预期],即期望或预判该行为或属性出现,如问"可吃来₂"时,问话人期望或者预判已经实施了"吃"的行为。含消极意义的动词、形容词一般不用于"可 VP 来₂",因为消极的语义通常不符合[＋正向预期]②,如"?可丢来₂丢没丢"的接受性差,因为通常情况下人们不希望什么东西"丢"掉。当然,当含消极意义的变化动词在某种特殊的情况下变成问话人的心理预期时,也可以使用,如说话人

---

① 如果"可红来"意指红没红,句子均可成立,但这种情况属于"可 VP 来₂"。
② 变化动词中绝大部分含消极意义,这大概跟人们不期望此类事情发生的心理预期有关,多为被动接受,这一点值得深入研究。

特别希望对方的东西丢掉，可以问"可丢来₂"，带有幸灾乐祸的意味。具有消极语义的词语用于"可 VP 吗"式却不受限制，因为这种格式不具有［＋正向预期］。③具有［＋可变］特征的非自主动词（知道、懂、认得、会）和具有［＋可变］特征的形容词用于"可 VP 吗"和"可 VP 来₂"，意思很接近，细微的差异也在于属性或变化是否确知，是否具有［＋正向预期］性。如"可黑来"的含义是事先确知会"黑"，问现在有没有出现"黑"的变化；"可黑吗"只是单纯地问"黑没黑"，并无事先确知的含义。

（4）"可 VP 咾"用于对继续事件的提问①，所问的问题也是事先确知的，相当于"还 VP 不 VP"。

"VP"为光杆自主动词时，"可 VP 咾"的含义是"事先确知某种行为，现在确认是否继续实施该行为"，如"可要咾_{还要不要}"的含义是事先确知"要"的行为，问现在是否继续实施"要"的行为。

"VP"为自主动词构成的短语时，"可 VP 咾"的含义是"事先确知某种行为，问现在是否继续实施该行为，并且该行为作用于一定的对象或者产生一定的结果等"。如"可吃糖咾"含义是"事先确知'吃'的行为，现在确认是否继续实施该行为，吃的对象是糖"。

"VP"为表属性的光杆非自主动词和表属性的形容词时，"可 VP 咾"的含义是"事先确知某种属性，问现在该属性是否还在继续"。如"可急咾"的含义是"事先确知'急'的属性，问现在该属性是否还在继续"，"可傻咾"的含义是"事先确知'傻'的属性，问现在该属性是否还在继续"。

"可 VP 咾"与"可 VP"都对应于"VP 不 VP"，它们的区别在于："可 VP 咾"的问话人在问话之前对所问问题是事先确知的；"可 VP"式则没有这种事先确知性。

---

① 这里的"继续体"包括事件间断后的继续，也包括不间断的继续。

"可 VP 咾"与"可 VP 来₁"都可对应于"VP 不 VP",并且都具有[+事先确知]的特征,它们的区别在于:"可 VP 来₁"的含义是问"是否开始实施事先确知的行为","可 VP 咾"的含义是问"是否继续实施事先确知的行为"。例如:

可吃来₁(现在)吃不吃?　　可吃咾还吃不吃?/还(继续)吃吗?

"可吃来₁"的意思是"事先确知要吃,一直没吃,问现在是否开始实施'吃'的行为"。"可吃咾"的含义有二:一是之前已经实施了"吃"的行为,问现在是否还继续实施"吃"的行为;二是之前没有实施"吃"的行为,问现在是否按照原计划继续实施"吃"的行为。

此外,"可 VP 来₁"和"可 VP 咾"同时都有催促、不耐烦的口气,但"可 VP 咾"的口气更重一些。特别是当到了该实施原计划的时间,而对方却一再拖延,此时不耐烦的口气特别重,含义相当于"怎么还不 VP、到底还 VP 不 VP"。

(5)"可 VP 哹"有强调、深究的意味,相当于普通话的"VP 不 VP 呢",口气较重时相当于"究竟(到底)VP 不 VP"。例如:

可去哹去不去呢?/究竟(到底)去不去?　　可好哹好不好呢?/究竟(到底)好不好?

"可 NP 哹"是"可是 NP 哹"的省略式,其中的"是"为属性类非自主动词,该式相当于普通话的"是不是 NP 呢、究竟是不是 NP",回答方式一般用具有确信语气的"是(的)、不是(的)"回答,也可使用点头或摇头回答。试比较:

你吃的可糖哹你吃的是不是糖呢/你吃的究竟是不是糖——是(的)。/不是(的)。

皖北方言各类"可 VP"问句的语义特点可概括为表 5-7。

表 5-7　　　　皖北中原官话"可 VP"类问句的特征

形式类型	对应格式	语义特征	语用特征	体貌	举例
可 VP	VP 不 VP	是否实施某种行为 是否具有某种属性	询问	未然	可去 可红
可 VP 来₁	现在 VP 不 VP	是否开始实施确知行为	询问 催促/不耐烦	未然	可去来₁
可 VP 来₂	现在 VP 没 VP	确知行为（属性） 是否已经发生/出现	询问 催促/不耐烦	实现	可去来₂ 可红来₂
可 VP 吗	VP 没 VP	有没有实施某种行为 有没有出现某种变化/属性	询问	实现	可去吗 可红吗
可 VP 咾	VP 不 VP	是否继续实施某种行为 某种属性是否仍在继续	询问 催促/不耐烦	继续	可去咾 可红咾
可 VP 哔	VP 不 VP 呢	是否实施某种行为 是否具有某种属性	询问 强调、深究	未然	可去哔 可红哔

5.1.1.4 "可"问句的句法特征

5.1.1.4.1 "VP"的构成

"可 VP"问句中的"VP"形式比较多样，哪些词语或组合能进入"可"类问句，跟词语、组合和"可"问句的语义特征有关。通常情况下，"VP"可以是光杆的动词、形容词，也可以是动词、形容词构成的组合。

（一）"VP"为动词

马庆株（1988）将动词分为自主动词和非自主动词，自主动词表示有意识的或有心的动作行为，语义特征是 [+自主]、[+动作]，非自主动词表示无意识、无心的动作行为，即表示变化或属性，其语义特征是 [-自主]、[变化]/[属性]。非自主动词又可以分为属性动词和变化动词，离开"了"可以单说或可以作谓语述语的非自主动词是属性动词，离开"了"不能单说、不能作谓语述语的是变化动词。洪波（1996）考察了 [+属性] 义动词，认为一部分自主动词也包含 [+属性] 义，如"坐、站、跑、跳"等。本节按照马庆株的自主动词和非自主动词分类，结合洪波的［+属性］义动词分类，考察动词及动词性结构对皖北方言"可"类问句的适用情况。

（1）自主动词对"可"类问句的适用性最强，能用在所有"可"类问句中。如：

可吃_{吃不吃}　可吃来_{吃不吃/吃没吃}　可吃吗_{吃没吃}　可吃咾_{吃不吃}
可吃哩_{吃不吃}　可坐_{坐不坐}　可坐来_{坐不坐/坐没坐}　可坐吗_{坐没坐}
可坐咾_{坐不坐}　可坐哩_{坐不坐}

（2）含［+属性］义的非自主动词大体上有两种情况，一种是只含［+属性］义的，不能加"了"，如"愁、是、该"等；另一种是含［+属性］义的同时兼含［+变化］义，能加"了"，如"懂、像、有"等。这两类含属性义的非自主动词对皖北方言"可"类问句的适用情况举例如下：

A 类［+属性］：

*可得_{得不得}　*可得来_{得不得/得没得}　*可得吗_{得没得}　*可得咾_{还得不得}
*可得哩_{得不得}
可是_{是不是}　*可是来_{是不是/是没是}　*可是吗_{是没是}　*可是咾_{还是不是}
可是哩_{是不是}
可该_{该不该}　*可该来_{该不该/该没该}　*可该吗_{该没该}　*可该咾_{还该不该}
可该哩_{该不该}

B 类［+属性］［+变化］：

可懂_{懂不懂}　?可懂来_{懂不懂/懂没懂}　可懂吗_{懂没懂}　?可懂咾_{还懂不懂}
可懂哩_{懂不懂}
可像_{像不像}　?可像来_{像不像/像没像}　可像吗_{像没像}　可像咾_{还像不像}

可像啍_像不像_

可有_有没有_ ?可有来_有不有/有没有_ 可有吗_有没有_ 可有咾_还有没有_

可有啍_有没有_

  皖北方言中，能够单说的含［＋属性］义的非自主动词基本上能适用"可 VP、可 VP 啍"格式，因为这两种格式可用来询问是否具有某种属性，不涉及变化，如"是、该、懂、像、有"。"得_会，可能_"不单说，后面要跟着宾语才能用于"可 VP"和"可 VP 啍"，如"可得下雨_会不会下雨_""可得下雨啍_会不会下雨呢_"。

  "可 VP 来、可 VP 吗"和"可 VP 咾"格式包含一定的体貌信息，要求动词具有［＋可变］属性。"可 VP 来$_1$"用于对未然事件的提问，含义是"是否实施事先确知的行为"，该格式还要求行为本身必须是自主可控的，所以［＋属性］义的非自主动词不能用于这个格式。"可 VP 来$_2$"用于对已然事件的提问，含义是"事先确知的变化是否已经出现"；"可 VP 吗"用于对已然事件的提问，但没有事先确知性，含义是"某种行为或变化有没有出现"；"可 VP 咾"用于对继续事件的提问，含义是"是否还要继续实施某种确知的行为或某种已知的状态是否还继续存在"。只含［＋属性］义的非自主动词不适用上述三种格式，含［＋属性］兼［＋变化］义的非自主动词能用于上述三种格式。如"不懂"到"懂"、"不像"到"像"、"没有"到"有"都能体现出这种变化性，它们都适用于"可 VP 来$_2$、可 VP 吗"和"可 VP 咾"。如"可懂来"的意思是"现在懂没懂"，"可懂吗"意思是"懂没懂"，"可懂咾"意思是"还懂不懂"（有没有忘记）。"可懂咾"的接受性差一些，因为一旦懂了就会保持下去，无须再问，只有在特殊语境下才有此问，比如现在年纪大了，糊涂了，可问对方"可懂咾"。

  只含［＋变化］义的非自主动词不具有［＋自主］、［＋属性］的语义特征，不能用于大部分"可"类问句，但能用于"可 VP 来$_2$"和"可

VP吗"问句。如：

*可丢　*可丢来₁　可丢来₂　可丢吗　*可丢咾　*可丢哗
*可病　*可病来₁　可病来₂　可病吗　*可病咾　*可病哗

皖北方言"可"问句与动词的配合规律可归纳为表5-8。

表5-8　　　　　"可"类问句与动词的配合规律

		可VP	可VP来₁	可VP来₂	可VP吗	可VP咾	可VP哗
自主		+	+	+	+	+	+
非自主	[+属性]	±	-	-	-	-	±
	[+属性][+变化]	±	-	+	+	+	±
	[-属性][+变化]	-	-	+	+	-	-

（二）"VP"为动词性结构

能够用于"可"类问句的动词性组合主要有"述宾短语、述补短语、连谓短语、状中短语、动+助、动词重叠式"。上述各种结构的内部又可以分出不同的小类，各小类对"可"类问句的适用度又不相同，情况比较复杂。

动词性结构也有自主和非自主的区别，两类结构对"可"问句的适用情况也不一样，主要配合规律如下所述。

（1）述宾短语。

如果没有体貌的限制，自主性的述宾短语能适用于所有"可"类问句，如：

可喝水 喝不喝水　　可吃饭来 吃不吃饭/吃没吃饭　　可贴墙上吗 贴没贴墙上
可写信咾 还写不写信　　可看电影哗 看不看电影　　可玩三天 玩不玩三天
可给他书吗 给没给他书　　可打算去来 打不打算去

如果述宾短语含有体貌信息，则只能适用于相应的"可"类问句，如"吃过饭"是经历体，只能适用于"可 VP 来$_2$"和"可 VP 吗"问句（可吃过饭来$_2$、可吃过饭吗），不适用于其他问句。带数量宾语的述宾短语一般不用于"可 VP 来$_1$"，如不说"*可玩三天来$_1$""*可走一趟来$_1$"。

含［+属性］义的非自主的述宾短语大都适用于"可 VP、可 VP 哔"，不适用其他"可"类问句，含［+属性］义兼［+变化］义的非自主的述宾短语大都适用除"可 VP 来$_1$"之外的"可"类问句，如：

可是学生　*可是学生来　*可是学生吗　?可是学生咾
可是学生哔
可会下雨　*可会下雨来　*可会下雨吗　?可会下雨咾
可会下雨哔
可懂事　?可懂事来　可懂事吗　可懂事咾　可懂事哔
可有钱　?可有钱来　可有钱吗　可有钱咾　可有钱哔

只含［+变化］义的非自主的述宾结构仅适用"可 VP 来$_2$"和"可 VP 吗"，如：

*可生锈　*可生锈来$_1$　可生锈来$_2$　可生病吗　*可生锈咾
*可生锈哔

（2）述补短语。动词后所带的补语类型常见的有结果补语、程度补语、情态补语、趋向补语、数量补语、可能补语等。

带结果补语的动词性组合又称"动结式"。动结式的性质比较复杂，补语和动词之间的语义关系也不统一。王琴（2008）指出，表结果的述补结构在阜阳方言中不能单独出现在"可"的后面，实际情况并不尽然。我们将动结式对"可"类问句的适用规律总结如下。

自主的动结式适用于大部分"可"类问句。如：

可切碎　可切碎来　可切碎吗　可切碎咾　可切碎哗

非自主的动结式大都只含［+变化］义，这类结构一般只能用在"可VP来₂、可VP吗"问句中，不用于其他"可"类问句。如：

*可睡醒　*可睡醒来₁　可睡醒来₂　可睡醒吗　*可睡醒咾
*可睡醒哗?
*可听懂　*可听懂来₁　可听懂来₂　可听懂吗　*可听懂咾
*可听懂哗
*可挖深　*可挖深来₁　可挖深来₂　可挖深吗　*可挖深咾
*可挖深哗

有的非自主的动结式不符合［+正向预期］的非自主性动结式，即使具有［+变化］，也不用于"可VP来₂"，只能适用于"可VP吗"，如：

*可挖浅来₂　*可来晚来₂　*可吓傻来₂　*可哭瞎来₂
可挖浅吗　可来晚吗　可吓傻吗　可哭瞎吗

带程度补语的动补结构属于"述程式"的一种，其中心语大都是性质形容词，少数动词能带补语，通常是能前加"很"的动词，这类动词构成的述程式通常不能用于"可VP"问句，下面的说法不成立。

*可吵死　*可伤心得很来　*可喜欢毁咾吗　*可愁得慌咾
*可晒得很哗

"程度补语"用来说明中心语达到的程度,"可 VP"用来询问是否实施某种动词,一般不涉及程度问题,因此二者不相容。

表情态的述补结构,已经表达了呈现某种情态的含义,且这种情态是静态持久的,不具有〔+自主〕义和〔+可变〕义,因此都不能直接用"可"类问句提问。如:

*可写得好　*可走得老远　*可疼得直叫唤
*可热得满头大汗　*可气得他直哆嗦
*可吃得净来　*可说得清楚吗　*可跑得远咋　*可飞得高咋

带数量补语的述补结构一般也不能用于"可 VP"问句,因为这类结构的补语含有具体的数量,答案比较明确,通常情况下无须就此提问。如:

*可看三遍　*可走一天来　*可玩一会吗　*可说两遍咋
*可看几眼哗

带程度补语、情态补语和数量补语的动补结构虽然不能用于"可 VP"问句,但大都可以用在"可是 VP"问句中,如:

可是闹得慌　可是疼得直叫唤　可是玩两天

带趋向补语的动补结构又称"动趋式",这种结构式是自主性的,能够独立使用的动趋式一般能用在"可"类问句中,如:"可撕开""可插上来""可拿进去吗""可仍出去咋""可送过去哗"。王琴(2008)指出表趋向的述补结构可以单独出现在"可"的后面,且不受限制,如:

1) 可出去 出不出去　可出去吗 出没出去　可出去咋 还出不出去

可出去来 出不出去/出没出去

2) 可切开 切不切开　　可切开吗 切没切开　　可切开咾 还切不切开
可切开来 切不切开/切没切开

3) 可搁高头 搁不搁上面　　可搁高头吗 搁没搁上面　　可搁高头咾 还搁不搁上面
可搁高头来 搁不搁上面/搁没搁上面

上述句子中的动趋式都能独立适用，因此对"可"类问句的适用性很强，但有的动趋式不单说，后面总是带着宾语，如"挑起（重担）、爬上（屋顶）"，这类动趋势也不能单独用"可"类问句提问。如：

*可挑起　*可挑起来　*可挑起吗　*可挑起咾　*可挑起哗
*可爬上　*可爬上来　*可爬上吗　*可爬上咾　*可爬上哗

表可能性的述补结构都是非自主性的。皖北多数地区表示肯定的可能性表达以"能VC"为主，有的地方也用"VC喽"表示，"V得C"少用。"能VC"可视为表示属性的动补结构，适用"可VP来、可VP吗"之外的格式，如"可能吃完""可能吃完咾""可能吃完哗"，一般不说"*可能吃完来""*可能吃完吗"。"VC喽"只能用于"可VP"，如"可拿动喽 能不能拿动""可考上喽 能不能考上""可写完喽 能不能写完"。

表否定的可能性述补结构是有标记的，一般不能用"可"类问句提问，如"*可说不清""*可考不上咾""*可搁不住哗"。

（3）连谓短语。简单的连谓短语的第一个谓词大多为自主动词，第二个谓词可以是自主动词，也可以是形容词，若是形容词，一般不能用于"可"类问句，如"*可看子心烦""*可听子高兴吗"；若是自主动词，则可以用于各类"可"问句，如：

可上街买菜 上不上街买菜　　可出去玩来 现在出不出去玩　　可进去写字吗 进没进去写字

可帮他洗碗咾_{还帮不帮他洗碗}　可拿刀切菜哖_{究竟拿不拿刀切菜}

（4）状中短语。状中短语用于"可"类问句时，疑问的焦点在状语部分，如"可快走""可使劲打来""可绕子走吗""可那样笑咾""可好好看哖"。状中短语用于什么类型"可"类问句，跟状语的意义类别、体貌有密切关系，如"可明个走"能说，"*可昨个走"不能说，因为"可VP"用于对未然态的提问，不能用于对已发生事件的提问。"刚回来"不能用"可"类问句提问，因为"刚回来"表明已经形成既定的事实，就没有必要再询问。非自主动词一般不能加状语，少数可加表时间的副词，如"刚塌""才知道"，这类结构也不能用于"可"类问句提问。

（5）动助结构。动词+助词结构主要有三种：VP+咾、VP+过、VP+子。这三种格式分别表示实现体、经历体、持续体。自主动词构成的实现体"V+咾"的疑问格式只有"可VP咾"格式，但结构形式是"可VP+咾"，而非"可+VP咾"。非自主动词构成的实现体"V+咾"不能用于"可"类问句，如"*可塌咾""*可知道咾"。"VP+过"可以表示经历体，也可以表示完成体，表示完成体时只用于"可VP来$_2$、可VP吗"，如"可吃过来$_{2吃没吃过}$""可走过吗$_{离没离开}$"；表经历体时，能用于"可VP过、可VP过来$_2$、可VP过吗"和"可VP哖"，如"可吃过$_{吃没吃过}$""可来过来$_{2来没来过}$""可玩过吗$_{玩没玩过}$""可想过哖$_{到底想没想过}$"。持续体"VP+子"结构基本是自主的，能用在对未然体提问的"可"类问句，如"可拿子$_{拿不拿着}$""可站子来$_{1现在站不站}$""可坐子咾$_{还坐不坐着}$""可抓子哖$_{究竟抓不抓着}$"；一般不用于对已然体提问的"可"类问句，如"*可玩子来$_2$""*可吃子吗"。

（6）动词重叠式。动词重叠式都是自主性的，因为非自主动词通常不能重叠。能够重叠的自主动词一般是可持续性的，这类重叠式本身能比较自由地用于"可"类问句，如"可说说""可找找来""可看看吗""可坐坐咾""可商量商量哖"。

(三)"VP"为形容词

"可 VP 来₁"用于询问是否实施某种确知的行为,因此,形容词都不适用于这种问句。其余五种"可"类问句能够与形容词配合,但具有一定的选择性。

(1)绝大多数性质形容词能够比较自由地用于"可 VP、可 VP 哼"问句,含义是具不具有某种属性,如:

可长(长不长)　可长哼(究竟)长不长　可俊(俊不俊)　可俊哼(究竟)俊不俊
可大方(大方不大方)　可大方哼(究竟)大方不大方
可短(短不短)　可短哼(究竟)短不短　可丑(丑不丑)　可丑哼(究竟)丑不丑
可小气(小气不小气)　可小气哼(究竟)小气不小气

(2)"可 VP 来₂、可 VP 吗"的含义是有没有呈现某种性质,性质形容词用于这两类问句的限制条件是具有[+变化]特征,即能够向"VP"的性质转变。那些本身能够体现出自然变化属性的形容词能自由地用于这两种问句。如:

麦可黄来(麦子(现在)红没红)　麦可黄吗(麦子红没红)　天可热来(天(现在)热没热)
天可热吗(天热没热)

相比之下,需要施加外力才能实现变化的形容词用于这两种问句的可接受性差些,只在特殊语境下适用,如:

?绳子可长来　?绳子可长吗　?马路可宽来　?马路可宽吗

绳子不能自己变长,问句存在的语境是人为使绳子变长。马路不能自己变宽,问句存在的语境是人为使马路变宽。如果没有类似的语境,那么这类句子是难以接受的。

那些即使施加外力影响属性也很难改变或者需要较长时间才能改变的形容词用于"可VP吗"和"可VP来₂"的可接受性更差。如：

　　　　?可俊来　?可俊吗　?可大方来　?可大方吗　*可丑来
　　　　*可小气来

长相的美丑短时间内不能轻易改变，除非做整容。人的品质的好坏在短时间内也不会轻易变化，除非经历重大刺激或较长时间洗礼。因此"俊、大方"之类用于"可VP吗"和"可VP来₂"时受到严格的语境制约。"可VP来₂"问句还要求用于其中的形容词符合说话人的心理预期，不具有该项语义特征的形容词通常不能用于"可VP来₂"，如"可俊来""可大方来"在特殊语境下尚能接受，但"*可丑来""*可小气来"则很难接受，因为正常情况下人总是期待向好的方向发展。

（3）"可VP咾"可用于询问某种属性或状态是否得以保持，要求形容词具有[+持续]特征，即"VP"所表示的属性本身可以持续。那些属性可以保持的形容词都能用在"可VP咾"问句中。如：

　　　　可长咾还长不长　可俊咾还俊不俊　可丑咾还丑不丑　可大方咾还大方不大方
　　　　可小气咾还小气不小气

不具有[+持续]特征的形容词一般不能用于"可VP咾"问句，如：

　　　　*可熟咾　*可烂咾　*可坏咾　*可碎咾　*可破咾

"*可熟咾""*可烂咾""*可坏咾"不能说，因为"熟、烂、坏、碎、破"都有完结义，缺乏[+持续]的语义特征。

（4）有些属性处于中间状态的性质形容词所表示的"量"是固定的，[＋变化]的语义特征不明显，用在"可"类问句中的接受性比较差。如：

　　　　ʔ可温　ʔ可温来　ʔ可温吗　ʔ可温咔　ʔ可温哖

（5）状态形容词可以表示事物处于某种状态之中，状态具有[＋变化]、[＋持续]特征，能用于"可VP来₁"之外的"可"类问句，如：

　　　可酸甜　可酸甜来　可酸甜吗　可酸甜咔　可酸甜哖
　　　可通红　可通红来　可通红吗　可通红咔　可通红哖
　　　可冰凉　可冰凉来　可冰凉吗　可冰凉咔　可冰凉哖
　　　可瞎黑　可瞎黑来　可瞎黑吗　可瞎黑咔　可瞎黑哖

[＋变化]义指从某种状态变化到"VP"所指的状态，有的状态形容词虽然具有可变性，但不是变化到"VP"所指的状态，不能用于"可VP吗、可VP来₂"，如：

　　　　*个子可矮矮的来₂　*个子可矮矮的吗

"个子矮矮的"的反面就是"个子高高的"，个子由"矮"到"高"是可变的，但由"高"到"矮"的变化通常不会发生。"可VP来₂"还要话语符合说话人的心理预期，不具有这种特征的句子也不能说，如：

　　　　*脸黢黑来　*可傻不愣登的来

"黢黑"和"傻不愣登"，一般不符合说话人的心理预期，所以通常情况下不说。

(四)"VP"为形容词性结构

形容词性结构同样不能用在"可 VP 来₁"中。其余五种"可"类问句对形容词性结构的选择性规律归纳如下。

(1) 形容词带宾语的问题学界有争议,尤其是形容词带真宾语时是动词,是形容词,还是兼类词,看法各异。皖北方言形容词一般只带含数量成分的准宾语,如"低人一头、便宜十块、长咾一米、大三岁、快两分钟"等。此类述宾组合既不具有 [+自主] 特征,又不具有 [+可变] 特征,通常不能用于"可"类问句。形容词带模糊数量成分的准宾语时,体现出一定的状态特征,可用于"可 VP 来₂"和"可 VP 吗"问句,如"可长一点来""可大一点吗",但形容词后带上时体助词"咾"时不行,因为既然已经实现,再问实现与否显然多余,"*可长咾一点来₂""*可大咾一点吗"。

(2) 形容词带程度补语和前加程度状语时,一般表示很高的程度,如"好得很""死差""血笨"等,大多数表示高量级的形容词性短语组合通常也具有 [+变化] 特征,即能够从低量级发展到该短语所表示的量级,此类短语能用"可 VP、可 VP 哖、可 VP 吗"问句提问,但可接受性差些。如:

[?]可好得很 _{好得很不好得很}　　[?]可死笨 _{死笨不死笨}　　[?]可血得 _{血得不血得}

值得注意的是,"熟狠、黑透"等虽然也具有 [+变化] 特征,但不能单用,陈述句中只能配合"咾"使用,这类组合只适用于"可 VP 来₂"问句,不能用于"可 VP"和"可 VP 哖"问句,不说"*可熟狠、*可黑透、*可熟狠哖、*可黑透哖"。此外,"*可熟狠咾、*可黑透咾"也不成立,因为"熟狠咾、黑透咾"表示已经实现的状态,不能再用提问实现态的"可 VP 咾"问句。

具有 [+变化] 特征的形容词结构能用在"可 VP 吗"问句中,但同

时必须符合说话人的心理预期才能用于"可 VP 来₂",否则不行。如:

可红狠吗　可闷得慌吗　可黑透来　可快得很来　可高得跟啥样来
*可矮狠来　*可闲得慌来　*可丑得很来　*可笨得洋熊样来

具有［＋变化］和［＋持续］特征的形容词性组合能适用"可 VP 咾"问句。如:

可白得很咾还白得很吗　可死厉害咾还死厉害吗　可血坏咾还血坏吗

前加程度指示代词的形容词性组合不能用"可"类问句提问,因为程度指示词有特定的所指,不具有可变性。如:

*可恁么好　*可恁过劲咾　*可镇好啤　*可镇么坏吗

5.1.1.4.2　"可"问句的"否定式"

吴晓红(2006)、王琴(2008)都指出"可 VP"问句的否定式由"可是＋否定性成分"构成,"可"不能直接修饰否定副词"不"。例如:

他可是不去咾　你可是不愿意出钱

据我们观察,"可"不仅不能直接修饰否定副词"不",也不能直接修饰否定副词"没",但"可是"不受限制,例如①:

*他可没去　他可是没去　*恁可没回家　恁可是没回家

---

① 如果例句中"他可没去""恁可没回家"中的"可"是"可是"的省略式,句子可以成立,此时"可"读高平调。下文"可"修饰"V 不 C"的情况亦是如此。

可能性的否定式"V 不 C"情况类似，也不能用"可"提问，只能用"可是"提问，如：

*他可拿不动　他可是拿不动　*恁可走不开　恁可是走不开

邵敬敏等（2010）指出，上海话疑问副词"阿"与否定副词"勿"也相互排斥，其原因在于"阿 VP"问句属于中立性的问句，即从语义倾向上来说，肯定和否定各占 50%，而否定词只能出现在非中立的疑问句中，在询问语义中立的情况下，肯定形式中两种可能各占 50%，加上否定词，两者仍然各占 50%，这个否定词显然是多余的。因此在中立性疑问句中没有必要也不能使用否定形式。我们认为"可 VP"问句与上海话的"阿 VP"问句在这一点上是一致的。但有两个问题值得进一步推敲：一是为什么肯定形式中两种可能各占 50%；二是否定形式中两者是否仍然各占 50%。对于第一个问题，可以从认知规律上得到解释，肯定形式是无标记的，而否定形式是有标记的，对于一般性的疑问句（即没有明显语义倾向的疑问句），提问时一般选用无标记的形式，而不选用有标记形式。例如皖北方言可以用特指疑问词"好"或"多"来作下列提问：

好高　好长　好宽　……　多高　多长　多宽　……

但是一般不存在下列提问方式：

*好矮　*好短　*好窄　……　*多矮　*多短　*多窄　……

从认知特点上说，"高、长、宽……"是无标记的，而"矮、短、窄……"则是有标记的[①]，没有疑问倾向的提问往往采用无标记形式，因

---

① 可参考沈家煊《不对称和标记论》，江西教育出版社1999年版，第155页。

为对无标记形式的提问往往可以蕴含有标记的语义内容。有标记形式则不同，对有标记形式的提问往往不能蕴含无标记的语义内容，因此如果存在对有标记形式的提问，那也常常是带有疑问倾向的，即倾向于有标记成分所蕴含的语义内容，如果提问形式为"好/多矮？""好/多短？""好/多窄？"，那么命题的预设一定是"矮、短、窄"，而不可能是相反。值得注意的是，"好、多"对形容词提问时，并非对于"性质"本身的提问，而是对"量度"的提问。"可VP"问句对"肯定"型的形容词进行提问时，则是对"性质"本身的提问，此时正向形容词和负向形容词不再区分有无标记，都可用"可VP"问句提问，如"可长、可短"等，而否定型的形容词与肯定型的形容词相比，是有标记的，不能用"可VP"提问，如"*可不长、*可不短"。从这个意义上来看，有无标记区分是在具体的语言环境中进行的。

对于第二个问题，对否定形式的提问，实际上就是对有标记形式的提问，这种提问本身就是有疑问倾向的，所以肯定、否定各占50%的假设是不成立的，不存在否定形式的多余或无效的问题。对否定形式的提问一般都存在语义倾向，例如：

是非问：你去吗（无倾向）　你不去吗（命题倾向否定）

"正反问、选择问、FVP"问句属于中性问，没有明显的语义倾向（它们的反问形式虽有语义倾向，但属于语用的问题），问话人的态度中立，因此一般不能用于对有语义倾向的否定式的提问。

比较特殊的情况是"是不是、F是"问句，它们都能用于对否定形式的提问，例如：

你是不是不去广州了（普通话）
你可是不去广州了（皖北方言）

你阿是不去广州了（上海话）

用"是不是、F 是"提问的疑问句显然与"VP 不 VP、FVP"问句存在比较大的差异，因为它存在比较明显的语义倾向，详见5.1.1。

5.1.1.4.3　"可"和"可 VP"的句法位置

（1）"可"的句法位置

"可"对各种谓词性结构提问时，位置比较固定，即置于谓词性结构之前，不能插在中间，也不能置于其后。有两点需要说明：

一是"可"对状中结构提问时，是放在状中结构之前的，如：

可轮流值班——*轮流可值班　　可经常回家——*经常可回家

可才走——*才可走　　　　　　可死笨——*死可笨

可小声讲——*小声可讲　　　　可都来——*都可来

可一阵_起_去——*一阵_起_可去

可大吃一顿吗——*大可吃一顿吗？

有些情况下，状语似乎可提到"可"之前，例如：

时间名词：可后个去——后个可去

介词短语：可搁屋来看书——搁屋来可看书

语气副词：*可到底管_行_——到底可管_行_

实际上这两种句式并不在同一个层次上。"可后个去"的含义是"是不是后天去"，是"可是"问句；"后个可去"的含义是"后天去不去"，是"可"问句。"后个"在前句中为时间状语，在后句中为话题部分。"可搁屋来看书"的含义是"在不在屋里看书"，是"可"对连谓短语的提问；"搁屋来可看书"的含义是"在屋里看不看书"，是"可"对动宾结构的提问。"搁屋来"在前句中为处所状语，在后句中为话题部分。据 Cinque（1999），以说话人为中心的副词只能置于句首或者主语后助动词前。语气副词"到底"属于以说话者为中心的副词，因此只能置于"可 VP"之前。

二是"可"对连谓结构提问时，也是置于连续的几个谓词之前的。有的连谓结构中的"可"可以后移，后移时，疑问焦点发生变化。不论"可"的位置如何变动，"可"的疑问焦点总是右向的，而不能左向或者远离"可"。如：

可上街买菜 上不上街买菜 ——上街可买菜 上街买不买菜
可出去玩来 现在出不出去玩 ——出去可玩来 出去玩没玩
可拿刀切菜哷 拿不拿刀切菜 ——拿刀可切菜哷 拿刀切不切菜
可进屋来写作业吗 进没进屋里写作业 ——进屋来可写作业吗 进屋里写没写作业
可下地干活咾 还下不下地干活 ——下地可干活咾 下地还干不干活

（2）"可 VP"的句法位置

"可 VP"问句的句法位置，是指此类问句在句子中的位置，即能充当什么样的句法成分。"可 VP"充当的句法成分主要有：

①独立成句。"可 VP"本身能独立构成疑问句，前文众多例子基本是这种情况。

②充当谓语。如：你可走、你可吃来、外面可下雪吗、他可去咾、你可要哷。

③充当宾语。如：我不知道可走 我不知道走不走、你可知道可去 你知不知道去不去。

④充当补语。如：洗得可干净 洗得干不干净、走得可腿酸来 走得腿酸没腿酸。

王琴（2008）认为，如果"可 VP"的组合形式由能愿动词构成，则可作句子的状语，如"恁可会写毛笔字""俺可能走""恁可能把它讲出来"。我们认为这里的能愿动词实际上是谓语中心语，能愿动词之后的成分是谓词性宾语。朱德熙（1982：61）指出，"助动词是真谓宾动词里的一类"，能带谓词宾语。

值得注意的是，皖北方言的"可 VP"问句一般不能作主语，这一点与普通话的"VP 不 VP"不同，这也说明"可"是一个专职的疑问副词。如：

　　去不去都行。——*可去都行。
　　来不来是你的事。——*可来是你的事。
　　好不好我不管。——*可好我不管。
　　行不行你说了算。——*可行你说咾算。

5.1.2 　"VP-neg-VP""VP 吗""VP 不"

5.1.2.1 　"VP-neg-VP"

普通话反复问句的形式是"VP-neg-VP"。该疑问句由肯定项和否定项紧缩联合而成，实际上包括两个选择项，要求听话者从中作出肯定或者否定的选择，因此也被看作一种特殊形式的选择问句，相当于紧缩型选择问。因为"VP-neg-VP"问句与选择问的形式有不少差异，这里仍将其看作反复问句的一种。

朱德熙（1985、1991）认为，"K-VP"句式与"VP-neg-VP"两种反复问句互相排斥，不在同一种方言里共存，即使有共存现象也属于不同的历史层次。皖北方言中"可 VP"与"VP-neg-VP"句式并存，但以前者为主，两者存在对应关系。皖北大部分地区这两种句式能够共存，"可 VP"句式是固有形式，"VP-neg-VP"则是外源形式。

皖北方言"VP-neg-VP"的用法与普通话基本一致，式中的"VP"可以是形容词性的，也可以是动词性的，形容词性成分主要用来描述性状，多数情况下为"VP 不 VP"形式，少数能够体现变化性形容词也可以用"VP 没 VP"格式，例如：

这个好不好　这个橘子大不大　锅来〚馒头熟没熟

动词性成分构成的正反问句有多种语义类型，大多数动词，如动作动词、心理动词、能愿动词、判断动词、存现动词等，都用于"VP-neg-VP"问句。例如：

你吃不吃　他喜欢不喜欢那本书　这小孩会不会弹琴
这是不是恁的手机　你有没有钱

当"VP-neg-VP"句式中动词带上宾语后便形成"VO-neg-VO"句式，这种格式在日常口语中经常省略相同的宾语成分，形成"V-neg-VO"和"VO-neg-V"两种句式。朱德熙（1991）曾详细讨论过这两种格式在汉语方言里的分布情况。他指出，"VO-neg-V"句式大体分布在河北、山西、河南北部，并一直延续到陕西、甘肃、青海的广大地区；"V-neg-VO"句式在西南官话、粤语、吴语、闽语、客家话以及一部分北方官话（山东话、东北话）地区使用。这样看来，"VO-neg-V"句式大体分布在西部、北部地区，"V-neg-VO"句式大体分布在东部、南部地区。皖北地区位于中东部地区，句式上使用"V-neg-VO"。皖北方言完整式的"VO-neg-VO"和省略式的"V-neg-VO"句式共存，但以省略式为主，这符合语言交际的经济性原则。如下列句子都以后者为常：

他回家不回家——他回不回家
你还上街不上街——你还上不上街
恁看书没看书——恁看没看书
他昨个噘人没噘人——他昨个噘没噘人

当式中"V"的宾语为两音节以上的词语时，一般只用于省略式"V-neg-VO",不用于完整式"VO-neg-VO"。如"他要不要桌子——？他要桌子不要桌子","恁找没找老张——？恁找老张没找老张"。

普通话还有"VP 没（有）"类型的反复问句。"VP 没（有）"句式可以看作"VP 没（有）VP"的省略式，用于对已然事件的询问。皖北方言也有"VP 没（有）"形式。例如：

你去咾没（有）　　　　　　他回家咾没（有）
老张把材料拿走咾没（有）　　你有钱没（有）

"VP 没有"比"VP 没"常用，"VP 没"的通行区域窄，限于皖西北地区，如亳州。

5.1.2.2　"VP 吗"

我们 5.1.1 节讨论反复问句时，将普通话"VP 吗"分为中性"吗"问句和偏向"吗"问句，前者属于反复问，后者属于是非问。皖北方言也用"VP 吗"问句，本节讨论属于中性问的"VP 吗"问句。

我们将中性的"VP 吗"问句记作"VP 吗$_1$"，偏向的"VP 吗"问句记作"VP 吗$_2$"。"VP 吗$_1$"的焦点依附于"VP"之上，而"VP 吗$_2$"的焦点依附于可标记成分之上。试比较：

你去吗$_{1\text{你去不去}}$　　'你去吗$_{2\text{是不是你去}}$　　你不去吗$_{2\text{你是不是不去}}$

第一句的焦点在"去"上，属中性问，"去"和"不去"的可能性均为 50%。第二句的焦点在"你"上，第三句的焦点在"不去"上，询问时都有语义倾向。

"VP 吗$_1$"可用于对未然事件提问，也可用于对已然事件进行提问，用于对未然事件提问时，与"可 VP、VP 不 VP"的功能相当，含义为是否实施某种行为或者是否具有某种属性；用于对已然事件提问时，与"可

VP 吗、VP 没 VP"的功能相当，含义是有没有实施某种行为或者有没有出现某种变化（属性）。

要吗 可要/要不要　　红吗 可红/红不红　　走咾吗 可走吗/走没走　　黑咾吗 可黑吗/黑没黑

"VP 吗₁"对未然事件提问时，句中无体标记词，用于对已然体提问时，句中往往有实现体"咾"或经历体"过"，其他时体一般不用于"VP 吗₁"，如：

做完咾吗 做没做完　　吃过咾吗 吃没吃过　　写好咾吗 写没写好　　吃过吗 吃没吃过

"VP"对"VP 吗₁"的适用情况跟对"可 VP"的适用情况基本一致，例如：

自主动词：打吗 可打/打不打
[+属性][+变化]动词：你懂吗 可懂/你懂不懂
[+变化]动词①：丢咾吗 可丢吗/丢没丢　　病咾吗 可病吗/病没病
　　　　　　　忘咾吗 可忘吗/忘没忘
形容词：长吗 可长/长不长　　冰凉吗 可冰凉/冰凉不冰凉　　*温吗
述宾结构：喝水吗 可喝水/喝不喝水　　吃小碗吗 可吃小碗/吃不吃小碗
　　　　　找什么吗 可找什么/找不找什么　　玩三天吗 可玩三天/玩不玩三天
　　　　　打算去吗 可打算去/打不打算去　　该走咾吗 可该走/该不该走
　　　　　得你去吗 可得你去/要不要你去　　磨脚吗 可磨脚/磨不磨脚
述补结构：切碎吗 可切碎/切不切碎　　拧紧咾吗 可拧紧吗/拧没拧紧
　　　　　看到第三页咾吗 可看到第三页吗/看没看到第三页

---

① 变化动词只能加"咾"后用于"VP 吗₂"，而用于"可 VP 吗"时则不需要加"咾"，这说明"可 VP 吗"中的"吗"是实现体标记，相当于"咾"。

睡醒咾吗 可睡醒吗/睡没睡醒　　晒干吗 可晒干/晒不晒干

看子吗 可看子/看不看子　　挖浅咾吗 可挖浅吗/挖没挖浅

出去吗 可出去/出不出去　　拿得动吗 可拿得动/拿不拿得动

*考不上吗2 可考不上/考不考得上　　*拿不动吗2 可拿不动/拿不拿得动

*写得好吗2 可写得好/写得好不好

连谓结构：上街买烟吗 可上街买烟/上不上街买烟

请他吃饭吗 可请他吃饭/请不请他吃饭

动助结构：想家咾吗 可想家吗/想没想家　　走咾吗 可走吗/走没走

来过吗 可来过/来没来过　　去过上海吗 可去过上海/去没去过上海

来过咾吗 可来过/来没来过　　拿子吗 可拿子/拿不拿子

状中结构：绕子走吗 可绕子走/绕不绕子走　　*昨个走吗 可昨个走/昨个不昨个走

动词重叠式：说说吗 可说说/说说不说说

安徽最北端的萧县、砀山方言属于萧砀片，其语法形式接近临近的河南地区和江苏地区的方言，反复问句就是表现之一。萧砀方言的反复问句很少用"可VP"，而用"VP-neg-VP、VP吗、VP不"，而其他方言点（包括淮北市）一般用"可VP"问句，从这点来看，将萧砀方言单独划为萧砀片还是符合语言实际的。

萧砀方言的"VP吗"用于对已然事件的提问时，其中"吗"读降调，不读升调。与皖北其他地区不同，萧砀方言对实现体提问时，可以不带体标记成分"喽"或"咾"，直接说成"VP吗"，相当于普通话的"VP了没有"、"VP了吗"和"VP没VP"。例如：

他走吗＝他走了没有＝他走了吗＝他走没走

你铅笔买吗＝你铅笔买了没有＝你铅笔买了吗＝你铅笔买没买

柿子红喽吗＝柿子红了没有＝柿子红了吗＝柿子红没红

由于萧砀方言"VP 吗"对已然事件进行提问时,"VP"中的体标记成分省略,相应地,"喽/咾"的实现体标记功能转移到"吗"身上,此时,"吗"不仅仅负载疑问信息,还具有体标记的功能。

萧砀方言的"VP 不"用于对未然事件提问,其中"不"语调略上升,应是"VP 不 VP"的省略式。例如:

他走不=他走不走　　　　　你要鸡蛋不=你要不要鸡蛋
砀山梨子甜不=砀山梨子甜不甜　他个子高不=他个子高不高

5.2　是非问

本节主要讨论皖北中原官话的是非问句。我们将有疑问倾向,信大于疑,能用"对"回答,语用目的在于求证的疑问句看作是非问。从形式上看,皖北方言的是非问包括语调是非问、"可是"问句和有标记"吗"问句。

5.2.1　语调是非问

朱德熙(1982)认为,只要将相应的陈述句的语调变换成疑问语调,就成了是非问句。主要由语调承担疑问信息的问句可称为语调是非问。汉语的语调是非问句多采用句尾语调上升的方式。刘月华(1988b)指出,没有疑问语气词的是非问句语调必须是高扬的,否则就不称其为疑问句。皖北方言的语调是非问句的形式可概括为"S+↗?",即在句子的末尾加上疑问语调。语调是非问又可细分为两种情况:一是句末不带语气词的,可概括为"S_1+↗?";一是句末带语气词的,可概括为"S_2+↗?"。

(1) S_1+↗?

"S_1+↗?"问句由普通的陈述句加上疑问语调构成,陈述句可以是肯定形式，也可以是否定形式，句末不带语气词，如：

你要走↗ 今个八月十五↗ 人是他找的↗ 恁没去↗ 鸡蛋不卖↗

此类疑问句，句末语调都呈现上升趋势，最后一字的声调往往拖长。
(2) S₂ + ↗?
带语气词的语调是非问句又分为两种情况。
一是句末语气词具有一定的体貌意义，有的是动态助词和语气词的合体。例如：

淮南：小张来过咾↗ 宿州：恁家走_回家_喽↗ 阜阳：吃饭来↗

上述句子句末语调略升，而陈述句句末语调下降。"小张来过咾↗"意思是"小张已经来过了吗"，是对实现体事件的提问，句中"咾"若省略，意思则变为"小张曾经来过吗"，是对经历体事件的提问。"恁家走喽↗"意思是"你已经回家了吗"，同样是对实现体事件的提问，句中"喽"若省略，意思变为"你回家吗"，是对未然体事件的提问。"吃饭来↗"意思是"正在吃饭吗"，句中"来"若省略，则属于回声问，意思是"你是说'吃饭'吗"。

上述句中"咾、喽、来"是陈述句的一部分，其中"咾、喽"表示"实现"，"来"表示进行，都不附带疑问信息。这点可以通过句末再加语气词证明，上述句子末尾都可再附加语气词"吧"或"吗"，表示"猜测"，如：

小张来过咾吧/吗？ 恁明个家走喽吧/吗？ 吃饭来吧/吗？

二是句末语气词不含体貌意义，而是附带其他的语气意义，省略后语气词附带的意义消失。这类语气词有"吧、呗"等。例如：

猫叫鱼吃咾吧？　你去上课呗？

上述句子句末语调略升，句中语气词的时长一般要长于别的词。"猫叫鱼吃咾吧"是对"猫把鱼吃了"的猜测，句中"吧"若省略，则"猜测"的意味消失。"你去上课呗"是对"你去上课"的求证，语气缓和，去掉"呗"时，猜测的成分少一些，疑问程度要重一些。用"吧、呗"的是非问句句末不能再加其他语气词，这类语气词本身也不附带疑问信息。

关于处于疑问句句末的语气词是否负载疑问信息，学界颇有争议。陆俭明（1982）认为，现代汉语中疑问语气词有两个半："吗"、"呢"和半个"吧"。"啊"虽能出现在疑问句末尾，但它不负载疑问信息，不能看作疑问语气词。邵敬敏（1989）认为，"呢"也不负载疑问信息，不能看作疑问语气词，在非是非问句中的语法意义是表示"提醒"兼"深究"，在非是非问句的简略式中还兼起"话题"标志的作用。邵敬敏（1995）指出，是非问句中"吧"字的特点是"信大于疑"（信3/4，疑1/4），他通过语音实验证明"吧"字疑问句在调域上比陈述句要高而宽，且"吧"字本身也比陈述句中的"吧"要高而长，邵文倾向于"吧"字问句的疑问信息由语调所负载。后来的一些语音实验也都证明，带相同语气词的疑问句与非疑问句之间存在不同的声学表现。我们认为疑问句的疑问信息并不限于句末语调的变化，还跟整个句子的音域、重音、节奏等韵律因素相关，现代汉语是非问句中表示疑问的语气词只有"吗"，其他语气词或多或少受到疑问句韵律的影响，会产生不同程度的声调变化，但不影响句子疑问信息的传递，更多的作用则是实现语气词的其他功能。因此，我们把除"吗"以外带其他语气词构成的是非问句也看作语调是非问句。

语调是非问的形成方式主要有两种,一是由一定的语境背景所产生的问句,可称为背景语调是非问句。如:

甲:(看到对方从食堂出来)你吃过饭咾? 乙:吃过咾。
甲:俺昨个去街上遛了一整天。
乙:所以你今个睡到上午9点多?
甲:老张叫人家打了。 乙:你讲的是真的?
甲:(办公室没发现小张)小张没搁这合儿? 乙:才出去。

背景语调是非问通常有一定的预设条件或语言环境。它的主要功能是向对方求证,说话人对命题预先已有所了解,有了一定倾向性,如"你吃过饭咾↗"的预设是:"你已经吃了饭",问话人预先已有一定的猜测,尚不能确定,提出疑问,以求证实。此类问句有时也附带惊讶的意味,如"所以你今个睡到上午9点多↗"是向对方求证睡到这么晚的原因是否是逛街逛得太累了。"你讲的是真的↗"意在要求对方证实所述事件的真实性。"小张没搁这合儿↗"意在要求对方确认小张不在场的事实并给出适当的说明,其前提语境是在说话人当时没有发现要找的对象。

二是对对方话语中的某个信息有疑,直接将其提取出来作为疑问信息,可称为回声性语调是非问。如:

(1) 甲:星期二晴天。　　乙:晴天?
(2) 甲:鸽子哪去咾?　　乙:鸽子?
(3) 甲:今个不上学。　　乙:不上学?

回声语调是非问句的主要功能是表示怀疑、惊讶,疑问性并不强,次要功能要求对方证实,如"晴天↗"是对"晴天"这一信息不太相信或者感到惊讶,同时要求对方给予证实。"鸽子↗"是对对方话语中的"鸽子"一词表示质疑,意思是"你是说鸽子吗"要求对方证实。"不上学↗"是对"不上学"这件事感到怀疑、惊讶,要求对方证实。

5.2.2 偏向"吗"问句

王琴(2008)认为,阜阳方言中没有表疑问程度高的"吗"类是非问句,普通话的"吗"类是非问句,在阜阳方言中使用"可 VP"句式表达,例如(例句引自王琴,2008):

普通话	阜阳方言
你今天有课吗?	恁今个儿可有课?
十月六号是中秋节吗?	十月六号可是中秋节?
王军放暑假没回家吗?	王军放暑假可是没回家?
咱们星期天去看画展,好吗?	俺们星期天去看画展,可沾?

在我们调查的方言点中,绝大部分(包括阜阳)使用"吗"类是非问句,只是相比之下,"吗"类是非问句更接近书面语,且读音与普通话有别。"吗"在皖北方言中的语音形式为[mã](主要分布在阜宿片南部、金蚌片)或[məŋ](主要分布在阜宿片北部、萧砀片)。皖北方言中有少量阴声韵来源的字读成阳声韵,"吗"只是其中一个,再如,误耽~[uŋ]、么什~[məŋ]、埠蚌~[pəŋ]、呢弄啥~[nin]等。

皖北方言的"吗"问句与普通话基本一致,也有属于是非问的偏向"吗"问句和属于反复问的中性"吗"问句。偏向"吗"问句的疑问信息主要由疑问语气词"吗"负载,语调成为次要信息。前文指出,对有标记形式提问的"吗"问句通常是偏向"吗"问句,标记形式主要有三种:否定标记"不、没";强调状语标记"就、才、连"等;重音标记。如:

你不吃吗_{你是不是不吃}？　老李没走吗_{老李是不是没走}？　他才吃饭吗_{他是不是刚吃饭}？　就小张来吗_{是不是就小张来}？　他'明个回家吗_{他是不是明天回家}？　他明个'回家吗_{他明天是不是回家}？

在没有否定标记和强调状语标记的情况下，重音标记通常是偏向"吗"问句采用的主要手段，请看如下例句。

'老张去吗_{是不是老张去}？　老张'去吗_{老张是不是去}？　老张去吗_{老张去不去}？　'恁知道吗_{是不是你知道}？　恁'知道吗_{你是不是知道}？　恁知道吗_{你知不知道}？　'帽子丢咾吗_{是不是帽子丢了}？　帽子'丢咾吗_{帽子是不是丢了}？　帽子丢咾吗_{帽子丢没丢}？

上述例句如果没有明显的重音，则是中性"吗"问句，如果有重音位置，则是偏向"吗"问句。若重音在谓语动词上偏向"吗"问句的句尾通常表现为上升语调，而中性"吗"问句通常表现为降调，例如：

（看见某人走进来了）恁来咾吗↗？快帮忙干点活！
恁来咾吗↘？我去接恁。

值得注意的是，"吗"用在是非问句中时，有时并不是跟在"VP"的后面，而是跟在"NP"的后面，这跟"可是NP、是不是NP"有相似之处，如：

你的吗_{是不是你的}？　桌子吗_{是不是桌子}？

5.2.3 "可是"问句

"可是"问句属于是非问句的一种，它的语义特征是问话人对所问问题有不同程度的猜测，问话的目的在于求证。

"可是"问句主要有四种形式：可是 VP、可是 VP 来、可是 VP 咾、可是 VP 哖。"可是"问句没有"可是 VP 吗"形式。如：

*可是吃吗？　*可是红吗？　*可是写好吗？　*可是不去吗？

"可是"问句与疑问语气词"吗"不共存，原因在于：①"可是 VP"属于偏向问，有疑问倾向，"VP 吗"属于中性问，没有疑问倾向，且"吗"负载一定的疑问信息，两者不兼容；②"VP 吗"中的"吗"是疑问语气词，"可是"是疑问副词，两者都有较强的疑问性质，通常情况下，一个问句中不会并列出现两个同级强疑问词。有的问句中可以同时出现两个疑问词，其中有一个通常是降级的疑问词，如"可有谁去_{有没有谁去}"中的"谁去"降级作"有"的宾语。

反复问"可 VP"能与"吗"共存，因为其中的"吗"不负载疑问信息（表示疑问的是"可"），而是已然体的标记。"吗"用于对已然事件的提问时应说"VP 了吗"，而对未然事件的提问形式是"VP 吗"，如"去了吗_{去没去}——去吗_{去不去}"。在皖北地区有些方言点（如砀山、萧县）这两种问句形式用不同的语气词，已然事件用"吗"，未然事件用"不"，如"去吗_{去没去}""去不_{去不去}"。"VP 吗"在这些方言点用于对已然事件提问的事实在很大程度上说明这种句式来源于正反问①。皖北地区处于江淮官话和中原官话的交界地带，南部江淮官话反复问用疑问词"克/格"，而最北端的砀山、萧县多用"VP 吗、VP 不"，这说明反复问"可 VP 吗"有可能是"可 VP"和"VP 吗"的混合形式，"可 VP 吗"问句形成后，由于"可"的强疑问性消解了"吗"的疑问性，致使"吗"退化为已然事件的标记。

---

① 参看黄国营《"吗"字句用法初探》，《语言研究》1986 年第 2 期。

皖北方言"可是"问句的"是"经常省略,为避免混淆,下文讨论"可是"问句时一律使用完整式,"可"类问句的例句只代表中性问,不包括省略"是"的"可是"问句。皖北方言"可是"问句的意义和用法如下所述。

(1) 可是 VP

是非问"可是 VP"与反复问"可 VP"的区别在于:前者是一种偏向问,后者是一种中性问。试比较:

可是吃$_{是不是吃}$?——可吃$_{吃不吃}$? 可是红$_{是不是红}$?——可红$_{红不红}$?

"可是吃、可是红"是信大于疑的偏向问,前者的预设是说话人猜测或者认为要吃,问话目的在于跟对方确认是不是确定要吃,后者的预设是说话人猜测或者认为是红,问话目的在于跟对方确认是不是红。"可吃、可红"则是信疑相当的中性问,问话人对问题的答案并不清楚,问话目的在于寻求答案。

"可是 VP"对"VP"的选择与"可 VP"对"VP"的选择有一致之处,能用于"可 VP"的都能用在"可是 VP"中。如:

自主动词:可是走$_{是不是走}$? 可是要$_{是不是要}$? 可是打$_{是不是打}$?
非自主动词:可是管$_{是不是管}$? 可是像$_{是不是像}$? 可是有$_{是不是有}$?
形容词:可是黑$_{是不是黑}$? 可是精彩$_{是不是精彩}$? 可是雪白$_{是不是雪白}$?
述宾短语:可是吃饭$_{是不是吃饭}$? 可是住人$_{是不是住人}$?
　　　　可是吃大碗$_{是不是吃大碗}$?
述补短语:可是拧紧$_{是不是拧紧}$? 可是切碎$_{是不是切碎}$?
　　　　可是拿得动$_{是不是拿得动}$? 可是拿进来$_{是不是拿进来}$?
　　　　可是好得很$_{是不是好得很}$?
连谓短语:可是上街买菜$_{是不是上街买菜}$?

状中结构：可是快走~是不是快走~？　可是好好看~是不是好好看~？
动助结构：可是拿子~是不是拿着~？　可是来过~是不是来过~？
动词重叠式：可是说说~是不是说说~？　可是商量商量~是不是商量商量~？

值得注意的是，否定形式的"VP"和有明显标记形式的"VP"通常不能用"可VP"提问，但能用"可是VP"提问。因为"可VP"是中性问，而有标记形式通常是有语义偏向的。"可是VP"是偏向问，本身是有标记形式，既能对有标记形式提问，也能对无标记形式提问。如：

*你可不去？——你可是不去~你是不是不去~？
*可说不清？——可是说不清~是不是说不清~？
*恁可没吃？——你可是没吃~你是不是没吃~？
*他可没好？——他可是没好~他是不是没好~？
*恁可才去？——你可是才去~你是不是才去~？
*可就你去？——可是就你去~是不是就你去~？

（2）可是 VP 来

"可是 VP 来"的构成方式是"可 + VP 来"，而"可 VP 来"构成方式则是"可 VP + 来"。"可是 VP 来"中"来"是持续体标记，该式用于询问动作或状态是不是处于持续之中，相当于普通话的"是不是 VP 着呢"和"是不是正在 VP"。如：

可是玩来~是不是玩着呢~？　可是想子来~是不是想着呢~？

能用在"可是 VP 来"中的"VP"通常都是自主动词，非自主动词和形容词都没有持续体可言，不能用于这种格式。如：

*可是丢来~是不是丢着呢~？　　*可是懂来~是不是懂着呢~？
*可是差来~是不是差着呢~？

有持续体形式的述宾结构和持续体形式"动词+子"结构能用"可是 VP 来"提问，如"可是吃饭来~是不是吃着饭呢~""可是抓子来~是不是抓着呢~""可是下子雨来~是不是下着雨呢~"。无持续体形式的动词性结构或者完成体、经历体的动词性结构，不能用于该式，如：

*可是看一遍来？　*可是打算去来？　*可是能吃来？　*可是烫手来？

*可是拧紧来？　*可是睡醒来？　*可是听懂来？　*可是挖深来？

*可是拿动来？　*可是吃得上来？　*可是走得远来？　*可是切开来？

*可是爬上去来？　*可是吃过来？　*可是吃了来？　*可是才去来？

*可是找找来？

(3) 可是 VP 咾

是非问"可是 VP 咾"与反复问"可 VP 咾"结构形式不同，前者是"可是+VP 咾"，后者是"可 VP+咾"。"可是 VP 咾"中的"咾"表示已经实现，"可 VP 咾"中的"咾"表示将要实现。是非问"可是 VP 咾"用于对实现体事件的提问，反复问"可 VP 咾"则用于对未然事件的提问。如：

可是去咾~是不是去了~？——可去咾~还去不去~？
可是干活咾~是不是干活了~？——可干活咾~还干不干活~？

"可是+VP咾"含义是"是不是出现了某种动作、变化、状态等",式中"VP"可是自主动词、非自主动词和形容词,凡是能带"咾"的"VP"都能出现在"可是 VP 咾"问句中,它的适用度比反复问"可 VP 咾"要广。如:

可是走咾_{是不是走了?}　可是上街咾_{是不是上街了?}　可是病咾_{是不是病了?}
可是懂咾_{是不是懂?}　可是逮子咾_{是不是逮着了?}　可是吃咾饭咾_{是不是吃了饭?}
可是睡醒咾_{是不是睡醒了?}　是抓住咾_{是不是抓住了?}　可是走远咾_{是不是走远了?}
可是打开咾_{是不是打开了?}　可是吃完咾_{是不是吃完了?}　可是想好了_{是不是想好了?}

值得注意的是,动词重叠式可用于反复问"可 VP 咾",但不用于是非问"可是 VP 咾",因为重叠式表示未然事件。如:

可看看咾_{还看看不看看?}　——可是看看咾?
可商量商量咾_{还商量不商量?}　——可是商量商量咾?

(4) 可是 VP 哩

该式与"可是 VP"的不同在于含有强调、深究意味。如:

可是吃_{是不是吃?}　——可是吃哩_{(究竟、到底)是不是吃呢?}
可是管_{是不是行?}　——可是管哩_{(究竟、到底)是不是行?}

5.3　特指问

特指问的疑问信息点主要在疑问代词上,要求听话人针对疑问代词作出具体的回答。汉语方言特指问的表达形式并没有明显差别,都是靠疑问代词负载疑问信息，差别只在疑问代词的选用上。皖北方言与普通话的特指问差别同样体现在疑问代词上面。皖北方言既有与普通话相同的疑问代词，如问人的"谁"，问事物、人物、原因、处所等的"什么"，问方式、方法的"怎么"，问程度、数量的"多"，也有一些特殊的疑问词。本节主要讨论与普通话不同或用法有异的皖北方言疑问代词。

5.3.1　谁、谁个

"谁、谁个"是皖北方言中问人的疑问代词。"谁"的用法与普通话相同，但读音只有［ṣei²］一种，没有［ṣuei²］的念法。"谁个"和"谁"语法作用基本相同，区别在于语体色彩略有差异，"谁个"的口语化色彩更浓。

"谁、谁个"在句中可作主语、宾语、定语，如：

主语：谁叫你不吱声的？　　谁个去的？
宾语：你是谁？　　　　　　那个穿红衣裳的是谁个？
定语：谁的书包丢咾？　　　谁个的书包丢咾？

皖北方言中"谁、谁个"作判断词"是"的宾语时，"是"往往可以省略，普通话的"谁"一般不能作这样的省略。如：

你谁？　那谁个？　要饭的谁？　找你的谁个？

"谁、谁个"构成的疑问句有时也可以作降级的主语、宾语使用，如：

你可知道谁去北京咾？　谁个来俺不管。　谁说谁的_{各说各的}。

"谁"多数情况下问的是单数，指代单个的人，但作宾语时，有时也可以问多数，指代多人，如：

没去上课都有谁？　来喝喜酒都是谁？

第一句的意思是"没去上课都有哪些人"，第二句的意思是"来吃喜酒的都是哪些人"。

"谁个"的意思相当于问人的复合结构"哪一个"，只能作单数疑问代词使用，不能作复数人称代词使用。如：

谁个结婚咾？　没做作业的是谁个？

以上两句中的"谁个"只能指单个的人。

前人很少谈到"谁个"一词的来源问题。据我们考察，"谁个"作指人疑问代词的用法在宋代已经出现，只是用例较少。如：

唤得应，扶着痛，只这便是仁，则谁个不会如此？

（《朱子语类》卷一百一）

"谁个"一词在明代使用已经十分普遍，例如：

这个老儿熬刑不过，自然招承下狱，这园必定卖官，那时谁个敢买？

（《今古奇观》卷八）

邻里又寻些酒食送至门上，那狱卒谁个拿与他吃，竟接来自去受用。

（《醒世恒言》卷四）

夜深谁个扣柴扉？只得颠倒衣裳试觑，原来是紫衣年少俊庞儿。

（《群音类选·官腔类》卷六）

问谁个，掩纱窗，更愁于我。

（《弹指词·埒地花》卷上）

相爱相怜有谁个？好梦难求佳音难得，泪落珠千颗。

（《看山阁集·诗余》卷四）

5.3.2 啥

"啥"相当于普通话的"什么"，是皖北地区使用频率最高的疑问代词。"啥"在整个皖北地区均有分布，只有金蚌片用"什么"的多一些。关于"啥"的来源问题，徐媛媛（2006）认为，"啥"和"孰"有同源关系，"啥"是从疑问代词"孰"分化演变而来的。理由如下：从语义角度着眼，"孰"相当于"何"，而"啥"义为"什么"，两者词义相同，具有相同的造词理据；从用法看，"啥"和"孰"都是既可指人，也可指物的疑问代词；从语音上看，"啥"和"孰"现代读音声母相同，韵母只是开口度大小不同，按照古音，"孰"属觉部，由现代音推求，"啥"应属鱼部，鱼、觉具有通转关系。我们认为这种说法存在较大问题。

（1）语义、用法相同并不能证明就是同源关系，且两者语义并不完全相同，"孰"主要用来指人，可以单独代人，"啥"主要用来指物，不能单独代人，例如：

取我衣冠而褚之，取我田畴而伍之，孰杀子产，吾其与之。

（《左传·襄公三十年》）

女与回也孰愈？

（《论语·公冶长》）

三者孰知正处？……四者孰知正味？……四者孰知天下之正色哉？

（《庄子·齐物论》）

上述例句中的"孰",只能翻译成指人的"谁",不能翻译成"啥"。

(2)"孰"早在先秦时期已产生,"啥"则产生于明清时期(王力,1957/1980),时间相距甚远。两个同源词不太可能有这么远的时间距离。

(3)从声母看,现代声母相同,并不代表古代声母相同,"孰"为禅母字,韵书虽未记载"啥"的读音,但显然"啥"是从"舍"得声,"舍"为书母字,两者清浊有别;从声调看,"孰"为入声字,"舍"为舒声字;从韵母看,"孰"为通摄屋韵字,主要元音为[u],上古属觉部,"舍"为假摄麻韵字,主要元音为[a],上古属鱼部,差距甚远,若按语音演变,由[a]到[u]音变可能性大,由[u]到[a]的音变可能性小。

我们推测"啥"很可能来源于"什么"(什么)。王力(1957/1980)指出,"什么"也写作"甚么、甚末",或者单写作"甚","甚"是"甚么"的合音,山西、陕西等地仍用"甚"字。"么、末"中古音主要元音都是[a],"啥"很像是"什么"的切音,且"啥"意义和语法与"什么"完全一致,当然这种推测需要进一步证实。

疑问代词"啥"在皖北方言中主要有五种用法。

(1)问事物

"啥"最常见的用法是用来询问事物,在皖北地区有两种声调,西部、北部一般读降调[53],东南部一般读平调[55],中部有些方言点两读均可。"啥"询问事物时,可单独使用,也可在句中作宾语、主语、定语。例如:

甲:俺想买球鞋。　　　　　乙:啥?球鞋?(单独使用)
甲:你吃啥?(宾语)　　　　乙:俺吃面条子。
甲:啥搁树棵棵子里头叫?什么在树丛里叫?(主语)　乙:蛤蟆。
甲:你买的是啥房子?新房还是二手房?(定语)　乙:新房子。

"啥"还可以和"子、黄子、家伙、家什"组合成"啥子、啥黄子、啥家伙、啥家什",意思是"什么东西"。这些组合具有名词性,可作宾语、主语,例如:

你搁屋来找啥子来？　　恁吃的是啥黄子？
啥家伙□mɔ²⁴₍漏掉；忘记₎咾？　　他弄啥家什？

"啥黄子、啥家伙、啥家什"与"啥子"相比,显得粗俗,带有贬义色彩,"啥子"则是一个中性的词语。例如:

我看看你买的啥黄子？　　锅来做的啥家伙？
你弄啥家什吃的,这点事都干不好？

"啥黄子、啥家伙、啥家什"本身是定中结构的代名词,"啥子"相当于带"子"缀的名词,按说都不能再修饰其他名词,但近年来,这些词语的语义逐渐凝固化,向疑问代词转变,偶尔也能作定语。如:

你烧的啥子汤？齁咸！
锅来ₗᵢ炒的啥黄子菜？
这啥家伙肉？不好吃！
这啥家什房子？一下雨就漏！

（2）问时间

"啥"可以组合成"啥晚、啥时候、啥时间",用来询问时间。

"啥晚"主要用在金蚌片东部及阜宿片的东南部,在笔者母语中读作 $[ṣa^{55}uɛ^{0}]$,应是 $[ṣa^{55}uã^{0}]$ 的音变。金蚌片东部问时间还可用疑问代词"早晚",读作 $[tsã^{55}uã^{0}]$,其中"早"的读音是阴声韵转读阳声韵现象，如"你早晚回家_{你什么时候回家}"。"早"字语义虚化后，其时间概念主要由"晚"表达，因此"晚"在金蚌片东部及其毗连地区可当表时间的语素使用，组成"这晚_{这时候}、那晚_{那时候}、哪晚_{什么时候}、前晚_{前些日子}"，与之相应，"啥晚"就是"啥时候_{什么时候}"。"啥晚"可作宾语、主语、定语，如：

你两个约的是啥晚？　啥晚合适？　这是啥晚的事？

"啥时候"就是"什么时候"，与"啥晚"用法一致，例如：

考试时间是啥时候？　啥时候结婚？　你坐啥时候的车？

"啥时间"一般是问比较具体的时间，这种问法具有一定的书面语色彩，使用频率相对较低，相当于普通话的"什么时间"。例如：

甲：俺们啥时间吃饭？　乙：中午12点整。

（3）问原因

"啥"不可以单独用来问原因，但可以组合成"为啥、为啥子、因为啥、因为啥子"来询问原因，意思都相当于"为什么"。相比之下，"为啥、因为啥"用得较多，而"为啥子、因为啥子"用得较少，特别强调具体原因时常用后面两个。"啥"也有两种读法，读音规律与问事物的"啥"相同。

"为啥、为啥子、因为啥、因为啥子"可以单用，但经常出现在状语的位置，有时也能出现在谓语的位置上。如：

单用：他俩嘬起来咾。——为啥？　俺不去咾。——因为啥？

状语：恁为啥不去？　他为啥子来找恁？　恁俩因为啥打的？
　　　因为啥子生气？
谓语：他俩赌气来。——他俩因为啥呢？

询问原因的"啥"字结构出现在谓语的位置上，严格来说不能算作谓语，因为其后的谓语成分省略了，如"他俩因为啥呢"是"他俩因为啥赌气呢"的省略。

"为啥、为啥子"也可用来询问目的。如：

你说我恁_那么_累是为啥？——为了小孩。
他舍不得穿，到底为啥子？——为了省钱。

原因和目的有时难以区分，如以上两句的"为啥、为啥子"单独来看，也可理解为询问原因"因为什么"。

（4）问人物

皖北方言中"啥"可以和"人"组合成"啥人"，用以询问人物关系或人物品质、类型，相当于普通话的"什么人"。"啥人"可作宾语、主语、定语，例如：

宾语：那小孩是你的啥人？——俺外甥。
　　　老张是啥人，你可知道？——人品不咋样。
主语：啥人去咾？——小孩。
　　　啥人能干出来这种事？——反正不是好人。
定语：啥人的头毛是黄的？——小痞子。
　　　啥人的心恁坏？——土匪。

"啥人"用来问人物品质时常带有贬抑色彩，问别人是"啥人"是不尊敬的问法，说话人心理倾向于认为自己所问的人不是什么"好人"，人品不怎么样。"啥人"有时直接用作贬义的称谓，意思并不在询问，如"他是啥人，见便宜就贪"中的"他是啥人"意思相当于说"他这样差劲的人"。"啥人"之所以具有贬抑色彩，源于"啥"的指物用法，指物的词语用来指人，自然有不敬之义。更具贬抑色彩的是指物的"啥"与指物的"货、熊"组合在一起构成"啥货、啥熊"，它们也不表示疑问，在句中可用作宾语，如："你看你他啥货！""你看他啥熊！"

"啥（子）"有时也可用来问人物关系，如"他是你啥（子）_{他是你什么人}"。"啥人、啥（子）"用来询问人物关系、人物品质、类型时，不能用"谁、谁个"替换。"谁、谁个"指人不具有主观感情色彩。

"啥样"也可用来问人物品质，在句中主要作定语，如：

小柱子是啥样的人？　　啥样的人能干？

"啥样"还可用来询问状况，意思是"什么样"。"啥样"可作谓语、补语，如：

谓语：地来的麦啥样咾_{地里的麦子什么样了}？
补语：老李这几年穷得啥样咾_{老李这几年穷得什么样了}？

(5) 问处所

"啥"还可以和"地方、地点"组合成"啥地方、啥地点"，用来询问处所，意思是"什么地点、什么地方"。"啥地方、啥地点"可作主语、宾语、定语，如：

主语：啥地方放烟花？　　啥地点产茶叶？
宾语：那东西放啥地方咾？　　他这晚_{现在}搁啥地点来？

定语：恁是啥地方人？　　啥地点的东西好吃？

"啥地方、啥地点"具有一定的书面语色彩，使用频率较低，"啥地点"表示的范围比"啥地方"要小一些，可接受度也比"啥地方"低。

5.3.3　哪

"哪"是皖北方言常用的疑问代词之一，可以用来问处所、事物、时间和人物。

（1）问处所

"哪"的主要功能是问处所，普通话询问处所的"哪"可以儿化成"哪儿"，皖北方言一般不带"儿"尾。"哪"可直接作宾语、主语、定语。例如：

宾语：他去哪_{他去哪儿}？　　他搁哪来_{他在哪儿呢}？
主语：哪有人_{哪儿有人}？
定语：哪的灯坏咾_{哪儿的灯坏了}？

"哪"作定语时是组合式的，需要带"的"字，一般不能与所修饰词语直接组合，但口语中，问别人是哪儿人时，可用黏合式的"哪人"，如："恁是哪人_{你是哪儿人}？"。

"哪"可以组合成复合词"哪合"。"哪合"与普通话"哪儿"用法和功能类似，是皖北地区最常用的问处所的疑问代词。"哪合"可作宾语、主语、定语。例如：

宾语：恁到哪合咾_{你到哪里了}？
主语：哪合好_{哪里好}？
定语：哪合的水干净_{哪里的水干净}？

"哪合"与"这合、那合"构成一组方位指代词,"这合"是近指,"那合"是远指。

皖北南部地区,"哪"还可以组合成"哪来〔na²¹lɛ⁰〕",等同于普通话的"哪里"。"哪来"可作宾语、主语、定语。如:

宾语:老李搁哪来来_{老李在哪里呢}?
主语:哪来下雨咾_{哪里下雨了}?
定语:哪来的房子失火咾_{哪里的房子着火了}?

"哪来"与"这来、那来"构成一组方位指代词,"这来"是近指,"那来"是远指,"哪来"是疑问代词。这组方位词等于普通话的"这里、那里、哪里"。我们认为皖北方言上述方位词中的"来"实际上就是"里",因为"里、来"上古同属来母之部,声韵相同,"来"为平声,"里"为上声,但因处于词尾,读轻声,不受声调影响。我们按照现代读音将处于词尾的"里"记作"来",只表示读音,不代表本字。皖北方言中,处所词"里"作为前字时读〔li〕,如"里边、里屋"等,作为后字时读〔lɛ〕,如"家来_里、河来_里、心来_里"等。

(2)问事物/时间

"哪"还可以直接和询问事物、时间等。普通话的"哪一个、哪一年、哪一头、哪一碗"在皖北方言中分别说成"哪个、哪年、哪头、哪碗","哪+量词"可作主语、宾语、定语,如:

主语:哪个是坏的?
宾语:你吃哪碗?
定语:你结婚定的哪天的期。

皖北南部方言中,"哪"可跟"晚"组合成"哪晚",用来询问时间。

如：他哪晚走的？该句意思是问他什么时候走的？

（3）问人物

"哪个"除了指物外，在与江淮方言交界的金蚌片（如金寨、淮南）的一些方言点也可用指人，如："哪个叫你去的？""你去找哪个？""哪个的书不要咾？"

5.3.4 咋

"咋"是皖北北部地区常用的疑问代词，主要通行于除六安北部以外的皖北大部分地区，意思相当于"怎么"。"咋"主要有三种用法，一是问方式、方法，二是问状况，三是问原因。

（1）问方式、方法

"咋"问方式、方法，在句中作状语，例如：

这一题咋做的_{这一题怎么做的}？
张老师，这一课咋上_{张老师,这一课怎么上}？
你看咋弄，他就是不去_{你看怎么办,他就是不去}？
那小孩咋回家的_{那个孩子是怎么回家的}？

"咋"也可以跟"样、子"组合成复合词"咋样、咋子"，相当于普通话的"怎么样、怎么着"。"咋样、咋子"问方式、方法时可作状语。如：

俺到底咋样讲，你才相信俺_{我到底怎么说,你才能相信我}？
你咋子吃的，漓拉的哪都是的_{你怎么吃的,撒的到处都是}？

"咋子"还能带宾语，"咋样"一般不行，如：

你咋子他咾，他火恁很_{你怎么着他了,他那么生气}？

他咋子老张咾，人家不理他咾 他怎么着老张了，人家不理他了？

?你咋样他咾，他火恁很？

?他咋样老张咾，人家不理他咾？

（2）问状况

"咋样"询问状况时，可作谓语、补语，有时也能作主语，如：

谓语：你身体咋样 你身体怎么样？
补语：他病得咋样咾 他病得怎么样了？
主语：咋样叫好 怎么样算作好？

"咋子"也可问状况。与"咋样"不同，"咋子"问状况时，在句中一般只作谓语、主语，不能作补语，例如：

谓语：他咋子咾，搁那合哭 他怎么着了,在那儿哭？
主语：咋子叫好哎 怎么着叫好？

（3）问原因

"咋"也可以直接用来询问原因。"咋"问原因时在句中作状语，与普通话的"怎么"用法相通，下列句中的"咋"都可以换成"怎么"。如：

你咋怎么快吃完咾 你为什么那么快吃完了？
他的脸咋红喽 他的脸为什么红了？
他几个咋不吃饭 他们几个为什么不吃饭？
你咋就不相信俺呢 你为什么就不相信我呢？

"咋"与其他状语成分并列时通常用在其他状语成分之前，不能用在其后，时间状语除外。如：

> 咋那么快？——*那么咋快？
> 他咋不走咾？——*他不咋走咾？
> 你昨个咋没来？——你咋没昨个来？

5.3.5 早晚、好晚、多咱（子）、好咱（子）

这一组词用来问时间，主要在金蚌片及与金蚌片交界的阜宿片东部、南部地区使用。阜宿片中部、北部以及萧砀片基本不用。

"早晚"在句中可作状语、定语、主语、宾语，如：

> 状语：他几个早晚去？
> 定语：这是早晚的事？
> 主语：早晚合适？
> 宾语：他找你的时候是早晚？

"好晚"也用于询问时间，用法与"早晚"一致。"好晚"中的"好"有两种声调，一种是读半上21，一种是读高平调55。"好晚"可作状语、定语、主语、宾语。如：

> 状语：你好晚来家？
> 定语：这是好晚的事？
> 主语：好晚合适？
> 宾语：上街的时候是好晚？

"多咱（子）、好咱（子）"中的"咱"主要有两种语音形式：$[tsã^{24}]$ 和 $[tã^{24}]$，后一语音形式是前一语音形式的变异，金蚌片东部多读 $[tsã^{24}]$，西部多读［ta²⁴］。这两个疑问词的用法与"早晚、好晚"一致，意思都是"什么时间"。

"多昝（子）、好昝（子）"在句中主要作状语，有时也可作主语、宾语。例如（语例为颍上话）：

> 状语：他多昝来的？　你好昝回家的？　俺多昝子跟你说过？
> 宾语：你走的时候是多昝？　放电视的时间是好昝？
> 　　　他来的时候是多昝子。
> 主语：多昝去上学？　好昝干活？　多昝子放的炮？

5.3.6　好

皖北中原官话中的"好"可作程度副词使用，用在形容词和一些心理动词之前，表示程度高，用于感叹句中。如：

> 他长得好高家伙！　小李好能呦！　俺妈好想你！

"好"还可作疑问副词使用，用来询问程度的高低，相当于普通话的疑问副词"多"。"好"主要用在形容词、心理动词之前，例如：

> 恁的日子到底有好难 你的日子到底有多困难？
> 他有好过劲 他有多厉害？
> 你有好想我 你有多想我？

上述例句都询问程度，"好"之前的"有"字也可以不用。"好"在普通话中也可表示程度高，如："这件衣服好漂亮呀！"但普通话的"好"通常不能用来提问程度的高低。

"好"还可以用来问数量等，用在形容词之前，例如：

那棵树好高_这棵树多高_?
这口井有好深_这口井有多深_?
恁孩子好大咾_你的孩子多大了_?

上述问句都需用比较具体的数量来回答，如"三米多高、四米深、十岁咾"。

"好"还可以与"些"组合成"好些"，表示数目多，例如：

街上好些人呦_街上好多人呀_！

"好些"也可以用来询问数量，相当于"多少"。数目不止一个或者相对较多时，往往用"好些"提问。"好些"一般用在名词前，构成"好些＋N"结构，其中的"N"可以是可数的，也可以是不可数的。"好些＋N"经常作宾语。例如：

他浇咾好些水，把花都浇死咾？
买房子得好些钱？
你班来_里_有好些人？

疑问结构"好些＋N"有时也可作主语，如：

好些人走喽？　好些东西浪费咾？

上述问句中的"好些"有时也可用"好多"替换，"好多"的书面色彩较浓，如：

他家里有好多人？　你卖咾好多钱？

"好些"还有"好点儿"的意思，例如：

这回子你的病好些咾吗这会儿你的病好点儿了吗？

此种用法的"好些"念成 [xɔ²¹ ɕiɛ³³]，其中的"好"意义比较实在，而表示数目多或询问数量的"好些"念成 [xɔ²³ ɕiɛ⁰]，"好"的意义虚化。

上文分析了皖北方言中比较特殊的疑问代词和疑问副词，还有一些疑问词与普通话基本一致，不再详细分析。我们将皖北方言的特指问所涉及的疑问词按意义分类列成表5–9。

表5–9　　　　　　　　皖北中原官话的特指疑问形式

	疑问形式
问人物	谁、谁个、哪个、啥人、啥子、啥样、什么人
问事物	啥、啥子、啥黄子、啥家伙、啥家什、哪个什么东西
问处所	哪、哪合、哪来、啥地方、啥地点、什么地方
问时间	啥晚、啥时候、啥时间、早晚、好晚、哪晚、好昝（子）、多昝（子）、什么时候
问方式、方法	咋、咋样、咋子、怎么、什么
问状况	咋样、咋子、啥样、什么
问原因	为啥、为啥子、因为啥（子）、咋、什么
问目的	为啥（子）、为了什么
问程度	好、多
问数量	好、多、几、好些、多少、好多

5.4　选择问

选择问是发话人提供两种或两种以上的选项，让听话人从中作出选择的疑问句式。选择问与"VP-neg-VP"式的正反问（反复问）不同，两者差异在于：选择问的选项可用逗号或问号隔开，正反问则不能；列项选择问的选项之间可以用关联词语，正反问不能；列项选择问的选项之间的语义关系复杂，正反问的选项之间只是肯定否定的关系；只有仅包含肯定、否定选项的列项选择问可以紧缩为正反问，其他形式的不能。

5.4.1 选择问的形式

皖北方言选择问在形式上与普通话基本一致。邵敬敏（1994）将普通话的选择问的形式归纳为五种，皖北方言的选择问有四种，普通话的"还是 x（呢）（，/？）还是 y（呢）？"不用。皖北方言选择问可以分为带关联词语的和不带关联词语的两种，其中带关联词语的选择问又有三种形式。

（1）x（呢），还是 y（呢）？

x 呢，还是 y 呢：你去呢，还是俺去呢？
x 呢，还是 y：你去呢，还是俺去？
x，还是 y 呢：你去，还是俺去呢？
x，还是 y：你去，还是俺去？

（2）是 x（呢），是 y（呢）？

是 x 呢，是 y 呢：是来呢，是不来呢？
是 x 呢，是 y：是来呢，是不来？
是 x，是 y 呢：是来，是不来呢？
是 x，是 y：是来，是不来？

（3）是 x（呢），还是 y（呢）？

是 x 呢，还是 y 呢：是坐飞机呢，还是坐火车呢？

是 x 呢，还是 y：是坐飞机呢，还是坐火车？
是 x，还是 y 呢：是坐飞机，还是坐火车呢？
是 x，还是 y：是坐飞机，还是坐火车？

上述三种形式的选择问句中都用了关联词语，其中的逗号都可换成问号，意义上无明显区别。当式中前一选择项的末尾有语气词"呢"时，一般需要有逗号或问号与后一选择项隔开；没有语气词"呢"时，两项之间的逗号或问号可有可无。皖北方言陈述句中的语气词"来"与普通话的"呢"接近，有时可以互相替换。但在选择疑问句中，一般不能用"来"，只能用"呢"，如上述格式中的"呢"都不能用"来"替换。"呢"在皖北地区多数方言点中读［nin］，有的地方读［niɛ］（如阜阳）或［nən］，都是轻声，我们认为这些都是［nə］的音变形式，一律写作"呢"。上述句子，用不用"呢"的区别在于：用语气词"呢"时，语气舒缓些；不用时，节奏紧凑一些。

皖北方言选择问中比较有特色的是紧缩式选择问，即不用关联词语的选择问句。紧缩式选择问句可用语气词"呢"，也可不用，用不用区别在于：用"呢"能够使语气舒缓。紧缩式选择问的形式是"x（呢），y（呢）？"。例如：

x，y：输咾，赢咾？
x，y 呢：输咾，赢咾呢？
x 呢，y 呢：输咾呢，赢咾呢？
x 呢，y：输咾呢，赢咾？

上述四种形式的紧缩式选择问句，式中逗号都可省略，其中第一、二种最为常见，尤以第一种最为常用，第三、四种不常说，接受度较低。皖北方言选择项之间不用语气词和关联词语的紧缩式选择问比较丰富，主要是因为这种形式适应了日常口语交际的需要，符合语言交际经济性原则。此外，由于是紧缩式语气比较急促，因此选择项之间不用逗号隔开，不使用语气词的情况常见。

5.4.2　选择项的构成

皖北方言选择问句中的选择项的构成成分以名词、名词性短语和动词性短语为主，以紧缩式为例，如：

名词：你要啥？桌子椅子？

数量短语：一百二百？

"的"字短语：这你的他的？

定中短语：王丽是谁的同学，小张的同学小李的同学？

主谓短语：你去我去？

述宾短语：买戒指买项链？

述补短语：长得好长得丑？

状中短语：快吃慢吃？

皖北方言紧缩式选择问的选项一般不能是单音节的名词，如一般不说"*你要啥？书？笔？"而说成"你要啥？要书要笔？"。

紧缩式选择疑问句须是两项对举，两个选择项在音节结构、语法结构上要保持一致，不一致的情况下一般不能紧缩，例如：

他到底是笨，是聪明？→*他到底笨聪明？

你要回家呢，还是做饭吃呢？→*你要回家做饭吃？

选择项较长，或者选择项不止两项，也不易紧缩，例如：

谁结婚？小强跟小张还是小李跟小马？
→谁结婚？*小强跟小张小李跟小马？
你洗衣裳我做饭，还是我洗衣裳你做饭？
→*你洗衣裳我做饭我洗衣裳你做饭？
干啥呢？写字呢，看书呢，还是散步？
→*干啥呢？写字看书散步？

省略式的非紧缩式选择疑问句紧缩时，需要补充省略的谓语中心部分，例如：

长得好还是丑？→长得好长得丑？
买酒呢，还是烟？→买酒买烟？

如果选择项之间具有对立关系，即一项为肯定项，一项为否定项的正反型列项选择问，紧缩后就变成了正反问句，例如：

你到底去呢，还是不去呢？→ 你到底去不去？
你想回家呢，还是不想回家呢？→ 你想回家不想回家？→ 你想不想回家？

5.4.3 选择项之间的语义关系

选择问句结构的意义是提供两项或两项以上的选项，让听话人作出选择。据邵敬敏（1994），选择问各选项之间主要有并列关系、对立关系、对比关系三种。皖北方言的选择问也符合这种分类。

（1）并列关系：选项之间语义地位平等，且属于同类概念，可以互换位置而不影响语义表达。如：

问：那人是谁个？老张，老李，还是老马？　　答：老马。
问：你买啥？买书，买笔，买本子？　　　　答：买书跟笔。
问：恁啥时候来？今个，明个？　　　　　　答：俺不去咾。

并列关系的列项选择问句，对听话人来说，可以作出三种回答：一是只能选择其中之一，如第一句；二是选择多个选项，如第二句；三是答案不在选项中，另外作出回答，如第三句。

（2）对立关系：选择项之间语义上是对立的，是 A 就不是 B，是 B 就不是 A，选项之间多数能互换位置，少数不能。又可细分为正反型、反义型、颠倒型、临时对立型，如：

正反型：你吃，还是不吃？
反义型：俺这题做的是对咾，是错咾？
颠倒型：是你打他，还是他打你？
临时对立型：恁是来喝酒，还是来捣乱？

对立关系的列项选择问中，正反型选择项的顺序一般是先正项，后反项，不能颠倒。临时对立型的选择项之间是一种主观对立，说话人问话的目的有时是有倾向性的，并非是要听话人作出选择，而是对方行为表达一种不满的情绪，如："恁是来喝酒，还是来捣乱？"此时，说话人往往强调后一选项，两个选项之间的位置也不能随意互换。

（3）对比关系：选项之间多属同类概念，但不构成对立关系，语义上也不是并列的，而是通过对比（有的临时形成对比关系）表现出一定的差异性。如：

是你不照，还是他有本事？
是眼大呢，还是鼻子小呢？

他要喝，还是恁想吃？

　　对比关系的列项选择问，答话者可以选择其中一个选项或多个选项作答，也可都不选，而另外给出答案。处于对比关系的选择项大都可以互换，但强调后一选项时，一般不能互换，如："他要喝，还是恁想吃？"如果说话人强调对方贪吃时，选项不能互换。

小　结

　　本章讨论了皖北方言的疑问系统，包括反复问句、是非问句、特指问句和选择问句，重点讨论的是反复问句。通过对疑问句的语义特征、疑问焦点和语义功能的讨论，我们对传统的反复问、是非问作了重新分类。
　　我们认为汉语方言反复问句有三种类型：疑问副词构成的反复问、正反项构成的反复问和疑问语气词构成的反复问。汉语的是非问句也有三种类型：语调是非问、疑问副词构成的是非问和疑问语气词构成的是非问。这种分类具有类型学研究的意义，也即疑问副词、疑问语气词和正反结构式是构成反复问的三种手段，而语调、疑问副词、疑问语气词则是构成是非问的三种手段。
　　汉语方言反复问句和是非问的三种类型，皖北方言都有，这主要是因为皖北地区处于南北方言交汇地带，受南北方言的共同影响，但反复问句以"可"类问句为主的事实也反映了皖北中原官话跟江淮方言之间的密切关系。
　　前人在"可"类问句的性质和归属问题上争论不休，莫衷一是。我们将"可"类问句和"可是"类区别开来，前者是反复问，后者是是非问。这个分类对其他汉语方言具有借鉴意义，如合肥方言的"克"问句和"克是"问句，苏州方言的"阿"问句和"阿是"问句，应当也是这种情况。这种分类方法对认识汉语"FVP"类问句的性质也能起到一定作用。

"可是"问句和"可"问句的不同也显示了普通话"是不是"问句和"VP-neg-VP"问句之间的差异。

本章对"吗"问句进行了深入讨论，将其划分为偏向"吗"问句和中性"吗"问句，前者属于是非问，后者属于反复问。这种分类方法更符合语言事实，同时也照顾到"吗"问句历史上来源于反复问句的情况。

皖北方言反复问句的类型主要有"可"问句、"VP-neg-VP"问句、"VP 吗"、"VP 不"四种，其中"可"问句最有特色。"可"问句又包括"可 VP"、"可 VP 来、可 VP 吗、可 VP 咾"和"可 VP 哹"五种主要形式，它们之间的不同主要在于句末的语气词，这些语气词大都不表示疑问，而是跟一定的体貌相关联。萧砀片的"VP 吗"可以用来直接询问已然事件，其中的"吗"附带体貌信息，可视为"VP 喽吗"的省略式。萧砀片的"VP 不"可视为"VP 不 VP"的省略式。"VP-neg-VP"问句是受北方方言影响而产生的，不是皖北方言的固有形式（萧县、砀山除外）。

本章讨论了"可"问句和"可是"问句对"VP"的选择问题。不同形式的"VP"能否适用这两类问句跟问句的性质、"VP"的语义特征有密切关系。"可"问句不能对否定式"VP"直接提问，这跟人类的认知规律有关，因为否定式是有标记形式，而"可"问句是无标记的中性问，一般只对无标形式提问，不对有标记形式提问。"可是"则可以对有标记形式提问，因为它本身是有标记的偏向问，两者不矛盾。

本章还讨论了皖北方言的特指问和选择问，这两类问句在形式上与普通话基本一致。皖北方言特指问与普通话的主要不同表现在疑问代词上，而选择问与普通话的不同在于皖北方言的选择多采用紧缩形式。

第六章　皖北中原官话的特殊句法格式

方言句式是反映方言语法特点的重要方面，各地方言中都存在一些比较有特色的句式。皖北方言中不同于普通话的句法格式主要有"连 V 是 V、非 VP、连 V₁带 V₂、V+不完的+V、主语+述语+主语+述语、动+将+趋向动词"。其中有的格式分布范围有限，如"连 V 是 V、连 V₁带 V₂、V+不完+的+V"；有的格式是古汉语的残留，不但分布范围窄，且处于衰落阶段，如：动+将+趋向动词；有的格式分布范围广，且日常口语中常用，如：非 VP、主语+述语+主语+述语、"叫/给"字句。

前人对皖北方言句式的研究不多，已有的研究多为介绍性的。描写比较详细的有胡习之、高群（2004）《动将结构与皖北方言》，于芹（2007）《安徽临泉方言中的比喻格式"给……啷"》，于芹、刘杰（2008）《皖北口语中的"很+VP"》，胡利华（2009）《安徽蒙城方言的"叫"字句》，耿军（2010）《安徽怀远话的"一动"及其发展》，张德岁、唐爱华（2011）《皖北方言中的"V+搁+N（L）"格式》等。上述研究的部分内容前文已有所论及，还有一些句式属于分布范围较窄的方言句式，不作讨论。本章选取分布范围较广，日常口语常用的几个方言句式作专题性研究。

6.1 非 VP 不 X[①]

"非 VP 不 X"句式是皖北方言中的一种常用句式,具体表现形式有四种:非 VP 不照、非 VP 不管、非 VP 不粘、非 VP,前三种为完整式,后一种为省略式。省略式"非 VP"为皖北方言常用且比较有特色的固定格式。普通话的"非 VP 不 X"句式包括"非 VP 不可、非 VP 不行、非 VP 不成"和省略式"非 VP",前两种格式皖北方言有时也用,但使用频率不高,"非 VP 不成"则基本不用。虽然普通话的"非 VP 不可"也可以省略为"非 VP",但远没有皖北方言的省略现象普遍。本节前两部分讨论"非 VP 不 X"的句法特点和表意特点(以完整式为例),第三部分讨论"不 X"的隐现规律。

"非 VP 不管、非 VP 不照、非 VP 不粘"的用法基本一致,"非 VP 不管"的使用范围最广,主要用于金蚌片东部、萧砀片和阜宿片中东部及北部地区,"非 VP 不照"主要用于金蚌片中西部及阜宿片南部,"非 VP 不粘"主要用于阜宿片的西北部。本节主要以通行度较高的"非 VP 不管"为例讨论"非 VP 不 X"格式的主要特点。

6.1.1 "非 VP 不 X"的句法特点

"管、照、粘"("照、粘"的本字待考)在皖北方言中的特殊用法有二(文中例句以"管"为代表,"照、粘"也基本适用)。

(1)能干、有本事、厉害。如:

他真管来,考上重点大学咾。 老李管咾!发财咾!

[①] 本节主要内容已在《淮北师范大学学报》(哲学社会科学版)2016 年第 2 期发表。

(2) 可以、行、能、允许。如：

俺去就管_{可以}咾。 你一个人去可管_{行不行}？ 洋柿子管_{可以、能}生吃。
俺家的电视机管_{可以、能}看。
这合_{这里}不管_{允许}吸烟，咱搁那合_{那里}吸吧。
歇咾半天咾，可管_{可以、能}干活来？

"非 VP 不 X"中的"X"适用第二个义项，语义较虚。如：

我非去不管，你别管咾。

"不管、不照、不粘"是皖北地区较有特色的表达形式，意思与普通话的"不行"相当，表示客观或主观上"不允许"。

"非 VP 不 X"的语法功能相对简单，最常用的是在句中作谓语，偶尔可作定语或者用在"是……的"结构中。如：

我非吃不管。
非来不管的时候你再来。
你别留他咾，他是非回家不管的。

"非 VP 不 X"也可单用，但需要一定的上下文语境，常处于问答式的答句之中，如：

甲：你非要走吗？ 乙：非走不管！

"非 VP 不 X"中的"不 X"一般是"不管、不照、不粘、不可、不行"等相对固定的成分，这些成分经常可以省略。比较灵活的是"VP"，可分为动词性成分和形容词性成分两种。

(1) 动词性成分

包括动词和动词性结构。动词性成分按"是否可控"可分为自主性的和非自主性的两种，后者又可细分为表变化义的和表属性义的两种。"非VP不X"中的"VP"既可以是自主性的动词性成分，也可以是含 [+变化] 义的非自主动词性成分。如：

A. 自主义动词性成分

动词：非去不管　非走不管　非哭不管

述宾：非吃馍不管　非上北京不管　非踢两脚不管

述补：非拧紧不管　非吃完不管　非谈到半夜不管

连谓：非上街去玩不管　非出去吃饭不管

状中：非瞎猜不管　非使劲打不管　非倒着走不管

重叠：非说说不管　非找找不管　非看看不管

B. 变化义非自主动词性成分

非丢不管　非坏腐烂不管　非下雨不管　非买贵不管

表属性义的非自主动词性成分一般不能用于"非VP（不管）"格式，如：

动词：*非懂不管　*非像不管　*非会不管

述宾：*非能来不管　*非该不管　*非急人不管

述补：*非听懂不管　*非像得很不管　*非写得好不管

连谓：*非有钱看病不管

(2) 形容词性成分

包括形容词和形容词性结构。一些性质形容词和部分含 [+变化] 义

的状态形容词能用于"非VP不X"格式,如:

性质形容词:非凉不管　非短不管　非苦不管
状态形容词:非通红不管　非稀烂不管

具有定量的性质形容词,其可变性差,一般不能用于"非VP不管"格式,如:

*非方不管　*非温不管　*非聪明不管

形容词作述语的述补短语大多也能用于"非VP不X"格式,如:

非差得不得了不管　非黑透不管

带数量成分的形容词性组合(也可看作形补组合)可用于"非VP不X"格式,但通常需要通过其他分句设置一定的语境,如:

要想住一大家子人,房子非大一点不管。
你看着吧,昨个_昨天_卖两块,今个_今天_非便宜一块钱不管!

下文以"非VP不管"为例,重点讨论"非VP不X"的表义特点以及"不X"的隐现规律。

6.1.2　"非VP不X"的表意特点

皖北方言中,"非VP不X"格式的意义可概括为四种。
(1)表示事理的必要性,强调"必须怎么样",如:

他确实不想去，可又非去不管。
这个班非他教不管。

（2）表示事理的必然性，强调"一定会怎么样"，如：

你这样干下去，非累垮不管。
要是还下几天雨，红芋_{红薯}非烂掉不管。

（3）表示主观愿望或决心，强调"一定要怎么样"，如：

你别说了，俺非去不管。
俺非吃不管，谁都别拦俺。

（4）表示故意跟主观意愿或客观情况相违背，强调"偏（偏）怎么样"，如：

他不想让俺去，俺非去不管。
人家不喜欢你，你非缠着人家不管。

以上四种意义可概括为两类：（1）、（2）表示说话人的推断；（3）、（4）表示说话人或他人的意愿。表示推断的"非 VP 不 X"又可分为必要性推断和必然性推断；表意愿的"非 VP 不 X"又可分为言者意愿和他人意愿。

"非 VP 不 X"的主语可分为指人名词和非指人名词①，当主语为非指人

---

① 王灿龙（2008）将"非 VP 不可"的主语分为有生名词和无生名词，文中论述时将植物、动物类名词看作无生名词。我们将主语直接分为指人名词和非指人名词，指人名词有人的主观意识，非指人名词无人的主观意识。

名词（修辞上的拟人用法除外）时，"非 VP 不 X"表示说话人的推断，如：

再旱下去，庄稼非干死不管。
狗都病咾一个多月咾，非死不管！

当主语为指人名词，有以下三种情况。

（1）"VP"为自主义动词性成分时，"非 VP 不 X"既可以表示主观意愿也可以表示主观推断。如：

他不让我去，我非去不管。（主观意愿）
看来我非去不管，不去也得去。（必要性推断）
不让你来，你非来不管。（主观意愿）
我就知道你非来不管。（必然性推断）

（2）"VP"为非自主义动词性成分时，"非 VP 不 X"不能表示有意识的行为，且常常带有消极色彩。此时，"非 VP 不 X"只能表示必然性推断，不能表示主观意愿，原因在于，一方面无意识的行为不受控制，另一方面也没人希望消极事件发生在自己身上（除非在特殊语境下）。如：

推断	意愿
老张让车撞狠咾，他非瘫不管。	*医生要把他治好，他非瘫不管。
要是天天吃剩饭，他非生病不管。	*他不让我生病，我非生病不管。

（3）若"VP"为形容词性成分，则"非 VP 不 X"只表示必然性推断，不表示说话人的意愿，因为形容词性成分所表示的属性或状态通常是

不能控制的。如：

> 过两天非冷不管。
> 绳子非短一点不管。
> 再过两天，桃子非熟透不管。

兼有动词和形容词属性的词用于"非 VP 不 X"表示主观意愿时，其中的"VP"属于动词，如：

> 你不让我便宜，我非便宜不管。

"非 VP 不 X"表必要性推断和必然性推断时，都能用"不得不 VP"改写，如：

> 他非走不管，车要开咾。→他不得不走，车要开咾。（必要性）
> 照这样打下去，他非说不管。→照这样打下去，他不得不说。（必然性）

但表必要性推断的"非 VP 不 X"还可用"必须、一定要"改写，表示必然性推断的"非 VP 不 X"还可用"肯定会、一定会"改写，不能互换。如：

> 他非走不管，车要开咾。→他必须／一定要走，车要开咾。
> →*他肯定会／一定会走，车要开咾。
> 照这样打下去，他非说不管。→照这样打下去，他肯定会／一定会说。
> →*照这样打下去，他必须／一定要说。

6.1.3 "非 VP 不 X"中"不 X"的隐现

相对完全式"非 VP 不 X"而言,省略式"非 VP"在皖北方言中更为常见,下文讨论皖北方言"非 VP 不 X"中"不 X"的隐现规律。

王灿龙(2008)认为,普通话"非 VP 不可"中"不可"的隐现跟表达视角和 VP 的韵律特征有关。王灿龙将表达视角分为当事人视角(指从句子所关涉的当事人来观照动作或状态发生的情况)和言者视角(表达的是一种说话人的主观判断和强调),当表达式为当事人视角时,原则上说"不可"都可以隐而不现;当表达式为言者视角时,原则上都不能隐去"不可"。他同时注意到以下方面。

(1)当"VP"为光杆动词时,即便是当事人视角,"不可"也不能(宜)隐去,但主语为第一人称时,"不可"又可自由隐去。如:

大赤包漱了漱口,宣布她非报仇不可。→*大赤包漱了漱口,宣布她非报仇。

(老舍《四世同堂》)

他非去不可,我们也劝不了。→?他非去,我们也劝不了。
我非报仇不可,不报仇我誓不为人。→我非报仇,不报仇我誓不为人。
我非去不可,你管不着!→我非去,你管不着!

王灿龙认为,这种复杂表现跟主语的人称、动词的"意志性"和"自主性"有关。

(2)语料中发现一两例基于言者视角表达而省去"不可"的情况,如:

关科长惊叫,身子往后一撤,若不是杨重眼疾手快,一把托住于观,他非摔个头破血流。

(王朔《你不是一个俗人》)

第六章　皖北中原官话的特殊句法格式　/　317

王灿龙认为，这种基于言者视角的省略式可能对"VP"有特殊要求，但他并未给出进一步的分析。

例外现象说明，基于表达视角和韵律特征揭示"不 X"的隐现可能还存在一定的局限性，这在皖北方言中表现得比较突出。

其一，表达式为当事人视角，"VP"为光杆动词，不管主语是第几人称，"不 X"都能自由隐去。如：

我非走不管，你管不着！→我非走，你管不着！
当时我不叫你去，你非去不管。→当时我不叫你去，你非去。
他非拿不管，谁都拦不住。→他非拿，谁都拦不住。

其二，表达式为言者视角时，"不 X"的隐现也相当自由，且不受"VP"和主语人称的限制。如：

照你这样讲，我非死不管？→照你这样讲，我非死？
再晚几天，小狗非饿死不管。→再晚几天，小狗非饿死。
雨太大咾，房子非漏雨不管。→雨太大咾，房子非漏雨。

鉴于此，我们尝试从语义表达角度讨论皖北方言"非 VP 不 X"中"不 X"的隐现。

上文指出，皖北方言中"非 VP 不 X"可以表示主观意愿和主观推断。当"非 VP 不 X"的主语为非指人名词时，该格式只能表示说话人的主观推断，而且是一种必然性推断，此时，"非 VP 不 X"中的"不 X"可以自由省略。如：

照我看，这事非黄_{失败}不管。→照我看，这事非黄。
风恁_{那么}大，衣裳非刮跑不管。→风恁大，衣裳非刮跑。

当"非 VP 不 X"的主语为指人名词时，该格式可表示主观意愿和主观推断。主语为指人名词，且"VP"为自主动词时，"非 VP 不 X"可表达两种含义，一是表主观意愿，二是表主观推断，表主观推断的情况又可细分为必要性推断和必然性推断两类。此时，"VP"的隐现规律如下所述。

（1）表主观意愿的"非 VP 不 X"中的"不 X"通常都能隐去，如：

俺非去不管，你别拦着俺。
→俺非去，你别拦着俺。（说话人意愿）
不让你住进去，你非住进去不管。
→不让你住进去，你非住进去。（他人意愿）
让他别吃，他非吃不管。
→让他别吃，他非吃。（他人意愿）

（2）表示必要性推断的"非 VP 不 X"中的"不 X"一般不能隐去。如：

看样子，俺非去不管。→*看样子，俺非去。
你非吃不管，再不吃就坏咾。→*你非吃，再不吃就坏咾。

（3）表必然性推断的"非 VP 不 X"中的"不 X"通常可以隐去，如：

?你知道我非去不管，提前准备好咾。
→?你知道我非去，提前准备好咾。
再熬下去，你非说不管。→再熬下去，你非说。
再饿两天，他非吃不管。→再饿两天，他非吃。

(4)"非 VP 不 X"用于判断词"是"后面时,"不 X"一般不能隐去。如:

俺是非去不管的,你别说咯。→*俺是非去的,你别说咯。
不叫你来,你是非来不管,后悔咯吧。
→*不叫你来,你是非来,后悔咯吧。

以上两例中,"是"为表示强调的判断动词,它往往与"非 VP 不 X"配合使用,如果一定要隐去"不 X",那么"是"和"的"也要一起隐去。

主语为指人名词,"VP"为非自主动词性成分,"非 VP 不 X"只表示必然性推断,即说话人认为主语必然遭遇某种境况。此时,"不 X"可以隐去。如:

这样干下去,俺非累死不管。→这样干下去,俺非累死。
你非病死不管,一点药都不吃。→你非病死,一点药都不吃。
天天逞强,他非挨打不管。→天天逞强,他非挨打。

以上分析说明,皖北方言中,当"非 VP 不 X"表示必要性推断时,"不 X"不能隐去;当"非 VP 不 X"表示主观意愿和必然性推断时,"不 X"的隐现较为自由,原因在于表达式的主语与"非 VP"本身就可以表示一种强烈的意愿,有无强调式标记成分"不 X"已不重要。问题是,为何"非 VP 不 X"表示必要性推断时,"不 X"不能隐去,而表示必然性推断时,"不 X"可以自由隐现。我们认为原因主要有以下两点。

(1)表必然性推断的表达式隐去"不 X"后,仍然只能表示必然性推断,省略前后语义一致,如例"这样干下去,俺非累死(不管)",完整式和省略式的含义都是"这样干下去,俺一定会累死的"。而表示必要性推断的表达式隐去"不X"通常不再表示主观推断，而是表示主观意愿，前后语义有所抵牾，如例"你非吃不管，再不吃就坏咾"中的"你非吃不管"表主观推断，"不管"如果省略，"你非吃"只能表示主观意愿，原因在于表主观意愿的"非VP不X"中的"不X"隐去后，"非VP"已经凝固化为一种表示主观意愿的固定格式，如果表必要性推断的"非VP不X"也省略为"非VP"，且省略前后语义不变，就会加重"非VP"格式的负担，造成歧义。

概括而言，主语为指人名词时，若"VP"是自主性成分，则"非VP不X"主要功能是表示主观意愿，次要功能是表示必要性推断或必然性推断；而省略式"非VP"通常只能表示主观意愿和必然性推断，不能表示必要性推断，因此，表主观意愿和必然性推断的可省略，表必要性推断的不能省略。若"VP"为非自主性成分，"非VP不X"只表示必然性推断，而省略式"非VP"也能表示必然性推断，因此"不X"可以省略。也就是说完全式"非VP不X"有表示主观意愿、必要性推断、必然性推断三种意义，而省略式"非VP"只有表示主观意愿和必然性推断两种意义。

（2）从语言发展演变的角度看，皖北方言中的"非VP不X"目前已发展出表必要性推断、必然性推断、主观意愿三种用法。表必要性推断的用法应该是较早出现的，式中的"不X"并未完全虚化，大都可用"不……不X"格式替换，例如：

  他确实不想去，可非去不管。→他确实不想去，可不去不管。
  照你这样讲，我非吃完不管？→照你这样讲，我不吃完不管？
  俺非自己挣钱不管，因为没人给俺钱。→俺不自己挣钱不管，因为没人给俺钱。

而表示必然性推断和主观意愿的"非VP不X"中的"不X"语义已经虚化，一般不能再用"不……不X"格式替换，例如：

你这样干下去，非累毁不管。（必然性）

→*你这样干下去，不累毁不管。

你不让俺去，俺非去不管。（主观意愿）

→*你不让俺去，俺不去不管。

正因为表示必要性推断的"非VP不X"中的"不X"没有完全虚化，还承担一定语义功能，所以不能轻易省略；而表示必然性推断和主观意愿的"非VP不X"中的"不X"已经虚化，承担的语义功能已很微弱，因而可以比较自由地省略。

省略后的"非VP"已经格式化了，这种格式有表示必然性推断和主观意愿两种意义。式中"非"也已完成了语法化的过程，不再表示否定的意义了。也就是说"非VP"虽然是由"非VP不X"的省略式发展而来的，但目前已经形成一种独立的表达式，"非"也已经脱离了"否定"义，而发展出"一定（肯定）会"和"一定（肯定）要"两种含义。皖北方言中，有些"非VP"已经不大能还原为完全式"非VP不X"，这是"非VP"完成格式化的重要表现。如一些否定形式的"非不VP"中的"VP"很难再还原为完全式。如：

你让俺走，俺非不走。→*你让俺走，俺非不走不管。

让他来，他非不来，谁也没办法。

→*让他来，他非不来不管，谁也没办法。

老李非不回家，专跟别人对着干。

→*老李非不回家不管，专跟别人对着干。

上述例句中的"非不VP"一般不能还原成"非不VP不X"。这些句子中"非"已经完全虚化为一个情态副词，含义是"一定要、偏偏"等，表示强烈的主观意愿。

目前皖北方言中"非VP"表示主观意愿的用法又进了一步,即在语义上并不再强调当事人渴望达成的主观意愿,而是强调当事人故意与某人意愿或事理相背离的行为,此时"非"一般只可用"偏、偏偏"替换。再如:

> 你不叫俺去,俺非去。→你不叫俺去,俺偏(偏)要去。
> 都关门了,你非要去买,可能吗?
> →都关门了,你偏(偏)要去买,可能吗?

这类句子中的"非VP"已经变成一种固定格式,只有在特别强调时,才加上"不X"。

综上所述,我们认为皖北方言的"非VP不X"格式中,"不X"隐现的规律受制于表达式的语义特征、语法化程度和所处的句法格式,可概括为:

第一,"非VP不X"表示主观意愿和必然性推断时,语法化程度较高,"不X"通常可以自由隐现;

第二,"非VP不X"表示必要性推断时,语法化程度较低,"不X"一般不能隐去;

第三,"非VP不X"用作"是"的宾语,受制于外部结构,"VP"为否定结构,受制内部结构和语法化程度,这两种情况下,"不X"一般不能省略。

6.2　主+谓+啥+主+谓

孟庆惠(1997)、王琴(2005)、胡利华(2011)等均提到皖北方言中(阜阳、亳州、宿州等地)的一种特殊格式:"主+谓+啥+主+谓"。孟庆惠指出,这种格式出现在训斥口吻的祈使句中,将句首的"主语和谓语"在句末重复一遍,可使训斥的口气略微缓和,让听者比较容易接受。

胡利华认为，该格式一般带有否定意义和训斥口气，多用在关系较近的说话人之间，目的在于评价别人的行动或言语，让对方终止其言行。例如：

你哭啥你哭！　你装啥你装！　你胡扯啥你胡扯！
你咋呼啥你咋呼！

调查中我们发现，与此类似的说法还有"我说啥我说，都没人听""俺去啥俺去，去了又没人招待""他好啥他好，谁信他好"等说法，上述说法概括为结构"主+谓+啥+主+谓"格式。

邵敬敏（2011）概括了鉴别现代汉语框式结构三条标准：一是形式标准，不变项和可变项必须同时存在；二是辅助标准，必须有特殊的构式语法意义；三是参考标准，需要结合特定的语用功能以及感情色彩等。皖北方言的"主+谓+啥+主+谓"基本符合这三条标准，可看作一种框式结构，下文从句法、语义、语用三个角度对这种框式结构加以分析。

6.2.1 "主+谓+啥+主+谓"的句法特点

（一）主语的类型

"主+谓+啥+主+谓"中"主语"最常见的是人称代词，能够用在该式中的人称代词常见的有"我、俺、你、他"四个，其中以第二人称代词"你"最为常见。第一人称代词"我、俺"和第三人称代词"他"在一定语境中使用，出现频率较低。例如：

甲：（笑）　　　　　　乙：你笑啥你笑，没见过吗？
甲：你去把东西要回来。乙：我要啥我要，去咾人家也不给。
甲：你买咾苹果吧？　　乙：俺买啥俺买，买咾又没人吃。
甲：他家怪有_{富裕}来！　乙：他有啥他有，都是借人家的钱。

能够出现在完整式"主+谓+啥+主+谓"中的人称代词通常为单数形式,复数形式一般不能用于该式,主要是受韵律限制:多音节人称代词用在"主+谓+啥+主+谓"中会使句子显得冗长、拗口,不符合口语精练、和谐的要求。下列说法一般不成立:

    [?]你几个哭啥你几个哭!
    [?]俺们想啥俺们想,你问问谁想!
    [?]他们聪明啥他们聪明,简单的算数都不会!

但复数形式的多音节人称代词可以用在省略式"主+谓+啥+谓"中,这种结构式类似于普通话的"主+谓+什么+谓"。例如:

皖北方言	普通话
你几个哭啥哭!	你们哭什么哭!
俺们想啥想,你问问谁想!	[?]我们想什么想,你问问谁想!
他们聪明啥聪明,算数都不会!	[?]他们聪明什么聪明,算数都不会!

皖北方言中表示敬称的第二人称代词"恁"也不能用在"主+谓+啥+主+谓"中,这是因为"恁"属敬称,而该框式结构中的"主语"为第二人称时通常含有不客气的训斥或制止之意,两者相互抵牾。下面的句子难以成立:

    *恁哭啥恁哭!   *恁回家啥恁回家,活还没干完来。

除三身代词外,部分相当于第三人称的指人或指物名词也可用于"主+谓+啥+主+谓"结构,如:

甲：让老张去吧！　　乙：老张去啥老张去，还搁屋来睡子来！
甲：天亮咾吧？　　　乙：天亮咾啥天亮咾，才3点来！

（二）谓语的类型

"主+谓+啥+主+谓"格式中谓语类型跟普通的主谓结构没有明显差异。下文以主语为三身代词时为例加以分析。

主语为三身代词时，"主+谓+啥+主+谓"中的谓语以光杆动词、形容词最为常见。各类动词、形容词能否适用于该式，通常跟它们能否直接作人称代词的谓语有关，即要求谓语具有［+述人］特征，凡能直接作人称代词谓语的都能直接用于该式，否则受限。规律如下所述。

（1）自主动词表示人的有意识的行为，具有［+述人］特征，常用于此式。如：

你看啥你看！　你笑啥你笑！　你考虑啥你考虑！

（2）一些用于描写人的非自主动词，具有［+述人］特征，也可以用于该结构式。如：

甲：俺病咾。　　　乙：你病啥你病，不是好好的吗？
甲：他变咾。　　　乙：他变啥他变，我看还那样。
甲：你别说咾，我知道咾。
乙：你知道啥你知道，我还没说完来。
甲：俺哥有车。　　乙：他有啥他有，那车是借人家的。
甲：俺是少先队员。　乙：你是啥你是，俺从来没听说过。
甲：我敢去。　　　乙：你敢啥你敢，胆小得跟啥样。

"主+谓+啥+主+谓"格式中的"啥"语义虚化，形式上也不再是谓语动词的宾语，而是相当于附着在"主语+谓语"上的语气词，因此动词能否进入该式与谓语是否为及物动词无关，多数不及物动词也能自由地进入该结构。如：

甲：你要上台讲话，我就鼓掌。
乙：你鼓掌啥你鼓掌，别瞎起哄！
甲：俺去年就毕业咾。
乙：你毕业啥你毕业，俺咋没见你的毕业证。

（3）与人的品质有关且能作人称代词谓语的性质形容词，也具有［+述人］特征，可用于该式。如：

甲：我觉得我走得够快咾。
乙：你快啥你快，有人比你走得还快来。
甲：小李长得怪俊来。　乙：她俊啥她俊，就你看子她俊。

（4）不具有［+述人］特征的形容词以及变化、属性、状态类非自主动词，不能直接用作人称代词的谓语，因此也不能直接用于"主+谓+啥+主+谓"格式。如：

甲：*他通红。　　乙：*他通红啥他通红。
甲：*她长。　　　乙：*她长啥她长。
甲：*我丢咾。　　乙：*你丢啥你丢，哄谁个？
甲：*他光咾。　　乙：*他光啥他光。

谓语的类型还受到"主+谓+啥+主+谓"格式的韵律约束：音节形式越短，用于该式就越自然；音节形式越长则越不自然，因为音节形式太长，不符合口语经济性特点，用于该式显得啰唆，与否定、制止的语用功能不协调。动词、性质形容词通常不超过两个音节，用于该式时比较自由；状态形容词有双音节的，有多音节的，具有［+述人］特征的状态形容词通常在三个音节以上，只有在特别强调时才用于该式。针对甲使用状态形容词对人物的描述，乙若不同意，通常选择其中的性质形容词用于"主+谓+啥+主+谓"，而非整个状态形容词。如：

甲：小张胖胖的。　　乙：?他胖胖的啥他胖胖的。
乙：他胖啥他胖。
甲：他傻勒吧唧的。　　乙：?他傻勒吧唧的啥他傻勒吧唧的。
乙：他傻啥他傻。

具有［+述人］特征的动词、形容词性组合以及动词、形容词重叠式的音节形式通常都比较长，与状态形容词一样，用于"PP+X+啥+PP+X"时显得啰唆，只在特别强调时使用。如：

甲：我吃面条咾？　　乙：?你吃面条啥你吃面条，快干活！
乙：你吃啥你吃，快干活！
甲：他写作业来吧。　　乙：?他写作业来啥他写作业来，跑咾。
乙：他写啥他写，跑咾。
甲：我愿意回家。　　乙：?你愿意回家啥你愿意回家。
乙：你愿意啥你愿意。
甲：老李太好咾。　　乙：?他太好咾啥他太好咾。
乙：他好啥他好。
甲：我忙得很。　　乙：?你忙得很啥你忙得很。
乙：你忙啥你忙。
甲：俺考虑考虑。　　乙：?你考虑考虑啥你考虑考虑。

乙：你考虑啥你考虑。

甲：他干干净净的。　乙：[?]他干干净净的啥干干净净的。

乙：他干净啥他干净。

有些音节形式较长的动词、形容词性组合用于"主+谓+啥+主+谓"不自然，而且不能针对甲的陈述直接选择其中的中心动词或形容词用于该式。如：

甲：小李昨个没吃饱。　乙：[?]他昨个没吃饱啥他昨个没吃饱。

乙：*他没吃啥他没吃。

甲：他叫人打狠咾。　乙：[?]他叫人打狠咾啥他叫人打狠咾。

乙：*他打啥他打。

甲：我走得快得很。　乙：[?]你走得快得很啥你走得快得很。

乙：*你走啥你走。

甲：你拿不动。　乙：[?]我拿不动啥我拿不动。

乙：*我拿啥我拿。

甲：我爬上去咾。　乙：[?]你爬上去啥你爬上去。

乙：*你爬啥你爬。

音节形式较短的述宾结构、黏合式述补结构往往具有词汇化的特点，用于"主+谓+啥+主+谓"时比较自然，容易被人接受。如：

甲：你回家咾？　乙：我回家啥我回家，事还没做完来。

甲：我想去。　乙：你想去啥你想去，谁叫_{允许}你去的。

甲：我听懂咾。　乙：你听懂啥你听懂，听懂咾还做不好。

甲：他吃完咾。　乙：他吃完啥他吃完，吃一半就㧟_{倒掉}咾。

甲：他出去咾。　乙：他出去啥他出去，搁_在屋来看电视来。

除动词和形容词外，其他词类由于类推原则，也有用于"主+谓+啥+主+谓"格式的，这就使得该格式成为一种特定的框式结构，超越了结构本身对词性的限制。如：

（名词）甲：俺后个走。 乙：你后个啥后个，后个还得干活来。
（数量结构）甲：我有三个人。 乙：你三个啥你三个，有一个跑了。
（副词）甲：他还是不想去。 乙：他还是啥他还是，必须去。
（连词）甲：俺没去，因为…… 乙：你因为啥你因为，别编咾。
（叹词）甲：啊？ 乙：你啊啥你啊，没听着吗？

主语为三身代词时，"主+谓+啥+主+谓"对谓语的选择跟上述情况相类，不赘述。

6.2.2 "主+谓+啥+主+谓"结构的语义特征

框式结构"主+谓+啥+主+谓"的语法意义是表示否定或制止，从深层语义上来说，否定和制止是相通的，制止就意味着否定，否定也是一种抽象的制止。

以三身代词作主语的情况为例，按照人称代词的不同，"主+谓+啥+主+谓"结构式可以拆分成三个子结构式：

Ⅰ：你 X 啥你 X　　Ⅱ：俺（我）X 啥俺（我）X
Ⅲ：他 X 啥他 X

上述三个结构式中，Ⅰ式最为常用，Ⅱ式、Ⅲ式使用频率略低。

"主+谓+啥+主+谓"是表示否定义还是表示制止义，跟它所针对的内容有关，如果"主+谓+啥+主+谓"针对的是对方话语中的某个部分，则表示否定。具体含义如下所述。

(1) 谓语为形容词或者非自主性的动词性成分

Ⅰ式的含义是否定对方对自己本人的看法，略带不满的语义色彩。如：

甲：像我这样的人够好的咾吧？
乙：你好啥你好，净给俺添麻烦。
甲：我可能发热$_{发烧}$咾？
乙：你发热啥你发热，头又不热。
甲：老师，这回俺听懂咾。
乙：你听懂啥你听懂，作业做得一塌糊涂。

Ⅱ式的含义是否定对方对己方的看法，带有自谦的语义色彩。如：

甲：俺觉得还是你好。　乙：我好啥我好，给你添了怎些麻烦。
甲：你真过劲！　　　　乙：俺过劲啥过劲，还不抵老张来！
甲：你恨他吧？
乙：我恨啥我恨，怎些年咾，都过去的事咾。
甲：这个题你肯定会写。　乙：俺会啥俺会，俺又没学过。

Ⅲ式的含义是否定对方对他人的看法或建议，带有不认同的语义色彩。如：

甲：他家怪穷来。　　　乙：他穷啥他穷，钱多得不得了。
甲：他肯定是第一名！　乙：他是啥他是，不就考了 80 分吗？
甲：他应该去看看。　　乙：他应该啥他应该，轮不着他去。

(2) 谓语为自主性的动词性成分

Ⅰ式的含义是否定对方打算实施的行为，同时带有喝止的语义色彩。如：

甲：我走咾？　　　　　乙：你走啥你走，谁让你走的。
甲：俺妈，俺去吃饭咾。乙：你吃啥你吃，就知道吃，作业可做完来？
甲：俺想买个电脑，可照？乙：你买啥你买，哪来的钱给你买？

Ⅱ式的含义是否定对方对己方的建议或要求，带有不满的语义色彩。如：

甲：你快来上课。　　　乙：我来啥我来，还没起来来。
甲：我看还是你去吧。　乙：俺去啥俺去，人家又不领俺的情。
甲：你歇歇_{休息}吧。　　乙：我歇歇啥我歇歇，怎些活谁干？

Ⅲ式的含义是否定第三方的行为，带有不满的语义色彩。如：

甲：他来咾吧？　　　　乙：他来啥他来，还没动身来。
甲：他想上学。　　　　乙：他想啥他想，没钱！
甲：他写作业咾吧？　　乙：他写啥他写，玩去咾。

如果"主+谓+啥+主+谓"针对的是对方的行为本身，那么Ⅰ式只有"制止"的语法意义，即说话人要求对方停止正在进行的动作行为，有时伴有制止对方行为的肢体动作。如：

甲：（正在哭）
乙：哭哭哭！你哭啥你哭，光哭有用吗？
甲：（正在拆钟表）
乙：你摆斥啥你摆斥，好好的表叫你摆斥毁咾！

甲：（正在收拾衣服）

乙：（将甲拉到一边）你收拾啥你收拾，谁叫你收拾的？

甲：（躺在床上）

乙：（认为甲装病）你装啥你装，快起来干活。

Ⅱ式、Ⅲ式与Ⅰ式有所不同，它们通常不能表示制止，因为说话人一般不能制止自己的行为，所以不用于第一人称；而制止通常又是当面的行为，所以不能用于离自己较远的第三方。

如果"主+谓+啥+主+谓"是针对对方的言行行为本身，而不是对方话语中的某个部分，这种情况下，该结构式用于制止对方的言语行为，其中的谓语可以从对方话语中任意摘取。虽然"主+谓+啥+主+谓"中的主语表面上可以为任意人称代词，但实际含义是制止对方的言语行为，即要求对方停止正在进行的言语行为，而非对方实施的某个动作。如：

甲：我明个……　　乙："我明个"啥"我明个"，快滚！

甲：你要是……　　乙："你要是"啥"你要是"，就你多嘴！

甲：他抓……　　　乙："他抓"啥"他抓"，不要说咾！

用于制止对方言语行为的"主+谓+啥+主+谓"与用于否定对方话语的"主+谓+啥+主+谓"只是表面形式相同，实际上是有差异的，因为其中的"主+谓+啥"不能被看作真正的主语后加谓语的格式，而只是一个任意的语言片段，相当于"X啥X"中的"X"，式中主语省略后，语义和表达效果都不受影响。如：

甲：我明个……

乙：我明个啥我明个，快滚！＝明个啥明个，快滚！

这种现象说明"主＋谓＋啥＋主＋谓"中"啥"的语义虚化以后，变成一种框式结构，当该框式结构语法化为一种表示否定或制止的语法格式以后，格式对主语的限制已经弱化了，主语的语义也已经虚化。因此，多数情况下，"主＋谓＋啥＋主＋谓"中的主语都可以省略，变成纯粹的"X啥X"格式。

当"主＋谓＋啥＋主＋谓"是针对对方正在实施的动作行为时，往往带有比较强烈的不满色彩并试图喝止对方行为，语气比较生硬。根据礼貌原则，该结构式表达训斥、制止之义时多用于长辈对晚辈、上级对下级，或平辈、平级之间，如果用于晚辈对长辈、下级对上级则显得很不客气，说话人违背礼貌原则是为了表达内心强烈的不满情绪。

6.2.3 "主＋谓＋啥＋主＋谓"的省略式

框式结构"主＋谓＋啥＋主＋谓"中的第二个主语往往可以省略，构成"主＋谓＋啥＋谓"结构。相比之下，这种省略式的否定和制止的意味更强烈。一般说来，在语义不变的情况下，汉语省略式的表达往往更精练，有些省略式还有特殊的表达效果，试比较：

甲：你给我站住！

乙：你站住！

丙：站住！

上述三句中，在相同语境下使用，表达效果略有不同，如果是警察面对小偷的喊话，丙句显然是最佳选择，用同样的力气说两个字显然比说更多的字声音要洪亮些，更具有震撼力。同样道理，与"主＋谓＋啥＋主＋谓"相比，"主＋谓＋啥＋谓"所表达的否定和制止意味要强一些，试对比下列句子。

A	B
你哭啥你哭！	你哭啥哭！
你找啥你找！	你找啥找！
你想啥你想！	你想啥想！

上述例句虽然都可表示训斥并试图制止对方的行为，但B列句子显然要比A列句子的斥责口气更强烈，具有更强的威慑力。

"主+谓+啥+主+谓"结构式中的第一个主语也可以省略，构成"谓+啥+主+谓"，表达效果与省略第二主语的结构式基本一致。如：

找啥你找！这又不是你家！　　笑啥你笑！有啥好笑的！

如果结构式中的两个主语都省略，就成了结构式"X+啥+X"，这种结构式与完整式表达的意义基本一致，但语气更加强烈。如：

甲：俺妈，俺几个去看电影咔。　乙：看啥看，有啥好看的。
甲（学生们正在喧哗，非常吵闹）：叫啥叫，反天咔，你们。

以上三种省略结构分别与普通话的"你X什么X、X什么你X、X什么X"相对应，这些结构式的表达效果基本相同。如：

皖北方言	普通话
要啥你要！	要什么你要！
你要啥要！	你要什么要！
要啥要！	要什么要！

与完整式"主+谓+啥+主+谓"、不完全省略式"主+谓+啥+

谓""谓+啥+主+谓"不同的是,"X啥X"适应性更强,"X"可以由各种词类和结构充任。如:

(名词)甲:我明个去。　　乙:明个啥明个,明个哪有时间。
(数词)甲:给他一百可管? 乙:一百啥一百,啥也不给他。
(数量结构)甲:给我拨十个人过来。
　　　　　　乙:十个啥十个,一个也没有。
(副词)甲:我不去,我就不去。　乙:不啥不,不去也得去。
(介词)甲:我搁……　　　　　乙:搁啥搁,谁叫你来的。
(连词)甲:你去,还是我去?　乙:还是啥还是,就你去。
(叹词)甲:唉……　　　　　　乙:唉啥唉,叹什么气!
(拟声词)甲:火车的声音呱啦呱啦的。
　　　　　　乙:呱啦啥呱啦,是哐当哐当的。

上述格式中的"X啥X"与普通话的"X什么X"句式基本对应,两者可以互换。"X啥X"与"主+谓+啥+主+谓"及其省略式的差异除了简洁程度不同,还在于二者转换自由度不同,"主+谓+啥+主+谓"及其省略式一般可以比较自由地转换成"X啥X",反过来说,"X啥X"由于主语不明确,并非所有的格式都能转换成"主+谓+啥+主+谓"及其省略式。也就是说,"主+谓+啥+主+谓"结构中的谓语受主语的限制,需要能跟主语搭配构成合法的结构。

皖北方言中还有一种比较特殊的语言现象,如:

(甲正在哭)　　　　乙:哭哭哭,就知道哭!
(甲正在玩)　　　　乙:玩玩玩,就知道玩!
甲:我吃饭咾?　　　乙:吃吃吃,就知道吃!
甲:我再想一回。　　乙:想想想,就知道想!

上述句子所采用的结构式概括为"VVV，就知道V！"，能够用在这种结构式中的V一般是单音节动词。与"主+谓+啥+主+谓"及其相关句式相比，不同之处在于"VVV，就知道V！"格式的语用目的主要在于表达内心强烈的不满，是一种纯粹斥责的语气，一般不表示否定；相似点在于，两者都有制止的含义，说话者都希望对方终止正在进行或打算进行的行为，句子充满责备口气。

6.3 被动句和处置句

"被动"和"处置"是着眼于句子的语义特征所做的分类，被动句和处置句是汉语中两种比较特殊的句式，这两类句式在汉语方言中表现形式各异。从形式角度着眼，被动句和处置句各自又可分出有标记形式和无标记形式，有标记形式就是我们通常所说的"被字句""把字句"等有形式标记的结构体。本节重点讨论皖北方言中的有标记形式的被动句和处置句①。

6.3.1 被动句

皖北方言"被动"义可以用无标记形式表示（受事主语句），如："碗打碎咾""饭吃完喽""他的脸打肿啦"等。

普通话有标记形式被动句的标记形式有"被、叫、让、给"，其中"被"字使用频率最高，"叫、让、给"主要用于口语中，书面上使用频率较低。皖北方言口语中被动标记几乎不用"被"字（淮南地区除外），只用"叫、让、给"，其中使用频率最高的是"叫"字。"给"字被动句主要用在金蚌片西部及阜宿片南部边界地区。

6.3.1.1 皖北方言被动句的形式

"叫、给、让"在皖北方言中都可作为被动标记，其中"叫、给"既

---

① 本节用"叫、让"的语例为笔者母语，用"给"的语例为颖上话，用"把"字句的语例为亳州话，文中不注。

可作为被动标记，又可作为"处置"标记（见 6.3.3）。皖北方言有标记被动句的形式主要有以下三种。

（1）NP₁ + 叫/给/让 + NP₂ + VP

他叫狗咬咾。　　　　　　俺家的牛给人牵走咾。
腿让蚊子叮咾好几口。　　活叫他一个人干完咾。
猪给人打得嗷嗷直叫。
鸡窝来~里~就剩一个小鸡子没让人偷走。

（2）NP₁ + 叫/让 + NP₂ + 给 + VP

拖拉机叫他给开跑咾。　　小偷让看门的给逮住咾。
衣裳叫烟头子给烧咾个洞。　俺的手让油给烫得都是泡。

上述两种形式中，第（1）种用法最为常见，为基本用法；第（2）种用法使用频率略低，且都可以省略"给"字，变成第（1）种格式。

（3）NP₁ + 叫/让 + NP₂ + 给 + PP + VP

式中"PP"表示人称代词（personal pronouns），该格式是皖北方言中比较特殊的被动式，例如：

我叫你给我吓得不能行。　　你的钱让他给你花完咾。
他家的门叫小偷给他撬开咾。　俺的书让老师给俺没收咾。

这种句式中"给"字之后的人称代词用于回指句首"NP₁"中的人称代词，两者需在人称上保持一致，其中句首的"NP₁"和"给"后的人称代词既可同时省略，也可只省略其中之一。格式中"给"后的回指性人称代词意在突出强调动作行为的承受对象。

表示被动的"给"字通常不用于第(2)、(3)两种格式,因为如果连用两个"给"字,会有重复感。如:

*你的衣裳给小偷给偷跑咾。　*他的手给刺给他扎得不能行。

皖北方言被动句的主语与普通话的"被"字句一致,通常是谓语动词影响的对象,带有受事意味,如:

小孩叫人拐跑咾。　　　　鱼让老猫偷吃咾。
屋来给他扫得干干净净的。

前两例的主语"小孩、鱼"分别是动词"拐、吃"的受事,后一例"屋来_{屋里}"不是严格意义上的受事,而是动作行为涉及的处所。

与"被"字句一致,"叫/让/给"字句的主语必须是定指的,不能是非定指的,如:

俺买咾那本书。→那本书叫俺买咾。
俺买咾一本书。→*一本书叫俺买咾。
他弄毁咾这把锁。→这把锁让他弄毁咾。
他弄毁咾一把锁。→*一把锁叫他弄毁咾。
他药_{下药}咾俺家的狗。→俺家的狗给他药咾。
他药咾一条狗。→*一条狗给他药咾。

与普通话"被"字句的不同之处在于:"叫/让/给"的宾语一般不能省略,而"被"字句的宾语有时可以省略。例如:

老张被打了。——*老张叫打咾。——*老张让打咾。——*老张给打咾。

手表被带走了。——*手表叫带走咾。——*手表让带走咾。——*手表给带走咾。

衣服被淋湿了。——*衣裳叫淋湿咾。——*衣裳让淋湿咾。——*衣裳给淋湿咾。

在不影响语义的情况下，上述句子通常不用介词，而采用受事主语句的形式表示被动，如"手表带走咾""衣裳淋湿咾"。但是"老张叫/让/给打咾"不能省略为"老张打咾"，因为省略后变成了主动句。

少数情况下，无须说出施事或者不强调施事时，被动句中介词后的宾语可省略，例如：

小偷叫逮子咾。　　人让弄走咾。　　手给烫子咾。

调查发现，除了无须说出施事或者不强调施事的情况外，皖北方言中也已出现了少量需要施事而省略施事的情况。这一方面是因为被动格式形成后，介词逐渐脱离原来实义动词的影响，理论上可以省略宾语；另一方面在不影响语意表达的情况下，介词之后省略宾语也符合语言交际经济性的原则。但从语言事实来看，皖北方言被动句中介词后宾语省略的现象并未像普通话"被"字句那样大量出现，这说明口语化的被动句与书面语化的"被"字句有着不同的发展趋向。

与"被"字句一样，"叫/让/给"字被动句的谓语动词须是动作类自主动词，如"打、吃、噘、抬、批评"等，非自主动词不能用于"叫/让/给"字被动句，如"变、败、成、敢、会"等。

但并非所有动作类自主动词都能用于"叫/让/给"字被动句，因为"叫/让/给"构成的被动句还受到语义限制，那些通常只表示主动意义的或者积极意义的动词一般不适用"叫/让/给"字被动句，如"给、跑、参观、招待"等。

6.3.1.2 皖北方言被动句的语义

早期"被"字被动句有一定的限制条件。吕叔湘、朱德熙（1979）在《语法修辞讲话》中指出，被动式所叙述的行为，对于主语（即被动者）大都是不愉快的。"被他欺负""被他骗了"是常见的，"被他写好""被他送来"不说。这是因为"被"原来的意义是"遭受"，只有对于不愉快的事情我们说是遭受。马真（2016）《现代汉语虚词研究方法论》指出，当"被、给、叫、让"后面的成分被拿掉之后，带"被"和"给"的句子能说，带"叫"和"让"的句子不能说。皖北方言被动式的用法与早期"被"字被动句的用法非常一致，这说明皖北方言口语中被动句尚处于早期发展阶段。皖北方言的被动式一般只能用于消极意义的事情之上，用在中性，尤其是积极意义事情上的很少，例如：

老鼠叫猫逮个差不多咾。　　他让人家把腿打断咾。
恁的手给针扎咾？
*那小孩叫老师奖励咾。　　*俺让人给咾一百块钱。
*他给老师选为班长咾。

随着语言的发展，皖北方言口语中也出现了少数用于积极意义和中性意义的被动式，这种用法的"叫/让/给"字之后必须有施事者，例如：

小孩叫他哄得开心得不能行。病让医生治好咾。
老头子给她闺女伺候得好得不得了。

值得注意的是，用于积极意义的被动式一般带有程度补语或状态补语，其他性质的动词性结构基本不用表积极意义的"叫/让/给"字句，例如：

*你去的话，非叫人给钱不管_{一定会被人给钱}。 ?那小孩让人养大咾。

6.3.2 处置句

处置句是与被动句相对应的一种句式，也称为"处置式"。普通话有标记的处置句主要是指"把"字句和"将"字句。皖北方言处置句有四种标记形式："把"字句、"帮"字句、"叫"字句和"给"字句。"把、帮、叫、给"在皖北方言中都可构成处置句，其中"把"字句和"叫"字句是皖北方言中两种使用频率较高的句式。"把"字句在皖北多地通用，"帮"字句主要在金蚌片和阜宿片的部分地区使用。"叫"字处置句的"叫"字与被动式的标记成分"叫"字形式完全相同。"叫"字处置句是口语中的常用形式，主要分布在阜宿片中南部和金蚌片的部分地区。"给"字处置句主要分布在金蚌片西部以及阜宿片、金蚌片的交界地区。

6.3.2.1 皖北方言处置句的形式

皖北方言处置句在形式上与普通话基本一致，只是处置标记不同。由于皖北方言处置句有四种标记形式，相应地也就构成四种主要格式：① （A）＋把＋B＋VP；② （A）＋帮＋B＋VP；③ （A）＋叫＋B＋VP；④ （A）＋给＋B＋VP。

例如：

恁去把书拿来！ 俺帮苹果吃咾。 他叫羊牵回家咾。
猫给狗撵跑咾。

四种格式中的"A"均可以不出现，如：

把地扫扫！ 把饭吃完再走！ 把他气个半死。 把嗓子唱哑喽。
帮床铺铺！ 帮钱拿咾再去！ 帮我气得不行。 帮耳朵震聋咾。
叫人赶走！ 叫书包背上再走！ 叫他气得不能行。 叫眼哭红咾。

给糖吃咾！　　给题做了再去！　　给他气毁咾。　　给脸晒黑咾。

四种格式中的宾语必须出现，不能省略，也不能提前作受事主语，如：

*俺把做完喽。　　　*作业俺把做完喽。
*俺帮撵走咾。　　　*狗俺帮撵走咾。
*恁叫带走咾。　　　*老张恁叫带走咾。
*他给盖好咾。　　　*房子他给盖好咾。

四种格式的谓语不能是光杆动词，必须是复杂的谓词性结构或者是词汇化的动词性结构，如：

*把地扫！　　俺把地扫扫。　　把盖子拧紧！　　把书拿走！
*帮碗刷！　　恁帮碗刷刷！　　帮庄稼收完！　　帮小孩带走！
*叫饭吃！　　俺叫饭吃咾。　　叫电视关上！　　叫书拿来！
*给脸洗！　　俺给脸洗洗。　　给萝卜切碎！　　给碗拿来！

皖北方言口语中没有"（A）＋把＋B＋'V—V'"的对应形式，因为皖北方言中不用普通话"V—V"的结构形式，不说"说一说、瞧一瞧"之类，而说"说说、瞧瞧"。如：

你把脸洗一洗！（普通话）——恁叫脸洗洗！（宿州话）
我把书看一看。（普通话）——俺帮书看看！（利辛话）
你把腿抬一抬！（普通话）——恁给腿抬抬！（颍上话）

6.3.2.2　皖北方言处置句的语义

崔希亮（1995）认为，典型的"把"字句的功用在于说明"B"在某一行动的作用下所发生的变化或将要发生的变化。崔先生进一步将"把"字句的语义分为结果类和情态矢量类。金立鑫（1997）则认为，"把"字句的语义类型应分为三类，分别对应三种结构形式：

  Ⅰ．结果类：A 把 B-VR （如：我把衣服洗干净了/把脸冻得通红）
  Ⅱ．情态类：A 把 B-V （如：请你把地扫扫/把筷子朝桌子上一拍）
      A 把 B-DV ［动词重叠式，如：你把衣服洗（一）洗］
  Ⅲ．动量类：A 把 B-V-NM （动词＋数量，如：把他批评了一顿）

  金立鑫指出，结果类"把"字句表示由于 A 的关系（因），使得 B 发生了某种变化（果）；情状类表示 A 作用于 B 时，A 或 B 具有某种情状；动量类表示 A 对 B 施行了特定量的行为。

  皖北方言四类处置式的语义类型与上述情况是一致的，也可分为三种类型，例如：

  结果类：他把饭吃完喽。 太阳帮脸晒嘿咾。 你叫手洗干净！
      俺给桌子搬走咾。
  情态类：恁叫豆子剥剥！ 你帮桌子擦擦！
      他把钱往地上一摔。 俺去给衣裳洗洗。
  动量类：俺叫他推咾一下。 你帮嘴擦一下！
      他把老张噘一顿。 俺给书看咾两遍。

6.3.3 被动、处置标记共用现象

  朱德熙（1982）首先提出了被动、处置标记共用现象，指出北京话的"给"兼有表示被动和处置的用法。如：

房子给土匪烧了。　我给电视机弄坏了。

皖北方言中的"叫、给"都可作为被动、处置共用标记成分。"叫、给"构成的句子是表示被动还是表示处置，大部分是可通过语义分化。

主语为物时，一般只表示被动，如：

牛叫他牵走咾。　猫给他撵跑咾。

主语为人时，有两种情况：宾语为物时，根据动作的发出者来定，动作是主语发出的表示处置，动作是宾语发出的，表被动；宾语为人时，表被动或处置。如：

他叫牛牵走咾。（处置）　他给猫撵跑咾。（处置）
他给狗咬咾一口。（被动）　他叫人打咾。（被动或处置）
他给老张噘咾一顿。（被动或处置）

据石毓智、王统尚（2009）的研究，汉语方言中被动、处置标记共享现象比较普遍，如鄂东方言、长沙方言、宿松方言等处置句和被动句均可用"把"。此外，湖南湘乡方言的"拿"、益阳方言的"挼［tse］"、休宁方言的"提［te］"、湖南临武方言的"阿"、湖南宁远平话的"逮"，山西新绛方言的"招"、河南叶县方言的"叫"等也可作被动、处置的共用标记。石毓智、王统尚认为，在汉语方言中，"给予"类动词所涉及的物体有两个相反的方向，分别表示"给予"和"取得"，其中"给予"义对应于人类语言受事标记常见的来源之一"与格（to、for）"；"取得"义对应于人类语言施事标记常见的来源之一"夺格（from）"。这种双重概念结构是"给予"类动词同时具备向处置式和被动式标记发展的语义基础。除语义条件外，此类动词同时发展为处置和被动标记还需要一定的句法环境，而"给"是在下列连动结构中发展成两种标记的：

S +（给 + NP$_1$ + NP$_2$）+ VP　　给他炭炉子带上。

(《红楼梦》61回)

在间接宾语（NP$_1$）省略或者移前的情况下，"给"具有向处置标记发展的可能性，如：

给炭炉子带上了。　他给炭炉子带上了。

在直接宾语（NP$_2$）省略或者前移的情况下，"给"具有向被动标记发展的可能性，如：

给他带上了。　炭炉子给他带上了。

如果一个说方言的人从上述两个句法环境中重新分析"给"，那么它就同时变成了处置标记和被动标记。皖北地区靠近江淮方言区的蚌埠、颍上等地的"给"字可作被动、处置双重标记成分，遵循的应是此条发展路线，不再详述。

李崇兴、石毓智（2006）指出，"叫"语法化为被动标记的语义基础是它的"容许、听凭"之意。"叫"的被动用法是在兼语式"S + 叫 + NP$_1$ + V + NP$_2$"的基础上发展起来的，其句法环境为①兼语式的主语不出现，V 的宾语承前省略。②V 的受事名词被话题化。③主语既是"叫"的施事，又是兼语后 V 的受事。皖北方言"叫"语法化为被动标记的路径与李崇兴、石毓智的分析应当是一致的，下面的句子可作多种理解，从中可以看出其发展端倪。

书没叫人拿走。书没喊人拿走。/书没容许人拿走。/书没被人拿走。

俺叫俺爸说了几句。我请我爸说了几句。/我容许我爸说了几句。/我被我爸说了几句。

"叫"在皖北方言中还发展成了处置式的标记，这一点前人论述不够详细。石毓智、王统尚（2009）认为，"叫"发展为处置式的句法环境是用于兼语格式：S＋叫＋NP＋VP，其中 NP 为 VP 的受事的情况下，整个兼语式就可能发展为处置式。例如：

你叫手举起来。　你叫头抬起来。　你叫腿伸一伸。

石毓智、王统尚认为上述句子当中的"叫"都是"控制、致使"的意义，NP 多为 S 可以支配的对象，最典型的是人的肢体。时间一久，这种用法得到扩展，其中的"叫"就可能虚化为介词，所在的兼语式就变成了处置式。石毓智、王统尚虽然没有具体说明其中的原委，但他们的论述为我们探索处置式"叫"的发展路径提供了一些启示。下面我们来作一个简单的梳理。

"叫"有"呼唤、召唤、招呼"之义，如：

叫量酒的筛酒与刘唐吃。（《水浒传》卷20）
李逵叫娘吃水，杳无踪迹，叫了几声不应。（《水浒传》卷43）
小王，老李叫你呢。
你把我们叫来有事吗？
他叫了一辆出租车。

由"呼唤、召唤、招呼"又可引申出"使、令"之义，例如：

县尉再叫士兵去赶。（《水浒传》卷18）

你素日知那孽障说话没道理,明儿我叫他给你赔不是。

(《红楼梦》卷34)

是谁叫你去的?

我叫他不要再说话了。

"使、令"之义又可引申出"致使"之义,例如:

一迳显你那乖觉,叫汉子喜欢你,那大姐姐就没得话说了。

(《金瓶梅》卷18)

老弟,你为什么就去了这些时,叫我终日盼望。

(《儒林外史》卷16)

整日里闲逛,他真叫人放心不下。

小王,我叫你为难了吧,其实我也不想这样。

从"使令"到"致使"有了明显变化:上述句子"叫"的主语S与"叫"之间的"施—动"关系已弱化,且"叫"前的主语可以省略。处置式的语法意义之一就是"致使","叫"发展出"致使"之义之后,就已经具备了发展成处置式的语义基础。S与"叫"之间"施—动"关系的弱化为"叫"发展成处置标记提供了条件,问题是其中的"NP"仍是"VP"的施事,而处置式中"NP"却是"VP"的受事。但"叫"字表"致使"的用法进一步扩展,这种"施—动"关系逐渐得以改变,例如:

他一点不听话,你叫我怎么着?

孩子不争气,你叫大人咋办?

天天不上班,叫我气死了。

哭了一天,叫眼睛都哭肿了。

我们要发展经济,叫穷山变富山。

上述句子中的"叫"都有"致使"之义，前两句中的"NP"可以看作"VP"的施事，可单用（如：我怎么办？/大人怎么办？），但其中的"施—动"关系已有所弱化。第三句中的"叫"也有"致使"之义，其中的"我"可以是"气"的施事，也可看作"气"的受事。最后两句中的"叫"也有"致使"之义，但都不能理解为施事，只能理解为当事了，此时的"叫"已经可以理解为处置式了。

处置式和被动式共享一个标记词会产生歧义，石毓智、王统尚（2009）指出，很多处置、被动标记共用的方言采用的补救办法是：对其中一个句式标记添加一个语素来加以区别，一般是被动式采用复合标记（双音节或者多音节），处置式则采用单纯标记（单音节）。如：湖北英山、罗田用"把得、让得"，浠水用"把到"，蕲春用"把是"；安徽宿松方言的被动式可以加"在"。皖北方言中则没有这种补救办法，要区别歧义只能靠语境。下面的句子都可作两种理解：

他儿叫小偷打毁咾。——他儿子把小偷打坏了。/他儿子被小偷打坏了。

他叫自行车撞倒咾。——他把自行车撞倒了。/他被自行车撞倒了。

猫叫狗吓跑咾。——猫把狗吓跑了。/猫被狗吓跑了。

小　结

本章讨论了皖北方言的几个特殊句式，包括"非 VP"句式、"主+谓+啥+主+谓"句式以及被动句、处置句。这几种句式在普通话中都能找到大体对应的句式，如"非 VP 不可""X 什么 X""'被'字句""'把'字句"。上述皖北方言的几种句式与普通话的对应句式既有相同之处，又有一些不同点，表现在：①皖北方言"非 VP"句式的适用度超过普通话，使用频率非常高，而且其中的"非"字已经完全语法化，发展出故意与客观情况或主观意愿相反的用法。②"主+谓+啥+主+谓"句式不仅能表示否定，而且经常用来表示制止，且带有不满之类的感情色彩。③皖北方言的被动式的标记有"叫、让、给"，基本不用"被"字；处置式的标记有"叫、给、帮、把"。"叫、给"是皖北方言的处置式和被动式的共用标记成分，被动义和处置义是基于不同的语义基础发展而来的。皖北方言的被动式用于积极和中性事件的比例还比较低。

皖北方言还有一些其他类型的特殊句式，例如"连V是V"句式、"V+将+起来"句式、"V+不完+的+V"句式等。这些句式的分布范围比较窄，在皖北地区不具有普遍性，因此本章未作讨论。

第七章 结语

中原官话横贯东西，是汉语方言的一大分支，目前学界对中原官话的研究还比较薄弱，且现有的研究大都集中在西北部地区和山东地区，中部地区尤其是苏皖境内的中原官话研究很不充分。皖北地区是中原官话分布的重要区域，有许多存在于日常口语中不同于普通话和中原官话其他区域的语言现象并未得到足够的重视，例如，语音方面，入声字的分化规律和入声韵的今读比较复杂，存在一些比较特别的文白读现象；词汇方面，一些特殊词语的分布区域、形成过程不甚清楚；语法方面，有关词缀、程度补语、疑问句式等方面的描写、解释还不够深入。从总体上来看，皖北中原官话尚有许多尚未开拓的空间。

本书以皖北中原官话的语法作为研究对象，从词缀、程度、体貌、疑问和句法格式五个方面对皖北方言的特殊语法现象作了描写、分析。本书的研究表明，皖北方言中有不少不同于普通话和中原官话其他区域的语法现象，这些语法现象具有重要的研究价值。

从词缀方面来看，皖北方言具有包括前缀、中缀、后缀在内的一套完整的词缀系统。以往基于对普通话的认识，人们容易产生汉语无词汇中缀的印象。通过对皖北方言词缀的分析，我们发现皖北方言存在中缀"不/巴""不子/巴子"，这组中缀大多是词和短语的"兼缀"，主要作用是增加贬抑色彩，表达"厌恶、不满"的主观态度。皖北方言的前缀"老"比普通话的使用范围广，除了能够用在数词前表示排行（如"老大、老二"),还能构成一些指人名词(如"老实头")和指物名词(如"老鸭"),具有一定的方言特色。皖北方言的"子"缀颇具特色,"子"缀在皖北地区不仅分布面广,而且可构成名词、疑问代词、数量结构,其中构成疑问代词(如"啥子")和数量结构(如"一页子、一下子")的用法在官话方言中很少见到。本书在对汉语词缀功能讨论的基础上,指出皖北方言的"子"缀具有成词、转类、变义、增义功能,而前人所认为的形象化、生动化、衍音等不应看作"子"缀的功能。除"子"缀外,皖北方言中的贬义名词后缀"货、熊"构成的指人名词数量也不少。皖北方言中还有比较丰富的形容词后缀"乎的、不拉唧的"等,这些后缀重在表达说话人的喜爱或厌恶的主观态度。

从程度表达方面来看,皖北方言中的状态形容词本身大都含有程度特征,具有程度特征的形容词有的是前加式的(如"雪白、稀烂"),有的是后加式的(如"香喷喷")。形容词还可以通过重叠来表示程度量的提升(如"高高的")。前加式偏向于表达程度,语义色彩为中性,且都是高量级的;后加式偏向于表达状态,语义色彩有褒(如"热乎乎的")、有贬(如"酸不拉唧的"),程度上以低量级为主,大多可受"有点"修饰(如"有点苦不唧的")。前加式可插入贬义中缀"不(子)、巴(子)"来表达厌恶、不满的主观态度。前加式的前加成分对中心词的选择性较强,有的只能构成一两个词,如"齁咸、温臭"。后加式的后加成分对中心词也有一定的选择性,通常只能是感觉类形容词和少数 [+述人] 类形容词。形容词的重叠式大都是高量级的,其中"AA"式和"ABAB"式最为常见,其他形式较少,有的形式可能反映了本区方言的历史底层,如拥有少量南方型的"BBA"式形容词。

皖北方言中的程度副词"死、血"虚化程度较高,不仅可修饰消极色彩的形容词,还能修饰积极色彩的形容词(如"死快活、血开心"),这一点比普通话更进一步。另外,皖北方言还可用程度指代词"镇(么)、恁(么)"表示程度,河南省与皖北交界地区的一些方言点也有这两个程度词。程度补语往往能够凸显方言特色，反映方言的地域特征，如皖北方言的程度补语"很得（哩）很、很得（哩）很得（哩）很、跟啥样、洋熊样"等在其他方言区少见，其中"很得很得很"是一种超常规主观程度表达式。皖北方言中还有程度补语"狠"，前人记作"VP 很了"，我们认为实际上是"VP 狠咾"。"狠"作程度补语的用法在贵州的贵阳方言中也有，跟皖北方言的用法非常一致，但其他汉语方言中报道较少，这种动词之后尤其是行为动词之后附带程度补语的现象是比较有特色的。

从体系统方面来看，皖北方言实现体的标记成分主要是"了"的音变形式"咾"和"喽"，"咾"在皖北中南部使用，是优势标记成分，"喽"在皖北西部和北部使用。动词性成分后的"咾/喽"是实现体的标记，附着于句尾的"咾/喽"往往是兼表实现体的语气词。值得注意的是，淮南、阜阳等地还可用句末加助词"来"表示实现。皖北方言的持续体按地域分两种情况，北部多用标记词"住"，中南部多用标记词"子"，这两种形式都应该是"著（着）"的音变形式。皖北各方言点比较通用的尝试体标记是"看、看看"，萧砀片的尝试体标记多用"试试"，阜宿片、金蚌片东部多用"看、看看"，而阜宿片南部、金蚌片与江淮官话区域邻近，还具有与江淮官话一致的尝试体标记"瞧"和"瞧瞧"。从语用效果来看，皖北方言的尝试体标记可以用来表示"建议"或"警告"，如"你尝尝看，甜哩很！""你敢动动瞧！"值得一提的是，皖北方言除了用"VV"（如"我去说说"）表示动作行为的反复，还可用"VVV"形式表示动作反复持续进行（如"他在那儿说说说，说咾半天咾"）。从语用的角度来说，"VVV"也可用于表示"警告"。

前人对汉语疑问句特别是反复问句的讨论已经很多，但在一些问题上仍存有争议。我们在对皖北方言疑问句讨论的基础上提出了一些新的看法：①反复问句有三种类型："FVP、VP 不 VP、VP + 疑问语气词"；②是非问句有三种类型：语调是非问、疑问副词构成的是非问和疑问语气词构成的是非问；③"F 是"有两类，一类属反复问（"是"为判断动词），另一类属是非问（"F是"是疑问副词）；④"吗"问句应分为偏向"吗"问句和中性"吗"问句，前者属是非问，后者属反复问。皖北方言的"可"类问句应分为"可VP"问句和"可是"问句，两者性质不同，前者是中性问，后者是偏向问。从语义功能上看，"可VP"与普通话反复问句和中性"吗"问句对应，"可是"问句与普通话语调是非问和偏向"吗"问句对应。皖北方言的特指问与普通话的区别主要表现为疑问代词的差异，如问人可用"谁个"，问物可用"啥子"，问处所可用"哪来"，问时间可用"啥晚、多咎"，问情况可用"咋"，问程度可用"好"等。

皖北方言汇中有不少特殊的句法格式，前人已经对其中一些作了分析。本书着重分析了"非VP不X"、"主＋谓＋啥＋主＋谓"和被动句、处置句。"非VP不X"句式是皖北方言口语中的常用句式，可以表示说话人对事件的推断，也可以表示说话人或事件当事人强烈的主观意愿。表示主观推断的"非VP不X"又可分为必要性推断和必然性推断。"非VP"中的"非"实际上已经虚化为情态副词。"非VP"句式的完整式是"非VP不管、非VP不照、非VP不粘"，其中"非VP不照"主要分布在与江淮官话交界的地区（江淮官话的合肥、六安也有"不照"的说法），"非VP不粘"主要分布在皖北的阜阳、太和、界首、亳州等地。与普通话相比，皖北方言"非VP不X"句式的突出特点是省略式的"非VP"出现频率很高，"非"已经虚化为情态副词，式中"不X"隐现的规律受制于表达式的语义特征、语法化程度和所处的句法格式。皖北方言被动句的标记成分有"叫、给、让、被（淮南）"，处置句的标记成分有"叫、给、帮、把"，其中"叫、给"是处置、被动共用标记。这种被动、处置标记共用的现象在不少汉语方言中都有。除了用标记词外，皖北方言中还大量使用受事主语句表示被动。

研究表明，在语法方面，皖北方言内部具有一些一致性的特征：①词缀方面，有丰富的"子"缀词，有共同的贬义后缀"不拉唧的、勒吧唧的"以及贬义中缀"不（子）、巴（子）"等；②有一些共同的程度表达方式，比如有一批前加"精、黢"等的程度形容词，有比较通用的程度补语"得（哩）很、很得（哩）很、得慌（哄）"等；③有共同的尝试体标记"看、看看"和反复体形式"VVV"；④绝大部分区域使用"可VP"疑问句，通用"VP-neg-VP"疑问句，简略式为"V-neg-VO"；⑤有一些共同的句法格式，如：非VP不X（省略式"非VP"）、主+谓+啥+主+谓、"叫"字句。

皖北方言内部在语法类型的地域分布方面也体现出一定的差异。①中缀"巴、巴子"主要用在西部、北部地区，"不、不子"主要用在东部、南部地区，金蚌片西部有比较丰富的"ABB"式形容词，其他区域较少。②程度副词"死"主要在中部使用，"血"在中南部使用较多，程度补语"洋熊样"主要在阜阳及周边地区使用，"屌形（熊）样"主要在金蚌片西部使用，"洋脏样、麻缠样"在金蚌片使用。③阜宿片西部、北部的实现体标记用"喽"，其他片区用"咾"，金蚌片西部的个别方言点进行体标记可在句末加"在"，其他片区不用。④阜宿片、金蚌片以"FVP"为优势疑问格式，萧砀片则以"VP-neg-VP、VP吗、VP不"为主要疑问格式。阜宿片、萧砀片的疑问代词"啥"多读降调［ṣa⁵³］或［sa⁵³］（萧砀片），而金蚌片多读平调［ṣa⁵⁵］或［sa⁵⁵］（金蚌片西部）。金蚌片有些方言点（如淮南）少用疑问代词"啥"，多用疑问代词"什么"。金蚌片及毗邻地区问时间可用疑问代词"多昝（子）、好昝（子）"，其他片区不用。⑤从句式表达方面来看，"非VP不X"句式也呈现出地域差异，"非VP不管"和省略式"非VP"是比较通用的形式，而"非VP不粘"主要用在阜宿片西部，"非VP不照"主要用在金蚌片。此外，"给"字句通常用于金蚌片及毗邻地区，阜宿片北部及萧砀片少用。

从宏观的角度来看，皖北中原官话语法的内部差异跟方言语音分区具有一致性，语法上的分区大致也是分成阜宿片、金蚌片和萧砀片。但从语法上细分的话，金蚌片内部还应该分出金寨片和蚌埠片，这两片在词汇和语法方面各自有一些特色。

皖北地区北隔河南、江苏的部分县市与晋语区相望，语法上与晋语已有较大的差异，但仍然有一些近似的语法现象，如拥有为数不少的"货"缀词和"熊（㞞）"缀词，句末助词"来"有表达时体的功能等。但晋语到了皖北地区已成强弩之末，影响甚微，表现为一些残存的语言形式，如"圪"缀和"日"缀在皖北只能构成少量的词语，构词能力远不如晋语，也不如中原官话的洛阳等地。

皖北方言与西部中原官话存在一些一致性的语法特征，如丰富的"子"缀词，后缀"不拉唧的"等，但这些形式在皖中江淮官话区域同样存在，甚至吴语也有大量的"子"缀词。相比之下，皖北方言与东部中原官话更为接近，主要表现在拥有一些共同的词缀，如动词后缀"拉、乎"，形容词词缀"稀、精、乎乎的、不拉唧的、不"等。皖北方言也有一些程度表达手段与东部中原官话比较一致，如程度副词"死、血"和程度补语"得慌（哄）"。

皖北南部地处中原官话和江淮官话的交界地区，有些语法现象和江淮官话存在较强的一致性，个别语法形式甚至就是江淮官话的底层形式。最为明显的特征是皖北大部分地区使用"可VP"形式的反复问句，这种形式与江淮官话的反复问句类型一致，而与中原官话其他片区明显不同。除了反复问句的形式相同，皖北地区，尤其是皖北中南部地区还有一些语法现象与皖中江淮官话是一致的，如名词后缀"子"，形容词后缀"不拉唧的"，持续体的标记"子"（语音形式相同，写法有别），尝试体的标记"瞧、瞧瞧"以及大量使用"非VP"句式等。皖北西南部的金寨及霍邱的部分地区句末语气词"在"的用法也与临近的皖中江淮官话一致。另外，皖北南部和皖中地区的合肥等地还通用短语"不照"（相当于普通话的"不行"）。探讨方言语法之间的异同，不仅要考察"有什么"，还要关注"没什么"，皖北中原官话中南部与皖中江淮官话的一致性还表现在几乎都没有"儿"尾词，这点与中原官话其他区域明显不同。从总体上来看，皖北中南部地区历史上应该是使用江淮官话的区域，后来逐渐受到北方官话的冲击导致入声消失，语音、词汇接近中原官话。语法是最为稳固的语言要素，语法特征的一致更能显示方言之间的历史关系。但应当指出的是，有些语法现象究竟是方言本身还是由于语言接触而产生的，需要作更进一步的深入研究。

  本书选择了皖北方言中的一部分语法现象作为研究对象，有些分析还不够细致，可能还存有争议。另外，还有不少的语法现象没有涉及，如特殊的副词、介词、语气词等。本书关于皖北方言语法的比较研究也存在一些不足，在语言类型的总结上需要进一步加强。上述这些问题都需要在后续的研究中逐步解决。我们相信，在对皖北方言语法作了比较系统、全面的描写之后，在掌握大量汉语方言材料的基础上，一定能对皖北中原官话与其他中原官话以及邻近的江淮官话乃至整个汉语方言作一些有价值的比较研究。

参考文献

一　著作类

安徽省固镇县地方志编纂委员会：《固镇县志》，中国城市出版社1992年版。

安徽省宿县地方志编纂委员会：《宿县地区志》，中国人民大学出版社1995年版。

安徽省涡阳县志编纂委员会：《涡阳县志》，黄山书社1989年版。

蚌埠市地方志编纂委员会：《蚌埠市志》，方志出版社1995年版。

亳州市地方志编纂委员会：《亳州市志》，黄山书社1996年版。

蔡丽：《程度范畴及其在补语系统中的句法实现》，世界图书出版公司2012年版。

陈光磊：《汉语词法论》，山东教育出版社1994年版。

陈前瑞：《汉语体貌研究的类型学视野》，商务印书馆2008年版。

陈淑梅：《鄂东方言语法研究》，江苏教育出版社2001年版。

戴耀晶：《现代汉语时体系统研究》，浙江教育出版社1997年版。

砀山县地方志编纂委员会：《砀山县志》，方志出版社1996年版。

邓思颖：《汉语方言语法的参数理论》，北京大学出版社2003年版。

凤台县地方志编纂委员会：《凤台县志》，黄山书社1998年版。

凤阳县地方志编纂委员会：《凤阳县志》，方志出版社1999年版。

阜南县地方志编纂委员会：《阜南县志》，黄山书社1997年版。

阜阳市地方志编纂委员会：《阜阳地区志》，方志出版社1996年版。

高名凯：《汉语语法论》，商务印书馆 1986 年版。

龚千炎：《汉语的时相　时制　时态》，商务印书馆 1995 年版。

合肥师范学院方言调查工作组：《安徽方言概况》，内部发行，1962 年。

何耿镛：《客家方言语法研究》，厦门大学出版社 1993 年版。

河南省地方史志办公室：《河南省志·方言志》，河南人民出版社 1995 年版。

贺巍：《获嘉方言研究》，商务印书馆 1989 年版。

贺巍：《洛阳方言研究》，社会科学文献出版社 1993 年版。

侯精一：《现代晋语的研究》，商务印书馆 1999 年版。

胡明扬主编：《汉语方言体貌论文集》，江苏教育出版社 1996 年版。

怀远县地方志编纂委员会：《怀远县志》，上海社会科学院出版社 1990 年版。

淮北市地方志编纂委员会：《淮北市志》，方志出版社 1999 年版。

淮南市地方志编纂委员会：《淮南市志》，黄山书社 1998 年版。

黄伯荣主编：《汉语方言语法类编》，青岛出版社 1996 年版。

霍邱县地方志编纂委员会：《霍邱县志》，中国广播电视出版社 1992 年版。

界首市地方志编纂委员会：《界首县志》，黄山书社 1995 年版。

金立鑫：《"着""了""过"时体意义的对立及其句法条件》，载《第七届国际汉语教学研讨会论文选》，北京大学出版社 2004 年版。

金寨县地方志编纂委员会：《金寨县志》，上海人民出版社 1992 年版。

兰宾汉：《西安方言语法调查研究》，中华书局 2011 年版。

黎锦熙：《新著国语文法》，商务印书馆 2001 年版。

李如龙：《汉语方言的比较研究》，商务印书馆 2001 年版。

李如龙：《闽方言语法研究》，福建人民出版社 2007 年版。

李如龙、张双庆主编：《代词》，暨南大学出版社 1999 年版。

李如龙、张双庆主编：《动词谓语句》，暨南大学出版社 1997 年版。

李申：《徐州方言志》，语文出版社 1985 年版。

李献璋：《福建语法序说》，东京（日本）南风书局 1950 年版。

李小凡：《苏州方言疑问句研究》，载《汉语方言历时与共时语法讨论文集》，暨南大学出版社 1999 年版。

李小凡：《苏州方言语法研究》，北京大学出版社 1998 年版。

李小凡：《也谈反复问句》，载《语言学和汉语教学》，北京语言学院出版社 1990 年版。

李宇明：《汉语量范畴研究》，华中师范大学出版社 2000 年版。

利辛县地方志编纂委员会：《利辛县志》，黄山书社 1995 年版。

林寒生：《闽东方言词汇语法研究》，云南大学出版社 2002 年版。

临泉县地方志编纂委员会：《临泉县志》，黄山书社 1994 年版。

灵璧县地方志编纂委员会：《灵璧县志》，浙江人民出版社 1991 年版。

刘丹青：《语序类型学与介词理论》，商务印书馆 2003 年版。

刘俐李：《焉耆汉语方言研究》，新疆大学出版社 1994 年版。

刘叔新：《汉语描写词汇学》，商务印书馆 1990 年版。

刘月华、潘文娱、故铧：《实用现代汉语语法》（第三版），商务印书馆 2019 年版。

陆俭明：《八十年代中国语法研究》（重排本），商务印书馆 2004 年版。

陆志韦：《汉语的构词法》，科学出版社 1964 年版。

吕叔湘：《汉语语法分析问题》，商务印书馆 1979 年版。

吕叔湘：《中国文法要略》，商务印书馆 2014 年版。

吕叔湘、朱德熙：《语法修辞讲话》，中国青年出版社 1979 年版。

吕叔湘主编：《现代汉语八百词》，商务印书馆 1999 年版。

罗自群：《现代汉语方言持续体标记的比较研究》，中央民族大学出版社 2006 年版。

马建忠：《马氏文通》，商务印书馆 2017 年版。

马庆株：《汉语动词和动词性结构》（一编），北京大学出版社 2005 年版。

马学良主编：《语言学概论》，华中工学院出版社 1981 年版。

马真：《简明实用汉语语法教程》（第二版），北京大学出版社 2015 年版。

马真：《现代汉语虚词研究方法论》（修订本），商务印书馆 2016 年版。

蒙城县地方志编纂委员会：《蒙城县志》，黄山书社1994年版。

孟庆惠主编：《安徽省志·方言志》，方志出版社1997年版。

莫超：《白龙江流域汉语方言语法研究》，中国社会科学出版社2004年版。

潘文国、叶步青、韩洋：《汉语的构词法研究》，华东师范大学出版社2004年版。

钱奠香：《海南屯昌闽语语法研究》，云南大学出版社2002年版。

钱乃荣：《上海话语法》，上海人民出版社1997年版。

钱曾怡：《汉语方言研究的方法与实践》，商务印书馆2002年版。

乔全生：《晋方言语法研究》，商务印书馆2000年版。

任学良：《汉语造词法》，中国社会科学出版社1981年版。

邵敬敏等：《汉语方言疑问范畴比较研究》，暨南大学出版社2010年版。

邵敬敏、任芝锳、李家树：《汉语语法专题研究》，广西师范大学出版社2003年版。

邵敬敏：《现代汉语疑问句研究》，华东师范大学出版社1996年版。

邵燕梅：《郯城方言志》，齐鲁书社2005年版。

沈家煊：《不对称和标记论》，江西教育出版社1999年版。

盛银花：《安陆方言语法研究》，华中师范大学出版社2010年版。

石毓智：《肯定与否定的对称与不对称》，北京语言文化大学出版社2001年版。

石毓智：《语法化的动因与机制》，北京大学出版社2006年版。

寿县地方志编纂委员会：《寿县志》，黄山书社1996年版。

泗县地方志编纂委员会：《泗县志》，浙江人民出版社1990年版。

濉溪县地方志编纂委员会：《濉溪县志》，上海社会科学院出版社1989年版。

孙立新：《关中方言语法研究》，中国社会科学出版社2013年版。

孙锡信：《汉语历史语法概要》，复旦大学出版社1992年版。

孙英杰：《现代汉语体系统研究》，黑龙江人民出版社2007年版。

太和县地方志编纂委员会:《太和县志》,黄山书社1993年版。

[日] 太田辰夫:《中国语历史文法》,北京大学出版社2003年版。

汪国胜:《大冶方言语法研究》,湖北教育出版社1994年版。

汪化云:《黄孝方言语法研究》,语文出版社2016年版。

汪如东:《江淮方言泰如片与吴语的语法比较研究》,中国社会科学出版社2017年版。

王德春:《词汇学研究》,山东教育出版社1983年版。

王洪钟:《海门方言语法专题研究》,安徽师范大学出版社2011年版。

王健:《苏皖区域方言语法比较研究》,商务印书馆2014年版。

王力:《汉语史稿》,中华书局1980年版。

王力:《中国现代语法》,商务印书馆1985年版。

王晓淮:《蚌埠方言志》,方志出版社2010年版。

吴云霞:《万荣方言语法研究》,语文出版社2009年版。

五河县地方志编纂委员会:《五河县志》,浙江人民出版社1992年版。

伍云姬主编:《湖南方言的动态助词》,湖南师范大学出版社2009年版。

伍云姬主编:《湖南方言的介词》,湖南师范大学出版社2009年版。

项梦冰:《连城客家话语法研究》,语文出版社1997年版。

萧县地方志编纂委员会:《萧县志》,中国人民大学出版社1989年版。

辛永芬:《浚县方言语法研究》,中华书局2006年版。

邢向东:《陕北晋语语法比较研究》,商务印书馆2006年版。

邢向东:《神木方言研究》,中华书局2002年版。

徐烈炯、邵敬敏:《上海方言语法研究》,华东师范大学出版社1998年版。

许宝华、宫田一郎主编:《汉语方言大词典》,中华书局1999年版。

杨树达:《高等国文法》,商务印书馆1984年版。

杨秀芳:《台湾闽南语语法稿》,台湾大安出版社1991年版。

叶祖贵:《固始方言研究》,中国社会科学出版社2009年版。

殷相印:《微山方言语法研究》,黑龙江人民出版社2008年版。

颍上县地方志编纂委员会：《颍上县志》，黄山书社1995年版。

张洪年：《香港粤语语法的研究》，香港中文大学出版社2007年版。

张惠英：《汉语方言代词研究》，语文出版社2001年版。

张双庆主编：《动词的体》，香港中文大学中国文化研究所、吴多泰中国语文研究中心1996年版。

张一舟、张清源、邓英树：《成都方言语法研究》，巴蜀书社2001年版。

张宜生：《现代汉语副词研究》，学林出版社2000年版。

赵元任：《汉语口语语法》，吕叔湘译，商务印书馆1979年版。

赵元任：《现代吴语的研究》，科学出版社1956年版。

中国社会科学院和澳大利亚人文科学院合编：《中国语言地图集》，香港朗文［远东］出版公司1987年版。

中国社会科学院语言研究所、中国社会科学院民族学与人类学研究所、香港城市大学语言资讯科学研究中心编：《中国语言地图集》（第2版），商务印书馆2012年版。

周法高：《中国古代语法构词编》，台湾中研院史语所1962年版。

周荐：《汉语词汇研究史纲》，语文出版社1995年版。

朱德熙：《语法讲义》，商务印书馆1982年版。

宗守云：《张家口晋语语法研究》，商务印书馆2018年版。

Bernard, Comrie, *Aspect: An Introduction to the Study of Verbal Aspect and Related Problems*, Cambridge: Cambridge University Press, 1976.

Cinque, Guglielmo, *Adverbs and the Universal Hierarchy of Functional Projections*, Oxford: Oxford University Press, 1999.

F. Ungerer & H. J. Schmid, *An Introduction to Cognitive Linguistics*, Beijing: Foreign Language Teaching and Research Press, 2003.

Paul J. Hopper & Elizabeth Closs Traugott, *Grammaticalization*, Beijing: Peking University Press, 2005.

Quirk, R., et al., *A Grammar of Contemporary English*, London: Longman,

1972.

T. rask R. L. ，*A Dictionary of Grammatical Terms in Languages*，London：Routledge，1993.

二　论文类

卜祥忠：《现代汉语存在"中缀"吗》，《泰山学院学报》2009 年第 2 期。

蔡丽：《关于程度范畴的若干思考》，《暨南学报》（哲学社会科学版）2010 年第 2 期。

常敬宇：《论词缀》，《汉语学习》1986 年第 6 期。

陈平：《论现代汉语时间系统的三元结构》，《中国语文》1988 年第 6 期。

陈前瑞：《南方方言"有"字句的多功能性分析》，《语言教学与研究》2010 年第 4 期。

陈晓桦：《"在、正、正在、呢"的语义特征、句法功能及其教学次序》，《语言与翻译》（汉文）2007 年第 1 期。

崔希亮：《"把"字句的若干句法语义问题》，《世界汉语教学》1995 年第 3 期。

邓思颖：《名词词缀/词尾的分类与中国东南部方言》，中国东南方言比较研究计划——名词研讨会论文（厦门），2004 年。

丁力：《从问句系统看"是不是"问句》，《中国语文》1999 年第 6 期。

董为光：《称谓表达与词缀"老"的虚化》，《语言研究》2002 年第 1 期。

董秀芳：《汉语词缀的性质与汉语词法特点》，《汉语学习》2005 年第 6 期。

方梅：《再说"呢"——从互动角度看语气词的性质与功能》，载《语法研究和探索》（十八），商务印书馆 2016 年版。

范方莲：《试论所谓"动词重叠"》，《中国语文》1964 年第 4 期。

范继淹：《是非问句的句法形式》，《中国语文》1982 年第 6 期。

房玉清：《动态助词"了""着""过"的语义特征及其用法比较》，《汉语学习》1992 年第 1 期。

费春元：《说"着"》，《语文研究》1992 年第 2 期。

高艳：《近代汉语词缀"老""头""子"的发展演变》，《太原教育学院学报》2006 年第 S1 期。

耿军：《安徽怀远话的"一动"及其发展》，《语言研究》2010 年第 4 期。

郭风岚：《论副词"在"与"正"的语义特征》，《语言教学与研究》1998 年第 2 期。

郭辉：《皖北濉溪方言的"子"尾词》，《方言》2007 年第 3 期。

郭辉：《皖北濉溪方言的语气词"来"》，《方言》2008 年第 2 期。

郭辉：《淮北方言漫谈》，《淮北职业技术学院学报》2011 年第 4 期。

郭辉、郭海峰：《皖北濉溪方言的语气词》，《淮北煤炭师范学院学报》（哲学社会科学版）2009 年第 3 期。

郭良夫：《现代汉语的前缀和后缀》，《中国语文》1983 年第 4 期。

郭锐：《"吗"问句的确信度和回答方式》，《世界汉语教学》2000 年第 2 期。

郭作飞：《汉语词缀形成的历史考察——以"老"、"阿"、"子"、"儿"为例》，《内蒙古民族大学学报》（社会科学版）2004 年第 6 期。

韩陈其：《汉语词缀新论》，《扬州大学学报》（人文社会科学版）2002 年第 4 期。

［韩］韩容洙：《现代汉语的程度副词》，《汉语学习》2000 年第 2 期。

何融：《略论汉语动词的重叠法》，《中山大学学报》1962 年第 1 期。

贺巍：《获嘉方言的疑问句——兼论反复问句两种句型的关系》，《中国语文》1991 年第 5 期。

贺巍：《汉语方言语法研究的几个问题》，《方言》1992 年第 3 期。

贺巍：《中原官话分区（稿）》，《方言》2005 年第 2 期。

洪波、董正存：《"非 X 不可"格式的历史演化和语法化》，《中国语文》2004 年第 3 期。

洪晓波：《从方言地理学角度看安徽中原官话发展现状》，《湖北第二师范学院学报》2009 年第 3 期。

胡翠莉：《绩溪方言词缀刍议》，《黄山学院学报》2009年第2期。

胡利华：《安徽蒙城方言的"可"字句》，《方言》2008年第4期。

胡利华：《安徽蒙城方言的"叫"字句》，《阜阳师范学院学报》（社会科学版）2009年第4期。

胡利华：《安徽亳州方言的语法特点》，《安徽工业大学学报》（社会科学版）2011年第2期。

胡利华：《安徽蒙城方言形容词的程度表示法》，《淮北煤炭师范学院学报》2010年第6期。

胡明扬：《北京话的语气助词和叹词》，《中国语文》1981年第6期。

胡习之、高群：《动将结构与皖北方言》，《阜阳师范学院学报》（社会科学版）2004年第1期。

黄国营：《"吗"字句用法初探》，《语言研究》1986年第2期。

侯超：《皖北方言中的助词"来"及其时体表达功能》，《文教资料》2007年第7期。

侯超：《汉语词缀的功能与皖北方言的"子"尾》，《南京师范大学文学院学报》2012年第3期。

侯超：《皖北中原官话"可"类问句的性质及归属》，《方言》2015年第4期。

侯超、潘文：《皖北方言"非VP（不X）"的表意特点及隐现规律》，《淮北师范大学学报》（哲学社会科学版）2016年第2期。

贾甫田：《"非……不可"与"不……不行"》，《天津师范大学学报》（社会科学版）1990年第2期。

姜红：《安徽霍邱话中的"克—NP"问句》，《阜阳师范学院学报》（社会科学版）2006年第2期。

姜莉：《连云港市新浦方言词缀研究》，《连云港师范高等专科学校学报》2007年第4期。

蒋冀骋、龙国富：《中古译经中表尝试态语气的"看"及其历史考察》，《语言研究》2005年第4期。

金昌吉、张小萌：《现代汉语时体研究述评》，《汉语学习》1998年第4期。

金立鑫：《关于疑问句中的"呢"》，《语言教学与研究》1996年第4期。

金立鑫：《"把"字句的句法、语义、语境特征》，《中国语文》1997年第6期。

金立鑫：《试论"了"的时体特征》，《语言教学与研究》1998年第1期。

竟成：《关于动态助词"了"的语法意义问题》，《语文研究》1993年第1期。

兰宾汉：《西安方言中非疑问用法的"呢"》，载《庆祝〈中国语文〉创刊50周年学术论文集》，商务印书馆2004年版。

乐玲华：《阜阳地区方言"子尾词"的初步考察》，《阜阳师范学院学报》（社会科学版）1985年第1期。

李崇兴、石毓智：《被动标记"叫"语法化的语义基础和句法环境》，《古汉语研究》2006年第3期。

李慧敏：《合肥话的"K–VP?"疑问句》，《滁州学院学报》2008年第1期。

李人鉴：《关于动词重叠》，《中国语文》1964年第4期。

李荣嵩：《中缀试探》，《天津师范大学学报》（社会科学版）1986年第2期。

李如龙：《动词的体·前言》，载张双庆主编《动词的体》，香港中文大学中国文化研究所、吴多泰中国语文研究中心1996年版。

李申：《徐州方言语法散札》，《语文研究》2002年第1期。

李小凡：《苏州方言的体貌系统》，《方言》1998年第3期。

李小凡：《当前方言语法研究需要什么样的理论框架?》，《语文研究》2003年第2期。

林裕文：《谈疑问句》，《中国语文》1985年第2期。

刘丹青：《苏州方言的发问词与"可VP"句式》，《中国语文》1991年第

1 期。

刘丹青：《语法化理论与汉语方言语法研究》，《方言》2009 年第 2 期。

刘杰、于芹：《皖北方言的动词重叠式》，《阜阳师范学院学报》（社会科学版）2009 年第 6 期。

刘宁生：《论"着"及其相关的两个动态范畴》，《语言研究》1985 年第 2 期。

刘叔新：《轻声"里"属什么单位的问题》，《语言教学与研究》1996 年第 1 期。

刘勋宁：《现代汉语词尾"了"的语法意义》，《中国语文》1988 年第 5 期。

刘月华：《语调是非问句》，《语言教学与研究》1988 年第 2 期。

刘月华：《动态助词"过$_2$、过$_1$、了$_1$"用法比较》，载《第二届国际汉语教学讨论会论文选》，北京语言学院出版社 1988 年版。

刘月华：《用"吗"的是非问句和正反问句用法比较》，载中国社会科学院语言研究所现代汉语研究室《句型和动词》，语文出版社 1987 年版。

龙艳琴：《"非 X 不可"的构式分析》，《四川文理学院学报》2012 年第 1 期。

陆俭明：《由"非疑问形式＋呢"造成的疑问句》，《中国语文》1982 年第 6 期。

陆俭明：《现代汉语里的疑问语气词》，《中国语文》1984 年第 5 期。

陆俭明：《"着（·zhe）"字补议》，《中国语文》1999 年第 5 期。

陆侠：《蒙城县（立仓镇）方言 BA 式形容词》，《安徽文学》2008 年第 12 期。

罗自群：《汉语方言持续体标记的类型》，《语言研究》2004 年第 1 期。

吕叔湘：《疑问·否定·肯定》，《中国语文》1985 年第 4 期。

吕叔湘：《释〈景德传灯录〉中在、著二助词》，原载《华西协和大学中国文化研究所集刊》1941 年第 1 卷第 3 期，见吕叔湘《汉语语法论文集》（增订本），商务印书馆 1999 年版。

马彪：《哈尔滨方言状态词缀的类型学特征——兼与周边的满语等语言对比》，《满语研究》2009年第1期。

马庆株：《现代汉语词缀的性质、范围和分类》，《中国语言学报》1995年第6期。

马希文：《北京方言里的"着"》，《方言》1987年第1期。

马真：《程度副词在表示程度比较的句式中的分布情况考察》，《世界汉语教学》1988年第2期。

马真：《普通话里的程度副词"很、挺、怪、老"》，《汉语学习》1991年第2期。

梅祖麟：《汉语方言里虚词"著"字三种用法的来源》，《中国语言学报》1988年第3期。

梅祖麟：《现代汉语完成貌句式和词尾的来源》，《语言研究》1981年第1期。

［日］木村英树：《关于补语性词尾"着/zhe/"和"了/le/"》，《语文研究》1983年第2期。

潘文娱：《谈谈"正""在"和"正在"》，《语言教学与研究》1980年第1期。

祁庆倩：《关于淮南话中语气词"来"的考察》，《宿州教育学院学报》2006年第3期。

钱曾怡：《济南方言词缀研究》，《济南教育学院学报》1999年第3期。

钱乃荣：《体助词"着"不表示"进行"意义》，《汉语学习》2000年第4期。

钱乃荣：《现代汉语的反复体》，《语言教学与研究》2000年第4期。

［日］杉村博文：《论现代汉语特指疑问判断句》，《中国语文》2002年第1期。

邵敬敏：《"吧"字疑问句及其相关句式比较研究》，载《第四届国际汉语教学讨论会论文选》，北京语言学院出版社1995年版。

邵敬敏：《语气词"呢"在疑问句中的作用》，《中国语文》1989年第3期。

邵敬敏：《现代汉语选择问研究》，《语言教学与研究》1994年第2期。

邵敬敏：《汉语框式结构说略》，《中国语文》2011年第3期。

邵敬敏：《新兴框式结构"X你个头"及其构式义的固化》，《汉语学报》2012年第3期。

邵敬敏、朱彦：《"是不是VP"问句的肯定性倾向及其类型学意义》，《世界汉语教学》2002年第3期。

施其生：《汕头方言的反复问句》，《中国语文》1990年第3期。

石锓：《论"A里AB"重叠形式的历史来源》，《中国语文》2005年第1期。

石定栩：《上海话疑问句成分"哦"的语义及句法地位》，《中国语文》2007年第5期。

石毓智：《论现代汉语的"体"范畴》，《中国社会科学》1992年第6期。

石毓智：《处置式产生和发展的历史条件》，《语言研究》2006a年第3期。

石毓智：《论汉语的进行体范畴》，《汉语学习》2006b年第3期。

石毓智、王统尚：《方言中处置式和被动式拥有共同标记的原因》，《汉语学报》2009年第2期。

史素芬：《山西武乡方言的选择问句》，《语文研究》2002年第2期。

宋玉柱：《谈谈"程度补语"》，《思维与智慧》1990年第2期。

孙建强：《能带程度补语的动词》，《固原师专学报》1994年第3期。

孙杰：《安徽霍邱叶集话中的"在"字》，《湖北师范学院学报》（哲学社会科学版）1999年第1期。

孙立新：《关中方言代词概要》，《方言》2002年第3期。

孙敏敏：《浅谈枣庄方言词缀》，《大庆师范学院学报》2008年第6期。

陶炼：《"是不是"问句说略》，《中国语文》1998年第2期。

陶毅：《淮南话中的"来"》，《淮南师专学报》1997年第2期。

屠爱萍：《安徽霍邱方言中表进行的几种句式》，《现代语文》2007年第3期。

万波：《现代汉语体范畴研究述评》，《江西师范大学学报》（哲学社会科学版）1996 年第 1 期。

汪平：《贵阳方言的语法特点》，《语言研究》1983 年第 1 期。

王灿龙：《"非 VP 不可"句式中"不可"的隐现——兼谈"非"的虚化》，《中国语文》2008 年第 2 期。

王纲：《论词尾与构形后缀的区别》，《外语学刊》1980 年第 3 期。

王克忠：《是词缀还是助词》，《古汉语研究》2003 年第 2 期。

王琴：《阜阳方言语法现象举要》，《安徽教育学院学报》2005 年第 1 期。

王琴：《安徽阜阳方言的"可 VP"反复问句》，《方言》2008 年第 2 期。

王琴：《安徽阜阳方言的发问词及后置词"可"》，《铜陵学院学报》2008 年第 1 期。

王琴：《阜阳方言"可 VP"问句句法特点》，《阜阳师范学院学报》（社会科学版）2008 年第 3 期。

王琴：《安徽阜阳方言的"个妻子"》，《中国语文》2010 年第 2 期。

王绍新：《谈谈后缀》，《语言学论丛》第十七辑，商务印书馆 1992 年版。

王世华：《扬州话里两种反复问句共存》，《中国语文》1985 年第 6 期。

王泽鹏：《现代汉语的中缀问题》，《烟台师范学院学报》（哲学社会科学版）1998 年第 4 期。

吴福祥：《尝试态助词"看"的历史考察》，《语言研究》1995 年第 2 期。

吴福祥：《南方方言能性述补结构"V 得/不 C"带宾语的语序类型》，《方言》2003 年第 3 期。

吴福祥：《汉语方言里与趋向动词相关的几种语法化模式》，《方言》2010 年第 2 期。

吴继光：《徐州话中的"肯"、"很"、"管"》，《徐州师范学院学报》1986 年第 3 期。

吴建生：《万荣方言的"子"尾》，《语文研究》1997 年第 2 期。

吴晓红：《安徽颍上方言中"搁"字的语法特色》，《皖西学院学报》2009 年第 3 期。

吴晓红：《安徽颍上方言中的句末语气助词"徕"》，《合肥工业大学学报》2009 年第 6 期。

萧黎明：《从郭璞注看名词"子"尾的产生》，《中国语文》1997 年第 4 期。

谢平：《浅论现代汉语的程度表达》，《世界汉语教学》2011 年第 3 期。

邢军：《佳木斯方言中由词缀构成的形容词生动形式》，《佳木斯大学社会科学学报》2006 年第 4 期。

邢向东：《神木话表示过去时的"来"》，《延安大学学报》1991 年第 1 期。

熊仲儒：《"呢"在疑问句中的意义》，《安徽师范大学学报》（社会科学版）1999 年第 1 期。

徐春阳：《疑问句的语义、语用考察》，《汉语学习》2003 年第 4 期。

徐丹：《汉语里的"在"和"着（著）"》，《中国语文》1992 年第 6 期。

徐复岭：《谈"非……不可"》，《汉语学习》1981 年第 5 期。

徐红梅：《皖北涡阳方言中的代词》，《阜阳师范学院学报》（社会科学版）2003 年第 4 期。

徐红梅：《皖北涡阳话形容词程度的表达方式》，《阜阳师范学院学报》（社会科学版）2006 年第 2 期。

徐烈炯、邵敬敏：《阿 V 及其相关疑问句式比较研究》，《中国语文》1999 年第 3 期。

徐媛媛：《疑问代词"啥"的用法和来源》，《修辞学习》2006 年第 6 期。

薛祥绥：《中国言语文字说略》，《国故》1919 年第 4 期。

杨平：《副词"正"的语法意义》，《世界汉语教学》2000 年第 2 期。

杨锡彭：《关于词根与词缀的思考》，《汉语学习》2003 年第 4 期。

杨玉玲：《"非 X 不可"句式的语义类型及其语用教学》，《汉语学习》2002 年第 1 期。

叶祥苓：《苏州方言形容词的"级"》，《方言》1982 年第 3 期。

［日］伊原大策：《表示进行时态的"在"》，柴世森译，《河北大学学报》1986 年第 3 期。

游汝杰：《吴语里的反复问句》，《中国语文》1993 年第 3 期。

于芹：《临泉阜阳中指人"子"尾词考察》，《阜阳师范学院学报》（社会科学版）2005 年第 2 期。

于芹：《安徽临泉方言中比喻格式"给……唥"》，《阜阳师范学院学报》（社会科学版）2007 年第 5 期。

于芹、刘杰：《皖北口语中的"很 + VP"》，《阜阳师范学院学报》（社会科学版）2008 年第 2 期。

俞敏：《化石语素》，《中国语文》1984 年第 1 期。

袁毓林：《正反问句及相关的类型学参项》，《中国语文》1993 年第 2 期。

岳秀文：《安徽定远方言的"子"尾》，《池州学院学报》2010 年第 2 期。

张爱民：《徐州方言的形容词》，《江苏师范大学学报》（哲学社会科学版）1987 年第 2 期。

张德岁、蒋宗霞：《皖北方言表达程度的方式》，《阜阳师范学院学报》（社会科学版）2006 年第 5 期。

张德岁、唐爱华：《皖北方言的"V + 搁 + N（L）"格式》，《语言科学》2011 年第 2 期。

张桂宾：《相对程度副词与绝对程度副词》，《华东师范大学学报》（哲学社会科学版）1997 年第 2 期。

张济卿：《论现代汉语的时制与体结构》（上），《语文研究》1998 年第 3 期。

张济卿：《论现代汉语的时制与体结构》（下），《语文研究》1998 年第 4 期。

张敏：《从类型学和认知语法的角度看汉语重叠现象》，《国外语言学》1997 年第 2 期。

张孝忠：《词缀"子"说略》，《逻辑与语言学习》1986 年第 2 期。

张宜生：《程度副词充当补语的多维考察》，《世界汉语教学》2000 年第 2 期。

赵怀印：《霍邱方言中的一种动词重叠句》，《方言》1995 年第 3 期。

赵金铭:《敦煌变文中所见的"了"和"着"》,《中国语文》1979年第1期。

赵日新:《形容词带程度补语结构的分析》,《语言教学与研究》2001年第6期。

[美]郑良伟:《时体、动量和动词重叠》,《世界汉语教学》1988年第2期。

周小兵:《论现代汉语的程度副词》,《中国语文》1995年第2期。

朱德熙:《北京话、广州话、文水话和福州话里的"的"字》,《方言》1980年第3期。

朱德熙:《汉语方言里的两种反复问句》,《中国语文》1985年第1期。

朱德熙:《"V-neg-VO"与"VO-neg-V"两种反复问句在汉语方言里的分布》,《中国语文》1991年第5期。

朱宏一:《汉语词缀的定义、范围、特点和识别——兼析〈汉语水平等级标准与语法等级大纲〉的词缀问题》,《语文研究》2004年第4期。

朱晓亚:《否定型语调是非问的答句》,《语言科学》2007年第1期。

朱亚军:《现代汉语词缀的性质及其分类研究》,《汉语学习》2001年第2期。

祝鸿杰:《汉语词缀研究管见》,《语言研究》1991年第2期。

祝克懿:《中缀说略》,《贵州师范大学学报》(社会科学版)1994年第4期。

祝敏彻:《汉语选择问、正反问的历史发展》,《语言研究》1993年第2期。

左思民:《现代汉语中"体"的研究——兼及体研究的类型学意义》,《语文研究》1999年第1期。

三 博士硕士论文

鲍士雪:《淮南方言形容词词缀研究》,硕士学位论文,安徽师范大学,2010年。

丁崇明:《昆明方言语法研究》,博士学位论文,山东大学,2005年。

贡贵训:《安徽淮河流域方言语音比较研究》,博士学位论文,河北大学,

2011 年。

黄平飞:《蒙城方言动词研究》,硕士学位论文,安徽大学,2010 年。

李孝娴:《固始方言问句系统考察》,硕士学位论文,华中师范大学,2003 年。

刘纪听:《许昌县方言程度表示法》,硕士学位论文,河南大学,2008 年。

王琴:《阜阳方言"可 VP"疑问句研究》,硕士学位论文,上海师范大学,2008 年。

吴晓红:《安徽颍上方言语法研究》,硕士学位论文,广西大学,2006 年。

徐红梅:《皖北方言词汇研究》,博士学位论文,暨南大学,2003 年。

岳刚:《安徽五河方言语法研究》,硕士学位论文,上海师范大学,2010 年。

张恒:《开封话的"给"与"给"字句》,硕士学位论文,河南大学,2007 年。

翟占国:《安徽利辛方言介词语法化研究》,硕士学位论文,浙江财经大学,2015 年。

张敏:《汉语方言反复问句的类型学研究:共时分布及其历时蕴含》,博士学位论文,北京大学,1990 年。

赵军:《现代汉语程度量及其表达形式研究》,博士学位论文,华东师范大学,2010 年。

赵新义:《周口方言的助词研究》,硕士学位论文,贵州大学,2007 年。

周琴:《泗洪方言语法研究》,博士学位论文,南京师范大学,2007 年。

附录　主要发言人信息表

方言片	方言点	发言人	性别	出生地	出生年月	文化程度	职业
阜宿片	亳州市	鲁启安	男	亳州汤陵区	1951.12	小学	保安
		贾久玲	女	亳州三官镇	1979.12	大学	教师
		许　晋	男	亳州谯城区	1980.06	大学	教师
	淮北市	张家印	男	淮北相山区	1947.08	高中	退休工人
	濉溪县	董向阳	男	濉溪孙疃镇	1967.09	初中	个体
		朱丽华	女		1962.10	初中	个体
	阜阳市	吕永义	男	阜阳颍州区	1949.12	初中	退休工人
		马效芳	女		1952.03	初中	退休工人
	太和县	段国强	男	阜阳太和县	1979.08	大学	教师
	阜南县	刘晓娟	女	阜阳阜南县	1980.12	大学	教师
	宿州市	王　霆	男	宿州市区	1962.06	大学	公务员
	利辛县	于敬兰	女	利辛阚疃镇	1949.10	高中	农民
金蚌片	蚌埠市	郑　虎	男	蚌埠龙子湖区	1969.04	高中	个体
	淮南市	李多荣	女	淮南八公山区	1962.12	高中	管理
	金寨县	潘景满	男	金寨县梅山镇	1950.03	小学	农民
	霍邱县	王兴友	男	霍邱叶集镇	1946.10	高中	退休工人
		王玉山	男	霍邱西湖社区	1953.08	小学	保安
	颍上县	李　凤	女	阜阳颍上县	1980.12	大学	教师
萧砀片	萧县	李希晨	女	萧县马井镇	1980.06	大学	教师

后　记

　　本书是以笔者在南京师范大学的同名博士学位论文《皖北中原官话语法研究》为基础修改而成的。博士论文的初稿完成于 2013 年 11 月，至今已经六年有余，在此期间，我本人于 2015—2018 年在复旦大学中文系完成了博士后研究工作，2017 年工作单位由南京师范大学文学院转到江苏第二师范学院文学院。六年多的时间里，我的主要研究对象是吴语语音，但始终没有停止对方言语法的关注，看到相关的研究论文时，经常认真地阅读记录，并对博士论文进行有针对性的修改。这次论文成书，我又重新调查了一些内容，对一些语料进行了核实，目前的书稿与成稿的博士学位论文相比，在章节、内容、结论等方面均有不同程度的修订。

　　遥想当年，我 2007 年硕士毕业留校，2010 年开始攻读博士学位，一边工作，一边读博，任务比较繁重。读博期间，南京师范大学文学院语音实验室尚有一些课题没有结项，我本人又刚刚获批了新的江苏省社科基金项目。除了日常工作和研究项目，当时还承担着本科生的教学工作，同时又要面临一些生活上的压力，当时的感觉就是力不从心。但我深知，任何困难都不应成为裹足不前的借口。母亲常常跟我说"不怕慢，就怕站"，前进的路上，要用坚实的足音代替无奈的叹息。

　　在阅读文献的过程中，我看到许多从事方言研究的前辈学者都精通语法，我意识到不能仅仅把自己的研究视野局限在语音方面，语法研究能力也是方言学者必须具备的。选择语法作为研究方向，可以为今后的深入研究打下基础。博士论文的选题颇费周折，硕士阶段我学的是实验语音学，新做的基金项目是关于吴语语音的，偏重于传统方言语音学，我对传统的吴语语音研究还比较陌生。"寤寐求之，辗转反侧"，博士学位论文的选题在很长时间内都没有一个很好的研究思路。思来想去，最后还是决定从最基本的方言语法描写研究入手，而方言语法的研究必须是自己熟悉的，要有语感才行，因此也就有了本书的选题。

万事开头难，题目虽已选定，但语法研究对我来说却是一个比较陌生的领域，从实验语音学转向汉语语法学，刚开始像一个迷途羔羊，到处乱撞，常常犯错，有时甚至觉得眼前一片迷茫，不知从何写起。本书的研究的课题又是专题性的语法研究，涉及词缀、程度范畴、体系统、疑问范畴和特殊句法格式五个专题，每个专题都有自己的研究方法和大量的研究文献。另外，区域性的方言语法研究需要到各个方言点实地调查方言语料，这也是一项耗时费力的工作。但是，面对困难，没有退路，唯有不断前行，方能取得进步。

我的导师潘文教授，身兼行政职务，还要指导我这样一个没有什么语法学基础的学生，实属不易。潘老师对我论文的指导总是一针见血，恰到好处，令我敬佩；他不厌其烦，三改文稿，令我感动。潘老师为人随和、宽厚，学术上又很严谨，让我这个脆弱的学生逐渐变得坚强，坚持脚踏实地地写文章。写作论文的过程让我收获很多，一言难尽。我是个不善言辞的学生，对导师的感激一直藏于心底，书稿完工之时，这里要真心地说一句："谢谢！"

一边工作，一边写作，时间上总不充裕，感谢南京师范大学文学院语音实验室的刘俐李教授。她是我的硕士导师，在南师工作期间为我减少了很多科研工作量，使我能够专心写作，遇到困难时，她又能给予热切关怀，使我备受鼓舞。在申请江苏第二师范学院学术著作出版基金时，她又欣然同意为本书撰写推荐意见，给了我很大帮助。

感谢董志翘教授、徐朝东教授、化振红教授、黄征教授，博士论文开题和预答辩时他们提出了宝贵的意见。感谢上海师范大学齐沪扬教授，苏州大学曹炜教授，他们在论文答辩时详细指出了文中的一些问题，促使我对论文的不足有了更深的认识，同时也为进一步的修改完善指明了方向。感谢博士论文匿名评审专家针对论文提出的一些具体修改意见。上述诸位先生的指正对本次论文修改成书提供了重要的参考。前辈学者们认真的态度、严谨的学风，也使我在学术的道路上受益良多。

感谢为我提供帮助的同学们：丁志强、段国强、韩明明、谷良光、匡晓玲、李凤、李敏、李希晨、刘晓娟、潘天英、汪兴军、王浩、王杰、翁仕明、赵作品……他们为本文的方言调查联系了合适的发音人，并且在我前去调查时给予热情接待，没有他们，论文是难以完成的。

感谢我的父母，他们默默奉献，毫无怨言；感谢近在身边的亲戚和朋友，他们直接或间接地为本文的写作提供了各种支持；感谢我的爱人，她给了我生活上的支持和精神上的鼓励！

本书得以出版，还要感谢江苏第二师范学院文学院院长冯保善教授，他非常重视人才培养和人才梯队建设，大力提携后辈，积极为年轻教师提供各种机会，本书的出版离不开他的大力支持。感谢中国社会科学出版社郭晓鸿主任为本书的出版提供了机会。感谢北京大学中文系张剑教授和江苏凤凰出版社樊昕兄为本书出版提供的无私帮助。感谢本书的编辑和校对付出的辛勤劳动！

本书得以出版，语法研究的路上迈出了一小步，还有许多不足和缺陷，在此恳请学界方家批评指教，以便我们在今后的研究中弥补和改正。前路漫漫，磕磕绊绊，背起行囊，继续远行！

2020 年 6 月 5 日